정재현
지텔프
독해 LEVEL 2

정재현 지텔프 독해

지은이 정재현어학연구소
펴낸이 임상진
펴낸곳 (주)넥서스

초판 1쇄 발행 2023년 9월 1일
초판 6쇄 발행 2024년 10월 25일

출판신고 1992년 4월 3일 제311-2002-2호
10880 경기도 파주시 지목로 5
Tel (02)330-5500 Fax (02)330-5555

ISBN 979-11-6683-633-6 13740

www.nexusbook.com

단 한 권으로 기초부터 실전까지

정재현
지텔프
독해

LEVEL
2

정재현어학연구소 지음

넥서스

머리말

전국에 계신 수험생 여러분 안녕하세요, 여러분의 지텔프 선생님 정재현입니다. 많은 수험자분들의 지속된 요청과 성원에 힘입어 마침내 『정재현 지텔프 독해』를 출간하게 되어 너무도 기쁘고 벅찬 마음입니다.

이 교재를 출간하게 된 가장 큰 이유는, 저와 정재현어학연구소가 지난 수년간 지텔프를 응시하고 분석을 거듭한 결과 지텔프 독해에는 특정 출제 패턴이 명확하게 존재하며 그에 따른 문제 풀이 전략이 존재한다는 것을 알게 되었기 때문입니다. 이를 수험생들에게 교재를 통해 꼭 알려드리고 싶었습니다. 또한, 그간 집필한 저의 문법과 어휘 교재들이 지텔프 시장에서 큰 호응을 얻고 있는 상황에서 지텔프 독해에 어려움을 겪는 많은 수험자들에게 어떻게든 도움을 드리고 싶었습니다.

수십회차의 지텔프 기출문제에 등장한 정답과 오답을 철저히 분석하여 타 시험에 비해 좀 더 애매하게 느껴질 수 있는 지텔프 독해 오답 패턴과 정답 전략을 체계적으로 수록하였습니다. 따라서, 이 교재로 공부하고 연습한다면 가장 효율적으로 지텔프 독해를 마스터할 수 있을 것이라고 저는 여러분들께 자신 있게 말씀드릴 수 있습니다.

지텔프 독해 파트를 정복하기 위해 '어휘'도 매우 중요합니다. 본 교재에 수록된 지텔프 독해 출제 패턴과 더불어 『정재현 지텔프 보카』에 수록된 1,300개의 빈출 어휘까지 학습함으로써 여러분은 탄탄한 실력을 바탕으로 단기간 내에 지텔프 독해에서 높은 점수를 얻을 수 있을 것이라고 확신합니다.

여러분 모두의 꿈을 향한 도전을 진심으로 응원합니다.

여러분의 지텔프 선생님

정재현 드림

목차

구성과 특징

유형별로 살펴보는 독해 유형별 전략

초급자도 쉽게 독해의 핵심 포인트를 파악할 수 있는 독해의 기본기를 수록하였습니다. 빈출 질문 유형과 실전에 적용할 수 있는 전략을 수록하여 실전에 앞서 지텔프 독해 유형을 파악할 수 있습니다.

파트별로 살펴보는 독해 파트별 전략

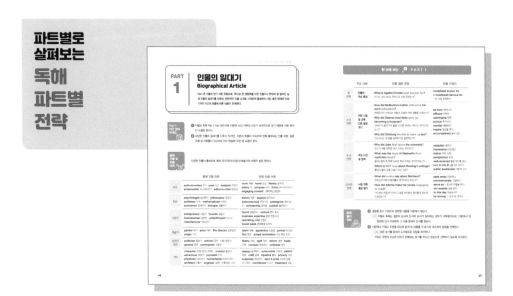

지텔프 독해 각 파트별로 핵심 내용을 공략할 수 있도록 구성하였습니다. 이어서 바로 실전에 적용할 수 있는 연습문제를 수록하여 바로 실전으로 이어질 수 있도록 하였습니다.

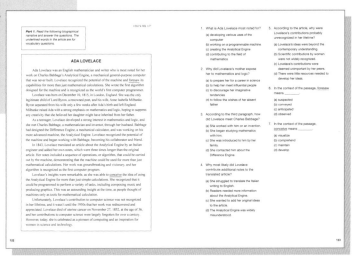

최신 시험 유형을 반영한 실전 모의고사 2회로 실전 연습을 할 수 있습니다. 당장 이번 달 시험에 나올 만한 문제를 예측하여 실전 연습을 하는 데 최고의 환경이 될 수 있습니다.

저자의
노하우가 담긴
쉽고 자세한
정답 및 해설

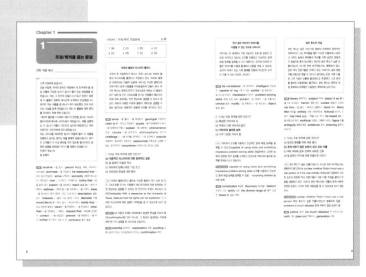

해설집을 따로 구매할 필요 없이 한 권에 담아 정답 및 해설을 확인하며 바로 복습할 수 있습니다. 정답의 포인트가 되는 부분을 제시하여 쉽게 정답을 찾고 이해할 수 있도록 구성하였습니다.

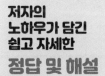

지텔프란?

G-TELP(GENERAL TESTS OF ENGLISH LANGUAGE PROFICIENCY)는 국제테스트 연구원(ITSC, INTERNATIONAL TESTING SERVICES CENTER)에서 주관하는 글로벌 영어 능력 평가인증시험입니다. 우리나라에는 1986년에 G-TELP KOREA가 설립되었으며, 듣기(LISTENING), 말하기(SPEAKING), 쓰기(WRITING), 읽기(READING) 등 언어의 4대 영역을 종합 평가하는 영어 평가 교육 시스템으로 자리 잡았습니다. 현재는 공무원, 군무원, 소방, 경찰 등 국가고시 영어대체시험, 기업체의 신입사원 채용 및 인사, 승진 평가시험, 대학교, 대학원 졸업자격 영어대체시험 등으로 활용되고 있습니다.

■ 지텔프의 종류

지텔프는 문법, 독해, 청취를 평가하는 G-TELP LEVEL TEST(GLT), 말하기 시험인 G-TELP SPEAKING TEST(GST), 작문 시험인 G-TELP WRITING TEST(GWT)로 구성되어 있습니다. G-TELP LEVEL TEST(GLT)는 LEVEL 1부터 5까지 다섯 가지 등급으로 나뉘며, 우리나라에서는 LEVEL 2가 활용되고 있습니다.

구분	출제 방식 및 시간	평가 기준	합격자의 영어 구사 능력	응시 자격
Level 1	청취: 30문항/약 30분 독해 및 어휘: 60문항/70분 합계: 90문항/약 100분	Native Speaker에 준하는 영어 능력 : 상담, 토론 가능	· 모국어로 하는 외국인과 거의 대등한 의사소통이 가능 · 국제회의 통역도 가능한 수준	Level 2 Mastery 취득자에 한하여 응시 가능
Level 2	문법: 26문항/20분 청취: 26문항/약 30분 독해 및 어휘: 28문항/40분 합계: 80문항/약 90분	다양한 상황에서 대화 가능: 업무상 담 및 해외연수 등이 가능한 수준	· 일상 생활 및 업무 상담 등에서 어려움 없이 의사소통할 수 있는 수준 · 외국인과의 회의 및 세미나 참석, 해외 연수 등이 가능한 수준	제한 없음
Level 3	문법: 22문항/20분 청취: 24문항/약 20분 독해 및 어휘: 24문항/40분 합계: 70문항/약80분	간단한 의사소통과 친숙한 상태에서의 단순 대화 가능	· 간단한 의사소통과 친숙한 상태에서의 단순한 대화가 가능한 수준 · 해외 여행과 단순한 업무 출장을 할 수 있는 수준	제한 없음
Level 4	문법: 20문항/20분 청취: 20문항/약 15분 독해 및 어휘: 20문항/25분 합계: 60문항/약 60분	기본적인 문장을 통해 최소한의 의사소통이 가능한 수준	· 기본적인 어휘의 짧은 문장을 통해 최소한의 의사소통이 가능한 수준 · 외국인이 자주 반복하거나 부연 설명을 해 주어야 이해할 수 있는 수준	제한 없음
Level 5	문법: 16문항/15분 청취: 16문항/약 15분 독해 및 어휘: 18문항/25분 합계: 50문항/약 55분	극히 초보적인 수준의 의사소통 가능	· 영어 초보자 · 일상의 인사, 소개 등을 듣고, 이해할 수 있는 수준 · 말 또는 글을 통한 자기 표현은 거의 불가능한 수준	제한 없음

■ 지텔프 LEVEL 2 구성

영역	내용	문항 수	배점	시간
문법	가정법, 조동사, 시제, 부정사와 동명사, 관계사, 연결어	26개	100점	
청취	PART 1 개인적인 이야기 PART 2 특정한 상품을 추천하는 공식적인 담화 PART 3 어떤 결정에 이르고자 하는 비공식적인 협상 등의 대화 PART 4 일반적인 어떤 일의 진행이나 과정에 대한 설명	7개 6개 6 또는 7개 7 또는 6개	100점	영역별 시간 제한 규정 폐지
독해와 어휘	PART 1 과거 역사 속의 사건이나 현시대의 이야기 PART 2 최근의 사회적이고 기술적인 묘사에 초점을 맞춘 기사 PART 3 전문적인 것이 아닌 일반적인 내용의 백과사전 PART 4 어떤 것을 설명하거나 설득하는 상업서신	7개 7개 7개 7개	100점	
		80문항	300점	약 90분

■ 성적 계산법

점수는 다음과 같은 방식으로 산출할 수 있습니다.

> 각 영역별 점수: 맞힌 개수 ÷ 문제 개수 × 100(소수점 이하는 반올림)
>
> 활용 점수: 전체 맞힌 개수 ÷ 전체 문제 개수 × 100(소수점 이하는 올림)
>
> 예 문법 15개, 청취 7개, 독해 8개 맞혔을 경우,
> 문법 15 ÷ 26 × 100 = 58점 / 청취 7 ÷ 26 × 100 = 27점 / 독해 8 ÷ 28 × 100 = 29점
> → 총점: 30(전체 맞힌 개수) ÷ 80(전체 문항 수) × 100 = 38점

* 정답 개수만 입력하면, 정확한 점수 계산을 할 수 있는 〈점수 계산기〉가 있습니다.
공단기 · 소방단기 · 경단기 홈페이지 〉 교수님 〉 정재현 선택 〉 좌측 하단 '지텔프 점수 계산기' 선택

지텔프 시험 접수 & 성적 확인

원서 접수

인터넷 접수
www.g-telp.co.kr에서 회원 가입을 하고 접수할 수 있습니다.

방문 접수
지텔프 코리아 본사로 방문하여 접수할 수 있습니다. 토, 일, 공휴일에는 접수가 불가능하니 미리 전화를 하고 방문해야 합니다.

응시

응시일
매월 2~3회 실시되며, 일요일 오후 3시에 응시할 수 있습니다. 정확한 일정은 지텔프 홈페이지에서 확인할 수 있습니다.

준비물
신분증, 컴퓨터용 사인펜, 수정테이프, 시계

입실 시간
시험 당일 오후 1시 20분에서 2시 49분까지 입실 가능하며 이후에는 절대 입실이 불가합니다.

- 수험표는 준비하지 않아도 됩니다.
- 신분증은 주민등록증, 운전면허증, 여권(기간 만료 전), 공무원증, 군인신분증, 학생증, 청소년증, 외국인등록증(외국인)이 인정됩니다. 신분증은 반드시 지참하여야 하며 미지참시 시험을 응시할 수 없습니다.
- 마킹은 컴퓨터용 사인펜만 가능합니다.
- 수정 시, 본인의 수정테이프를 사용해야 하며(수정액 사용 불가), 시험 도중에 타인에게 빌리는 행위는 부정행위로 처리됩니다.

시험 당일 주의 사항

1. 고사장 가기 전

- 신분증을 포함한 준비물을 다시 한번 확인합니다.
- 늦지 않게 시험 장소에 도착할 수 있도록 여유 있게 출발하는 것이 좋습니다.

2. 고사장 도착 후

- 1층에서 고사실 배치표를 확인하여 자신에게 배정된 고사실을 확인합니다.
- 고사실에는 각 응시자의 이름이 적힌 좌석표가 놓여 있으므로, 이름을 확인하고 배정된 자리에 앉으면 됩니다.
- 시험 도중에는 화장실에 다녀올 수 없고, 만약 화장실에 가면 다시 입실할 수 없으므로 미리 다녀와야 합니다.

3. 시험 시

- 답안을 마킹할 시간을 따로 주지 않으므로 이를 고려하여 문제를 풀어야 합니다.
- 시험지에 부정행위의 소지가 될 수 있는 마킹을 하는 것은 금지됩니다.

성적 확인

성적 발표일

시험 후 1주 이내에 지텔프 홈페이지에서 확인할 수 있습니다.

성적표 수령 방법

성적 확인 후 1회에 한하여 온라인으로 출력하거나 우편으로 수령할 수 있으며, 수령 방법은 접수 시 선택할 수 있습니다. 성적은 시험일로부터 2년(특정 시험은 3년)까지 유효하며, 유효 기간이 지난 성적은 조회 및 재발급 신청이 불가능합니다.

Chapter 1

G-TELP
독해
유형별 전략

1 | 주제/목적을 묻는 문제

주제를 묻는 문제는 주로 Part 2와 Part 3의 첫 번째 문제로 출제되며, 목적을 묻는 문제는 주로 Part 4의 첫 번째 문제로 출제된다. 주제와 목적이 지문의 첫 단락에 나와 있는 경우가 더 많지만, 그렇지 않은 경우도 있으므로 주의해야 한다.

빈출 질문 유형

주제를 묻는 문제	
	• **What** is the article **mainly about?**
	• **What** is the article **talking about?**
	• **What** is the article **mainly discussing?**
	• **What** is the main **subject** of the article?

목적을 묻는 문제	
	• **Why** is Sophia Davis **writing** Christopher Martin **a letter?**
	• **What** is the main **purpose** of Samuel Moore's **letter** to Ava Wilson?
	• **Why** is Liam Wright **sending** Daniel Walker a **letter?**
	• **Why** is Mia King **writing an email** to Joshua White?
	• **Why** is James Brown **writing** to Lucas Turner?
	• **Why** is Amelia Taylor **sending a letter** to Harper Harris?

실전 적용 전략

STEP 1

질문을 읽고, 지문의 주제나 목적을 묻는 문제인지 확인한다.

STEP 2

특히 주제를 묻는 문제의 경우 제목에서 힌트를 얻을 수 있는 경우가 많으므로 제목을 반드시 읽은 후, 지문의 첫 단락을 읽어 주제나 목적을 파악한다.

STEP 3

제목과 첫 단락을 통해 파악된 주제나 목적을 보기와 하나씩 대조하여 정답을 찾는다. 60% 이상의 문제가 이 단계에서 정답 확인이 가능하다.

STEP 4

첫 단락에서 주제나 목적을 파악할 수 없는 경우, 마지막으로 푼다. 나머지 문제를 풀면서 알게 된 여러 정보를 토대로 주제/목적 문제를 풀면 답이 쉽게 보인다.

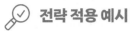
Dear customer support:

This morning, I received a parcel containing ceramic plates I purchased from your online store, as a birthday gift for my friend. I was reassured that the package arrived promptly because her birthday is nearing. However, I noticed that one of the products was different from what I expected. I am reaching out to address an issue with the item.

전략 2단계 첫 단락 확인

'소포의 물건 하나가 기대한 것과 달랐다(different from what I expected)'와 '이 물건에 관한 문제를 해결(to address an issue with the item)을 위해 연락한다'는 내용을 통해 배송된 물건에 문제가 있음을 알 수 있다.

The dinner plate in the "Ceramic Floral Dinnerware Set" was smaller than the size stated on your website. The product description stated that the plate measured 12 inches in diameter, but it only measured 10 inches.

I would like to clarify that I do not wish to return the product because I like the plate other than the size. However, I kindly request that you correct the wrong description on your website to prevent further confusion for your customers.

전략 4단계 마지막에 풀기

다른 문제들을 풀며 알게 되는 정보인, 웹사이트의 사이즈 설명이 잘못되었으며(smaller than the size stated on your website), 반품을 원하지 않고(do not wish to return), 웹사이트의 설명 수정을 원한다(request that you correct the wrong description)는 내용을 통해 (b) due to an issue with the store's website(가게 웹사이트의 문제 때문에)를 정답으로 선택할 수 있다.

Sincerely, Carl Lopez

Why is Carl Lopez **writing an email**?
칼 로페즈가 이메일을 보내는 이유는 무엇인가?

전략 1단계 질문 확인

Why ~ writing을 보고 이메일의 '목적'을 묻는 문제임을 확인한다.

(a) due to a delayed delivery of an order
　　 물품의 배송이 지연되어서

(b) due to an issue with the store's website
　　 가게의 웹사이트 문제 때문에

(c) due to an item that was damaged in transit
　　 배송 중 파손된 물품 때문에

(d) due to a product that he wishes to return
　　 그가 반품하고자 하는 물품 때문에

전략 3단계 보기와 대조

소포는 제시간에 도착했으므로 (a)는 확실한 오답이다. 그러나 상품이 기대와 다른 것이 판매 웹사이트의 상품 설명의 오류 때문일 수도 있고, 상품이 기대와는 달라 결국 반품을 원할 수도 있으므로 보기 (b) (d) 둘 다 정답의 가능성이 있다.

THE MYSTERY OF THE MARFA LIGHTS SOLVED

A US geologist claims to have solved the mystery of the Marfa Lights in Texas. The Marfa Lights have puzzled people for over a century due to strange lights that appear in the sky over the town of Marfa. However, Christopher Witt, a researcher at the University of Texas, believes that the lights can be explained as a natural phenomenon caused by atmospheric conditions and headlights from cars on a nearby highway. Witt's theory challenges the popular belief that the Marfa Lights are a paranormal occurrence.

---

1. What is the article mainly about?
   (a) a potential explanation to a popular mystery
   (b) the history of a well-known legend
   (c) puzzling weather conditions in Marfa
   (d) the confirmation of a phenomenon in Marfa

STUDY SHOWS CROWS CAN USE STICKS

Crows are considered some of the most intelligent birds in the world, capable of using tools and exhibiting impressive problem-solving skills. Studies have shown that they can use sticks to extract insects from crevices and even make their own tools by modifying sticks or other objects.

---

2. What is the article mainly about?
   (a) the complicated brains of crows
   (b) the discovery of a distinct crow
   (c) the surprising abilities of crows
   (d) the diverse range of crow breeds

THE LEGEND OF ROBIN HOOD

Robin Hood is a literary character who has been the subject of many stories and films. He is often depicted as a heroic outlaw who robbed from the rich to give to the poor, and who lived in Sherwood Forest with his band of Merry Men. However, it is unclear whether Robin Hood was a real person or if he was entirely fictional. Some historians believe that he may have been based on a real-life outlaw from the 12th or 13th century, while others argue that he is simply a mythical figure. Despite the ambiguity surrounding his existence, Robin Hood remains a beloved and enduring character in literature and popular culture.

3. What is the article mainly discussing?
   (a) a soldier who fought for justice and honor
   (b) a figure whose existence is much debated
   (c) a myth that passed out through generations
   (d) a story that was created by a well-known author

WHY ORANGE CARS ARE RARELY SEEN ON THE ROAD

While cars come in a wide range of colors, there are certain colors that are less frequently featured on cars than others, and this is particularly true for orange. Despite being a popular color for sports cars and certain exotic models, orange cars are not often seen in everyday traffic.

4. What is the article talking about?
   (a) why orange cars have become more scarce
   (b) how people choose their car designs
   (c) why a certain color is seldom used on cars
   (d) how some colors have become more popular

Grand Helix

The Grand Helix, a remarkable house designed by the visionary architect Le Corbusier, stands as an iconic example of modernist architecture. Completed in 1953, this exceptional building challenges conventional design principles with its innovative spiral structure. Located atop a scenic hill in the south of France, the house gracefully integrates with its stunning natural surroundings.

5. What is the article mostly about?
   (a) a remarkable architect's temporary house
   (b) a range of scenic hills in France
   (c) a uniquely built residence
   (d) a modern architecture museum

Dear Mr. Scobie,

I am a beekeeper and I have been producing high-quality, locally sourced honey for the past 12 years in Brisbane. I am writing to ask if you would be interested in selling my honey in your store. I am well aware of the quality standards you set for your store.

Best regards,

Nicole Marchant

6. Why is Nicole Marchant writing a letter to Mr. Scobie?
   (a) to propose a plan for a new business
   (b) to proceed with merging of their businesses
   (c) to update him about their collaboration
   (d) to suggest a business arrangement

Dear Valued Customers,

I am writing to let you know that we are celebrating our 12th anniversary this coming September and would like to offer a customer appreciation sale during the first week of the month. All items in our store will be discounted by 25% during this period for our longtime customers who have been with us for more than 10 years. We look forward to greeting you with better services in the future.

Sincerely,

Kelsey Webber

7. Why is Kelsey Webber writing to customers?
   (a) to inform new customers about a special sale
   (b) to accept an invitation to a special event
   (c) to inform loyal customers about a special sale
   (d) to offer an apology for bad customer service

Dear Fruity Fusion,

I am writing to express my disappointment as I recently learned that the production of JellyBo has ceased. My children always enjoyed the colorful homemade jellies which I made using JellyBo. I sang praises of how simple the recipe is and often purchased the product as gifts.

Regards,

Samuel McMillan

8. Why is Samuel McMillan writing an email to Fruity Fusion?
   (a) to show her dissatisfaction with a product quantity
   (b) to express her regret about a discontinued product
   (c) to convey her frustration with a malfunctioning product
   (d) to manifest her sadness about the company's termination

2 | 세부사항을 묻는 문제

세부사항을 묻는 문제는 지텔프 독해에서 가장 많은 비중을 차지하는 유형이다. 지문 속에서 육하원칙에 해당되는 구체적인 사항을 물어보며, 3가지 의문사 'How, Why, What'으로 묻는 문제의 출제 비중이 높다. 추론 문제와 달리 질문에 'probably'나 'most likely'를 포함하지 않는 것이 특징이다.

빈출 질문 유형

- **What** caused Christie to give up her ambition?
- **What** is Bikila Abebe most famous for?
- **Why** was Winston disappointed when he opened the box?
- **How** did Whitney become interested in music?
- **When** was the treasure removed from the temple?

실전 적용 전략

STEP 1	질문을 읽고 세부사항을 묻는 문제인지 확인한다.
STEP 2	질문에 등장한 키워드와 같거나 패러프레이징된 단어 및 표현을 본문에서 찾아 해당 문장과 주변을 읽는다. TIP 질문의 키워드는 본문에 등장한 어휘를 그대로 사용하는 경우가 꽤 많다.
STEP 3	본문에서 읽은 내용과 보기의 내용을 하나씩 비교하여 일치하는 보기를 정답으로 선택한다. TIP 정답 표현은 본문 내용이 패러프레이징되는 경우가 대부분이다.

John, a passionate individual with a deep interest in art history, set out to expand his knowledge and find inspiration. During his quest, he <u>uncovered an old and forgotten textbook</u> on art history while exploring a dusty attic in an ancient mansion. Despite its outdated content, he <u>utilized the wisdom contained within the book</u> to <u>build a strong foundation in art history</u>. His dedication and discoveries propelled him to become a respected expert in the field.

전략 2단계 키워드 관련 본문 내용 읽기

본문에서 해당 키워드(build a strong foundation in art history)가 포함된 문장과 주변을 읽으며, '오래된 저택에서 발견한 교과서를 이용해 미술사의 튼튼한 기초를 쌓았다'는 내용을 파악한다.

How did John **build a foundation in art history**?
존은 미술사에 관한 기초를 어떻게 쌓았나?

전략 1단계 질문 및 키워드 확인

How로 시작하는 세부사항을 묻는 문제이다. 키워드 'build a foundation in art history'를 확인한다.

(a) by attending art history lectures at a museum
박물관에서 미술사 강의를 듣는 것으로

(b) by studying an old book he found in a mansion
그가 저택에서 발견한 오래된 책을 연구함으로써

(c) by examining an ancient manuscript he excavated from a historical site
그가 유적지에서 발굴한 고대 원고를 검토함으로써

(d) by collecting paintings from respected artists
존경받는 예술가들의 그림을 수집함으로써

전략 3단계 각각의 보기와 대조

본문에 등장한 'uncovered an old and forgotten textbook(오래되고 잊혀진 교과서를 발견했다)'와 'utilized the wisdom contained within the book(책에 담긴 지혜를 활용했다)'을 'by studying an old book he found(그가 발견한 오래된 책을 공부함으로써)'로 패러프레이징한 보기 (b)를 정답으로 선택한다.

Mark Twain was an American novelist, entrepreneur, lecturer, and travel writer. He is best known for his novels, including *The Adventures of Tom Sawyer* and *The Adventures of Huckleberry Finn*, also known as "The Great American Novel". His unique style of writing earned him praise from his critics and peers.

1. What is Mark Twain best known for?
    (a) exploring a new style of writing novels
    (b) praising the adventurous books in America
    (c) composing remarkable works of fiction
    (d) publishing novels about great Americans

In 2004, Zuckerberg launched Facebook not knowing that it would become one of the most influential and widely used social media platforms in the world. During the early days of the website, Zuckerberg developed a prototype of Facebook from his dormitory room at Harvard, where he met Eduardo Saverin, who provided invaluable business guidance and funding. The two collaborated closely and expanded Facebook into a global phenomenon.

2. How did Zuckerberg and Saverin first meet?
    (a) They were attending the same university.
    (b) They were working for the same social platform.
    (c) They were attending the same lecture series.
    (d) They were working with the same professor.

Last week, I noticed a banner advertising a 15% sale on over 3 packs of flower seeds and a 20% discount on over 5 packs. When I went to the shop to buy 8 packs of those, I realized that the sales period expired already. I was disappointed because the promotion was still up and there was no indication that the sale was over.

Sincerely,
Larry Spears

3. What was the reason Spears did not get a discount for the 8 packs of flower seeds?
   (a) The offer was for buying up to 5 packs only.
   (b) He did not buy enough quantity.
   (c) The offer was not valid anymore.
   (d) He did not choose the items on sale.

Dorothea Dix was born in Hampden, Maine in 1802. She experienced a difficult childhood marked by poverty and abuse. Her mother, Mary Bigelow Dix, was a strict Calvinist who instilled in her a strong sense of morality and a desire to help others. Dix was not allowed to attend school, as her mother believed that it was not appropriate for girls to receive a formal education. Dorothea was instead taught at home by her mother to be an avid reader and self-taught scholar.

4. According to the text, why was Dix taught at home?
   (a) because she was struggling in a financially difficult situation during her childhood
   (b) because she was prevented from going to school by her mother
   (c) because she did not believe in formal education
   (d) because she aspired to be an avid reader

The binoculars were supposedly used by the legendary explorer, Philip Crisler. The investigators examined the binoculars for fingerprints to obtain genetic information of their owner. Then it was compared with the living descendants of the owner. The result showed a striking match of 99.9%. It was revealed that the samples belonged to a male with blonde hair, which also matched with portraits of Crisler. The evidence conclusively suggests that the binoculars once belonged to him.

5. What did the investigators find about the genetic information from the binoculars?
   (a) It almost matched that of Crisler's children.
   (b) It originated from one of Crisler's ancestors.
   (c) It almost matched that of Crisler's relatives.
   (d) It originated from one of Crisler's descendants.

The Sword of Goujian is an ancient bronze weapon with intricate patterns and inscriptions, discovered in 1965 within a tomb in Hubei, China. It is believed to be the legendary sword of Goujian, the King of Yue, who reigned during the Spring and Autumn period. The Sword is currently on display at the Hubei Provincial Museum in China, attracting thousands of visitors each year.

6. What is the Sword of Goujian believed to be?
   (a) an ancient weapon discovered by a king
   (b) a bronze sword used during wintertime
   (c) an undiscovered mythical object found in Hubei, China
   (d) a metal that once belonged to a historical figure

Henry David Thoreau was born on July 12, 1817, in Concord, Massachusetts, as the third of four children. He grew up in a household that valued education and intellectual pursuits. Thoreau was a shy and introspective child who loved to read and spend time in nature. Thoreau's love of nature and desire to live a simple and self-sufficient life eventually led him to live in a cabin in the woods, where he wrote his famous work, *Walden*.

7. According to the article, what encouraged Thoreau to live among nature?
   (a) He loved to read quietly in nature.
   (b) He desired to pursue his career as a writer.
   (c) He wished to stay in natural surroundings.
   (d) He wanted to be an established writer.

Dear Sir,

I have been a loyal user of the FitLife blender for quite some time now, and it made the creamiest smoothies day after day. Since FitLife proved to be indispensable in my life, I purchased another one for my office. Unfortunately, this second blender started malfunctioning the very first day of use, so I decided to request a replacement for the product.

Regards,

Sarah Byron

8. Why does Sarah Byron hold FitLife in high regard?
   (a) It was offered at an affordable price.
   (b) It provides a satisfying return policy.
   (c) It was popular among her colleagues.
   (d) It delivered consistent quality.

3 | True or NOT True 문제

True or NOT True 유형의 문제는 보기의 내용 중 본문의 내용과 일치하거나 혹은 일치하지 않는 보기를 선택하는 문제로, 'NOT true ~' 형태로 제시한 후 사실과 다른 보기를 선택하는 문제의 출제 비중이 더 높은 편이며 매회 1~2문제 정도가 출제된다.

빈출 질문 유형

- **What of the following is (NOT) true about** the plant?
- **Which is (NOT) true about[of]** Albert's childhood?
- **Which of the following is NOT a reason** that dogs like digging?
- **Which of the following is NOT stated** as a reason for the delay?
- **What is true about** cool jazz?
- **What is NOT a way** [an explanation/a possible outcome] ~?

실전 적용 전략

STEP 1	질문을 읽고, True or NOT True 유형의 문제인지 확인한다.
STEP 2	질문에 등장한 키워드와 같거나 패러프레이징된 단어 및 표현을 본문에서 찾아 해당 문장과 주변을 읽는다.
STEP 3	보기의 내용을 하나씩 본문과 대조하여 사실 여부를 판단한다. [TIP] 보기의 표현은 본문 내용이 패러프레이징되는 경우가 대부분이다.
STEP 4	문제 유형에 따라 본문에서 언급된 내용 혹은 사실과 다른 내용을 정답으로 선택한다.

Raised in a middle-class family, Enrico (d) showed an early curiosity for understanding the natural world. As a child, he demonstrated a remarkable capacity for thinking and (a) displayed an exceptional aptitude for physics. (c) His parents acknowledged his exceptional talents and supported his intellectual endeavors. Enrico's inquisitive nature led him to conduct informal experiments and (b) engage in deep contemplation about the mysteries of the universe.

전략 2단계 키워드 관련 본문 내용 읽기

본문에서 관련 키워드인 'As a child'가 포함된 문장과 주변을 읽으며, 보기의 내용과 비교한다.

Which of the following is **NOT true** about **Enrico's childhood**?
다음 중 엔리코의 어린 시절에 대한 설명으로 옳지 않은 것은?

전략 1단계 질문 및 키워드 확인

'NOT true' 유형의 문제이다. 키워드 'Enrico's childhood'를 확인한다.

(a) He excelled in a particular area of study.
그는 특정한 학업 분야에서 뛰어났다.

(b) He reflected on the mysteries of the cosmos.
그는 우주의 신비에 대해 깊이 생각했다.

(c) He was discouraged from pursuing his interests by his parents.
그는 부모님에 의해 자신의 관심사를 추구하는 것이 단념되었다.

(d) He exhibited a fascination with nature.
그는 자연에 매료되었다.

전략 3단계 각각의 보기와 대조

각각의 보기를 본문과 비교하며 확인한다. 본문에 'His parents ~ supported his intellectual endeavors(그의 부모님은 그의 지적인 노력을 지지했다)'라는 내용을 통해 사실과 다른 보기인 (c)를 정답으로 선택한다.

각 보기는 본문의 내용이 패러프레이징되어 제시된다는 점에 유의한다.
(a) displayed an exceptional aptitude for physics
→ excelled in a particular area of study
(b) engage in deep contemplation
→ reflected on
(d) showed curiosity
→ exhibited a fascination

John Stuart Mill's ideas about the role of government had a significant impact on political philosophy. In his work *On Liberty* (1859), Mill argued that the government's role should be to ensure individual liberty, rather than limiting it. He believed that individuals should have the freedom to pursue their own interests as long as they did not harm others. Mill's ideas made him a leading public thinker and earned respect of people from diverse political backgrounds.

1. What is NOT true about Mill's ideas?
   (a) They were well-received by the general population.
   (b) They were highly regarded by contemporary artists.
   (c) They explained the way individuals should be governed.
   (d) They had a profound influence on a particular field.

Albert Einstein was born on March 14, 1879, in Ulm, Germany. He grew up in a middle-class Jewish family and received a traditional education at a Catholic school. Einstein was a curious and intelligent child, with a love for mathematics and physics. He excelled in these subjects and went on to study theoretical physics at the Swiss Federal Polytechnic in Zurich. Einstein's passion for science and his innate genius would eventually lead him to make groundbreaking contributions to the fields of physics and mathematics.

2. What is NOT true about Einstein's early life?
   (a) He was educated in Jewish tradition.
   (b) He was passionate in mathematics and physics.
   (c) He had inherent abilities as a scientist.
   (d) He showed exceptional proficiency in specific subjects.

A recent study conducted by a group of researchers examined the effects of music on brain function in children. Participants were exposed to music lessons for three months, while a control group did not receive any music lessons during that time. The study found that the group who received music lessons showed increased brain activity in areas associated with artistic expression, mental simulation, and emotional regulation. The study also showed a higher emotional intelligence score in the music lesson group compared to the control group.

3. Which is NOT true of the study's findings on the effects of music lessons on children?
    (a) There was an indication of enhanced brain activity.
    (b) There was an indication of enhanced physical coordination.
    (c) There was an indication of enhanced creativity.
    (d) There was an indication of enhanced imagination.

There are a variety of reasons why praying mantises sway back and forth. Praying mantises are ambush predators that move slowly and sway to blend in with their environment, making it easier to capture their prey. They also use their swaying motion to communicate with other mantises. Additionally, swaying helps them stabilize their posture while they search for and seize the prey.

4. According to the text, which of the following is NOT a reason why a praying mantis likes swaying?
    (a) to avoid being spotted by predators
    (b) to camouflage into their surroundings
    (c) to convey signals to their counterparts
    (d) to maintain their physical balance

Honey has been enjoyed for centuries as a natural sweetener and for its medicinal properties. The Egyptians used it in embalming, and the Greeks and Romans used it to heal wounds. During the Middle Ages in Europe, honey was prized by the wealthy nobility and used in elaborate feasts and banquets to demonstrate their wealth and status. With honey often being imported from the Middle East, it was also used for medicinal purposes and as a sweetener for the poor, who typically could not afford it.

5. Which of the following is NOT true about honey?
   (a) Different cultures have consumed it over time.
   (b) It was highly valued by wealthy upper-class in Medieval Europe.
   (c) Different cultures offered it as a sacrifice at the feasts.
   (d) It had non-culinary uses among the Greeks and Romans.

Many bird species are known for their elaborate songs, which are used for a variety of purposes such as attracting mates and establishing territory. While the specific elements of a bird's song are largely determined by genetics, recent research has shown that learning also plays a role. For example, young birds may learn the songs of adult birds in their vicinity, leading to subtle variations and changes in the songs over time.

6. Which does NOT significantly influence a bird's song?
   (a) Its inherited traits
   (b) Its learning from other birds
   (c) Its diet
   (d) Its peers

Dear Mr. Anderson,

With over five years of marketing experience, I believe I am an ideal fit for the marketing manager position. I have led successful campaigns in collaboration with sales and product teams. I also have a track record of managing partnerships with industry influencers and media outlets, resulting in increased brand visibility.

Respectfully,

Maranda Sewyer

7. What is NOT evidence of Sewyer's qualification for the marketing manager position?
   (a) She has worked cooperatively with different teams.
   (b) She has served as a leader for campaigning.
   (c) She has contributed to the exposure of the brand.
   (d) She has developed marketing protocols.

The Hentastic Farm practices free-range farming, giving my chickens access to a spacious outdoor area to forage for their food and engage in natural behaviors. The chickens are fed with a balanced diet that includes organic feed and naturally sourced supplements on a daily basis. My chickens produce highly nutritious eggs with deep-colored yolks, which are considered the best in town.

Best regards,

Charlotte Greyson

8. According to the letter, which does NOT contribute to the standards of Charlotte's poultry products?
   (a) the method in which her chickens are raised
   (b) the diet which are fed to her chickens
   (c) the method in which the farm is kept hygienic
   (d) the environment in which her chickens are kept

4 | 추론 문제

추론 문제는 주어진 내용을 기반으로 논리적인 결론을 도출하는 문제 유형으로 본문에 직접적으로 언급되지 않은 정보를 추론해야 한다. 주어진 문맥을 통해 숨겨진 의미를 파악해야 하는 경우가 많기 때문에 비교적 난이도가 높은 유형이다. 매회 약 5문제 정도가 출제된다.

빈출 질문 유형

- What **most likely** did Galileo do after the discovery?
- Why **most likely** Oprah stop attending university?
- Why are people **probably** cautious about raw sprouts?

실전 적용 전략

STEP 1	질문을 읽고, 추론 유형의 문제인지 확인한다.
STEP 2	질문에 등장한 키워드와 같거나 패러프레이징된 단어 및 표현을 본문에서 찾아 해당 문장과 주변을 읽는다.
STEP 3	본문의 내용을 바탕으로 숨겨진 의미를 찾고 논리적인 결론을 도출한다.
STEP 4	각각의 보기와 본문에서 추론한 내용을 비교하여 내용상 가장 일치하는 보기를 정답으로 선택한다. [TIP] 정답을 찾기 어려운 경우 정답과 거리가 먼 오답부터 하나씩 소거하며 풀이한다.

전략 적용 예시

The concept of left-brain vs. right-brain dominance is a popular belief that has been debunked by scientific evidence. The brain is a highly interconnected organ, and cognitive functions involve the coordinated activity of multiple brain regions across both hemispheres. Despite a lot of scientific evidence contradicting it, the myth that individuals have a dominant hemisphere in their brain continues to be widely believed.

전략 2단계 **키워드 관련 본문 내용 읽기**

문제의 키워드인 'dominant hemisphere in their brain'이 포함된 문장과 주변을 읽는다. '많은 과학적 증거에도 불구하고(Despite a lot of scientific evidence)' 사람들의 '잘못된 통념(myth)'이 계속되고 있다는 내용을 바탕으로 숨겨진 의미를 찾기 위해 노력한다.

Why do **most people most likely** think there is **a dominant hemisphere in the brain**?

왜 대부분의 사람들은 뇌에 지배적인 반구가 있다고 생각하는가?

전략 1단계 **질문 및 키워드 확인**

most likely를 통해 추론 문제임을 파악한다. 문제를 해석하며 키워드 'people', 'think'와 'a dominant hemisphere in the brain'을 확인한다.

(a) because they question the validity of scientific findings
과학적 발견의 타당성에 의문을 제기하기 때문에

(b) because they are influenced by cultural beliefs.
문화적인 믿음에 영향을 받기 때문에

(c) because they are too stubborn to change their opinions
의견을 바꾸기에 지나치게 완고하기 때문에

(d) because they are unaware of the scientific evidence
과학적인 증거에 대해 알지 못하기 때문에

전략 3단계 **각각의 보기와 대조**

각각의 보기와 본문에서 추론한 내용을 비교한다. 과학적 증거가 많은 상황에서도 잘못된 통념(myth)을 계속 믿는다는 것은 아마도 사람들이 그러한 증거에 대해 잘 모르고 있기 때문이라는 것으로 유추할 수 있기 때문에 (d)를 정답으로 선택한다.

Usain Bolt was born in Trelawny, Jamaica, on August 21, 1986. His father, Wellesley Bolt, was a former cricketer and his mother, Jennifer Bolt, worked as a nurse. Bolt showed great speed and athleticism from a young age, winning his first school race at the age of 10. Bolt continued to dominate in regional competitions, and by the age of 15, he was offered a scholarship to train at the Jamaica Institute of Sports. The scholarship provided Bolt with financial support, as well as access to top-notch training facilities and coaches.

1. Why most likely was Usain Bolt offered a scholarship to train at the Jamaica Institute of Sports?
   (a) because Bolt's parents put pressure on the institute
   (b) because the institute had a charitable motive
   (c) because they recognized his potential as an athlete
   (d) because they were worried about his well-being

When Johnson retired in 1977, he donated over 2,000 acres of his land to the Conservation and Preservation Society, an organization that preserves areas of natural beauty and heritage for public benefit. The land included several hiking trails and a small lake, and today it is known as Johnson's Park and is a popular destination for outdoor enthusiasts. Some areas are protected for their heritage value. Johnson's generosity allowed the public to enjoy the beauty of the outdoors and appreciate nature.

2. What did the Conservation and Preservation Society most likely do with Johnson's contribution?
   (a) It preserved the land for its commercial value.
   (b) It built public infrastructure and housing.
   (c) It established a protected nature reserve.
   (d) It sold the land to private investors.

The Flanders region was established as a popular coastal region during the Middle Ages. The area was ruled by powerful monarchs and was home to a thriving economy. Many people were drawn to the Flanders due to its proximity to the Bay of Flanders along with fertile land, establishing the region as a prosperous and culturally rich society.

3. What probably attracted people to the Flanders during the Middle Ages?
   (a) because it had access to key natural resources
   (b) because it was owned by strong rulers
   (c) because it was culturally thriving
   (d) because it had considerable land size

The Leaning Tower of Pisa is a medieval building in the Italian city of Pisa. The tower was built in the Romanesque architectural style between 1173 and 1372. However, the structure began to lean during construction due to the soft ground underneath. It is believed that an earthquake in the 14th century also contributed to the lean. In the 1990s, a major restoration effort was undertaken to reinforce the foundation and install lead counterweights on the raised end of the tower. The tower was straightened to some degree and stands firm today.

4. Why, most likely, has the Leaning Tower of Pisa persisted until today?
   (a) because it was restored to better resist natural disasters
   (b) because it was restored with safer working conditions
   (c) because it was restored by more skilled technicians
   (d) because it was restored with materials from abroad

The kapok tree is a tropical tree native to Central and South America, where the climate is humid throughout the year. The tree is often found along riverbanks or in wetlands as it prefers soil with plenty of moisture. The tree provides many benefits to people, one of which is shades provided by a full-grown tree, reaching up to 200 feet. In addition, the tree has unique, cotton-like fibers which is used for various commercial purposes such as making clothes and bags.

5. What type of environment does the kapok tree most likely prefer?
    (a) a region where there is plenty of soil
    (b) a region where it is looked after by human beings
    (c) a warm climate where rainfall is abundant
    (d) a hot climate where more shade is needed

The amount of water penny beetles in a bottle of water can serve as a reliable indicator of the water's purity. Since these aquatic insects prosper in clean, oxygen-charged water, the absence of these insects is used as a measure of water quality.

6. What probably does the presence of water penny beetles indicate?
    (a) The water is low in oxygen level.
    (b) The water is unsuitable for other organisms.
    (c) The water is undeniably polluted.
    (d) The water is not contaminated.

The stag beetle exhibits distinct differences in appearance between males and females. While they both have mandibles which are jaw bones used for biting and cutting food, males have larger, curved mandibles for combat during mating season to assert dominance. Females exhibit smaller and straight mandibles which are functional for digging in soil to prepare for laying eggs.

7. Based on the article, why probably does the female stag beetles have smaller, straight mandibles?
   (a) because it wants to carry their offspring to soil
   (b) because it prefers to have males provide food
   (c) because it needs to make a nest for reproduction
   (d) because it wants to protect their babies

Dear Rachel Smith,

I wanted to let you know that I will be stepping away from my role as a Pilates instructor at the Mindful Movement Studio. It has been a pleasure working with you, helping you achieve your fitness goals and improve your overall well-being. I assure you that your new instructor Emily will be providing you with excellent support, as I have personally trained her myself. Please don't hesitate to reach out to her for your future sessions.

Best wishes,

Suzanne Gardner

8. What is the most likely reason that Suzanne thinks Emily will provide excellent support to the clients?
   (a) because she has acquired appropriate certificates
   (b) because she uses the same teaching skills as her
   (c) because she has worked in the field for a long time
   (d) because she is more attentive to clients

5 | 동의어 문제

지텔프 동의어 문제는 지문 속 밑줄 친 단어와 가장 유사한 의미를 갖는 단어를 찾는 문제이다. 각 파트 당 2문제가 출제되어 총 8개의 동의어 문제가 출제된다. 주어진 단어의 의미 중 문맥 속에서 사용된 의미를 파악해서 풀이해야 하므로 해당 문장의 해석이 중요하다.

빈출 질문 유형

In the context of the passage, <u>monitor</u> means _____.
지문의 문맥에서 monitor는 ~을 의미한다.

실전 적용 전략

경우 1 밑줄 친 단어가 아는 단어일 경우

STEP 1
지문 속 밑줄로 표시된 단어가 포함된 문장의 해석을 통해 주어진 단어의 의미를 파악한다.
주의 해당 문장만으로 밑줄 친 단어의 의미를 파악할 수 있는 경우가 대부분이나, 의미 파악이 쉽지 않은 경우 앞 문장 혹은 뒤 문장까지 해석한다.

STEP 2
보기의 단어들 중 밑줄 친 단어의 문맥 속 의미와 가장 가까운 단어를 정답으로 선택한다.
주의 정답이 잘 보이지 않는 경우 의미상 다소 거리가 먼 보기들을 하나씩 소거하며 문제를 풀이한다.

경우 2 밑줄 친 단어가 모르는 단어일 경우

STEP 1
밑줄 친 단어 자리에 빈칸이 있다고 생각하고, 해당 문장을 최대한 해석해 본다.

STEP 2
보기의 단어들을 하나씩 대입하여 빈칸에 가장 어울리는 단어를 정답으로 선택한다.

전략 적용 예시

경우 1 **밑줄 친 단어가 아는 단어인 경우**

Dark chocolate is not only delicious but also <u>rich</u> in antioxidants, which are beneficial for overall health and may help reduce the risk of certain diseases.

In the context of the passage, <u>rich</u> means _____.

(a) wide　　(b) wealthy　(c) high　(d) heavy

전략 1단계 **문장 해석**

해당 단어가 가진 여러 의미 중 주어진 문맥 속의 의미를 파악해야 하므로 반드시 문장을 해석해야 한다.

'다크 초콜릿은 맛있을 뿐만 아니라 전반적인 건강에 도움을 주고 특정 질병의 위험을 줄이는 데 도움을 줄 수 있는 항산화물질이 풍부하다.'

전략 2단계 **가까운 의미의 보기 선택**

문장 속의 rich는 '부유한'이란 의미가 아닌 '풍부한'이란 의미로 쓰였으므로 (b) wealthy(부유한)가 아닌 (c) high(높은, 풍부한)를 정답으로 선택한다.

경우 2 **밑줄 친 단어가 모르는 단어인 경우**

The famous athlete <u>graced</u> the covers of numerous sports magazines, showcasing his extraordinary achievements and serving as an inspiration to others.

In the context of the passage, <u>graced</u> means _____.

(a) gave away　　　(b) appeared on
(c) designed　　　(d) raised

전략 1단계 **주어진 문장 최대한 해석**

다음과 같이 밑줄 친 단어를 빈칸이라 생각하고 주어진 문장을 최대한 해석한다.

'그 유명 선수는 많은 스포츠 잡지 표지에 _____ 하며 놀라운 업적을 보여주고 다른 사람들에게 영감을 주었다.'

전략 2단계 **빈칸에 적합한 보기 선택**

보기의 어휘 중 '유명 선수가 스포츠 잡지 표지와 관련하여 할 수 있는 적합한 의미의 동사는 '등장했다'이므로 (b) appeared on을 정답으로 선택한다. grace(장식하다, 꾸미다)의 의미를 이미 알고 있는 경우라 할지라도 보기에 정확한 동의어가 없으므로 문맥상 가장 어울리는 어휘를 선택해야 한다.

'그 유명 선수는 많은 스포츠 잡지 표지를 장식하며 놀라운 업적을 보여주고 다른 사람들에게 영감을 주었다.'

Recognizing the importance of education, Mark made the conscious choice to dedicate his life to teaching and empowering students in underserved communities.

1. In the context of the passage, dedicate means _____.
   (a) assign   (b) afford   (c) commit   (d) stretch

Sandra delivered a prime performance in the lead role, captivating the audience with her impeccable acting talent.

2. In the context of the passage, prime means _____.
   (a) recent   (b) new   (c) typical   (d) great

Despite facing challenging circumstances, Marie Curie's groundbreaking research on radioactivity paved the way for significant advancements in the field of science.

3. In the context of the passage, challenging means _____.
   (a) difficult   (b) fighting   (c) brave   (d) hesitant

Mahatma Gandhi's unwavering commitment to nonviolent resistance persisted throughout his life, playing a significant role in India's struggle for independence from British colonial rule.

4. In the context of the passage, persisted means _____.
   (a) renewed   (b) continued   (c) increased   (d) carried

The establishment of the United Nations in 1945 aimed to cement international cooperation and prevent future global conflicts through diplomacy and dialogue.

5. In the context of the passage, cement means _____.
   (a) direct   (b) strengthen   (c) attach   (d) unite

The young artist's paintings were reminiscent of Vincent van Gogh's vibrant and expressive brushstrokes, as she sought to emulate his artistic genius.

6. In the context of the passage, emulate means _____.
   (a) imitate   (b) state   (c) encourage   (d) challenge

The humanitarian efforts of Mother Teresa were lauded for her selfless dedication to serving the poorest of the poor and bringing hope to countless lives.

7. In the context of the passage, lauded means _____.
   (a) preferred   (b) criticized   (c) desired   (d) praised

Throughout her career, Agatha Christie wrote prolifically, producing numerous bestselling mystery novels that continue to captivate readers to this day.

8. In the context of the passage, prolifically means _____.
   (a) reliably   (b) confidently   (c) thoroughly   (d) frequently

The <u>elaborate</u> architecture of the Taj Mahal in India is a testament to the exceptional skill and meticulous craftsmanship of the countless artisans, architects, and laborers.

9. In the context of the passage, <u>elaborate</u> means _____.
   (a) sturdy   (b) present   (c) elegant   (d) complex

As spring arrives, the cherry tree <u>sheds</u> its winter coat of buds, revealing delicate blossoms that bring beauty and fragrance to the surroundings.

10. In the context of the passage, <u>sheds</u> means _____.
   (a) shows   (b) carries   (c) loses   (d) closes

The effectiveness of the treatment had <u>mixed</u> results among patients, with some reporting symptom relief while others experienced little to no improvement.

11. In the context of the passage, <u>mixed</u> means _____.
   (a) combined   (b) joint   (c) inconsistent   (d) logical

The grocery store decided to <u>stock</u> the new organic produce line to meet the increasing demand for healthier food options.

12. In the context of the passage, <u>stock</u> means _____.
   (a) load   (b) carry   (c) save   (d) cover

During the town hall meeting, community members had the opportunity to raise their concerns about the proposed development project.

13. In the context of the passage, raise means _____.
   (a) lift   (b) increase   (c) share   (d) address

On a clear night in 1776, George Washington and his troops famously crossed the icy Delaware River to launch a surprise attack on the British during the American Revolutionary War.

14. In the context of the passage, clear means _____.
   (a) plain   (b) cloudless   (c) clean   (d) special

The fashion designer showcased a collection of garish outfits featuring neon colors and unconventional combinations, creating a visually striking runway show.

15. In the context of the passage, garish means _____.
   (a) broken   (b) cheap   (c) modern   (d) bright

The seasoned detective held a press conference in the grand ballroom of the hotel to elucidate the situation surrounding the mysterious disappearance of the highly regarded local businessman.

16. In the contest of the passage, elucidate means _____.
   (a) fix   (b) clarify   (c) finish   (d) promote

Chapter 2

G-TELP
독해
파트별 전략

PART 1

인물의 일대기
Biographical Article

Part 1은 인물의 전기 지문 유형으로, 역사상 큰 영향력을 미친 인물이나 현대의 잘 알려진 실제 인물의 일대기를 다루며, 전반적인 인물 소개로 시작하여 출생부터 사망, 혹은 현재에 이르기까지 시간의 흐름에 따른 내용이 전개된다.

Part 1 이건 알아 두세요

❶ 지텔프 독해 Part 2, Part 3에 비해 지문에 쓰인 어휘의 난도가 상대적으로 낮기 때문에 지문 해석이 수월한 편이다.

❷ 다양한 인물의 일대기를 다루고 있지만, 지문의 흐름이 비슷하며 반복 출제되는 인물 유형, 질문 유형 및 어휘들이 있으므로 미리 학습해 두면 큰 도움이 된다.

출제 인물 및 빈출 어휘

다양한 인물이 출제되며, 특히 작가/학자/사업가/예술가의 비중이 높은 편이다.

출제 인물 유형	관련 빈출 어휘
작가 author(=writer) 작가 poet 시인 essayist 수필가 screenwriter 시나리오작가 editor-in-chief 편집장	work 작품 novel 소설 literary 문학의 poetry 시 compose 쓰다 fiction 허구의 이야기 engaging content 매력적인 콘텐츠
학자 psychologist 심리학자 philosopher 철학자 professor 교수 mathematician 수학자 economist 경제학자 biologist 생물학자	theory 이론 explore 탐구하다 subconscious 무의식의 prestigious 명망 높은 scholarship 장학금 publish 출판하다
사업가 entrepreneur 사업가 founder 설립자 businessman 경영인 philanthropist 자선가 manufacturer 제조업자	found 설립하다 venture 벤처 회사 business expertise 경영 전문지식 operating cost 운영비 boost sales 판매량을 늘리다
예술가 painter 화가 actor 배우 film director 영화감독 singer 가수	talent 재능 apprentice 수습생 portrait 초상화 film 영화 award nomination 수상 후보 추천
정치가 군인 politician 정치가 activist (정치·사회) 운동가 general 장군 commander 사령관	liberty 자유 right 권리 reform 개혁 trade 거래 conquer 정복하다 outbreak 발발
기타 character (만화 등의) 캐릭터 inventor 발명가 adventurer 모험가 journalist 기자 physician 내과의사 humanitarian 인도주의자 architect 건축가 engineer (설계·건축하는) 기사	design 설계하다 automobile 자동차 patent 특허 craft 공예 injustice 불의 poverty 가난 suppress 억압하다 earn A prize A에게 상을 안겨주다 contributor 기고가 treatment 치료

	주요 내용	빈출 질문 유형	빈출 키워드
첫 단락	• 인물의 주요 특징	• What is Agatha Christie **best known for**? 아가사 크리스티는 무엇으로 가장 유명한가?	most(best) known for = most(best) famous for ~로 가장 유명하다
2–3 단락	• 어린 시절 및 교육 • 진로 결정 계기	• How did McMurtry's mother **influence** her son's **education**? 맥머트리의 어머니는 아들의 교육에 어떤 영향을 미쳤는가? • Why did Obama most likely **give up** becoming a musician? 오바마가 음악가의 꿈을 포기한 이유는 아마도 무엇이겠 는가? • Why did Ginsburg **decide to take up** law? 긴스버그는 왜 법을 공부하기로 결정했는가?	be born 태어나다 affluent 유복한 upbringing 양육 pursue 추구하다 wander 배회하다 inspire 영감을 주다 accomplished 능력 있는
4–5 단락	• 주요 사건 및 업적	• Why did Jobs **first leave** the university? 잡스가 처음 대학을 떠난 이유는 무엇인가? • What was the **topic** of Gladwell's **first** nonfiction **book**? 글래드웰의 첫 번째 논픽션 책의 주제는 무엇이었는가? • Which is **NOT true** about Rowling's writings? 롤링의 글에 대해 사실이 아닌 것은?	establish 세우다 impressive 인상적인 status 지위, 상태 perspective 관점 well-received 좋은 평가를 받는 turn A into B A를 B로 바꾸다 public awareness 대중적 인식
마지막 단락	• 사망 전후 혹은 평가	• What did **critics** say about Morrison? 모리슨에 대해 비평가들은 무엇이라고 하는가? • How did Adichie make her novels **engaging** **to read**? 아디치는 어떻게 자신의 소설을 독자들이 흥미롭게 읽도록 만들었는가?	pass away 사망하다 commemorate 기념하다 serve as ~로서의 역할을 하다 win awards 상을 받다 to this day 오늘날까지 be among ~ 중의 한 명이다

문제
풀이
전략

❶ 질문을 읽고 키워드와 관련된 내용을 지문에서 찾는다.

  TIP 지텔프 독해는 질문의 순서와 단서의 순서가 일치하는 경우가 대부분이므로, 지문에서 앞
  문제의 단서 아래부터 그 다음 문제의 단서를 찾는다.

❷ 지문에서 키워드 주변을 읽으며 알게 된 내용을 각 보기와 대조하여 정답을 선택한다.

  • 중요 모든 보기를 읽으며 소거법으로 오답을 제거한다.

  • 키워드 주변의 비슷한 단어가 반복되는 보기를 무조건 정답으로 선택하지 않도록 유의한다.

Stephen Hawking

★1번 질문 키워드
Stephen Hawking was a British physicist **best known for** his work on black holes and the [1] origins of the universe. He was also a best-selling author and a popular science communicator, who made complex ideas accessible to the general public. → 2번 문제의 단서는 1번 문제의 단서 아래에서 찾는다.

Hawking was born on January 8, 1942, in Oxford, England. He showed an early aptitude for science and mathematics, and his parents encouraged his interest by buying him science books and educational toys. He was admitted to University College, Oxford, at the age of 17, where he studied physics. Hawking continued his studies at the University of Cambridge, where he pursued research on black holes and the origins of the universe. In 1963, **he was diagnosed with a rare form of motor neuron disease**, which left him wheelchair-bound and
★2번 질문 키워드
[2] unable to speak without the aid of a computerized voice synthesizer. Despite his disability, he continued his work and made groundbreaking contributions to our understanding of the universe. → 3번 문제의 단서는 2번 문제의 단서 아래에서 찾는다.

One of Hawking's most important contributions to physics was his work on black holes. In the 1970s, he **proposed the theory of Hawking radiation**, which showed that black holes
★3번 질문 키워드
were not entirely black and [3] could emit radiation. This discovery challenged some of the fundamental laws of physics and led to new insights into the behavior of the universe.
→ 4번 문제의 단서는 3번 문제의 단서 아래에서 찾는다.
Hawking's popular science **writing** made [4] complex ideas accessible to a wide audience.
★4번 질문 키워드
His best-selling book, "A Brief History of Time," explained complex concepts in physics and cosmology in a way that was engaging and easy to understand. The book became a cultural phenomenon and brought scientific concepts to a wider audience than ever before.
→ 5번 문제의 단서는 4번 문제의 단서 아래에서 찾는다.
In addition to his scientific work, Hawking was a **passionate advocate** for disability
★5번 질문 키워드
rights. He spoke out on issues such as access to education and healthcare for [5] people with disabilities and served as an inspiration to many individuals experiencing such challenges. Despite his physical limitations, he continued to work and communicate his ideas until his death in 2018.

Hawking's legacy continues to inspire people around the world. His work on black holes and the origins of the universe has had a profound impact on our understanding of the cosmos. Stephen Hawking will be remembered as one of the greatest minds of our time, and his contributions to science and society will continue to be celebrated for generations to come.

1. **What was Stephen Hawking | most well-known for | ?** ^{키워드}

    전략적용 모든 보기를 읽으며 소거법 적용하기

    X (a) publishing popular ~~science-fiction novels~~ → '소설' 언급 없음

    X (b) ~~demonstrating the presence~~ of black holes → 블랙홀의 '존재 입증' 언급 없음

    X (c) proposing a new theory of ~~time travel~~ → '시간 여행' 언급 없음

    O **(d) explaining how the universe came into being** → 본문 [1]의 패러프레이징 표현

2. **What | challenge | did Stephen Hawking face due to his | medical condition | ?**

    전략적용 1번 문제 단서 이하 부분부터 읽기

    전략적용 모든 보기를 읽으며 소거법 적용하기

    X (a) He was unable to ~~see~~ well. → '시각' 언급 없음

    O **(b) He lost the ability to speak on his own.** → 본문 [2]의 패러프레이징 표현

    X (c) He ~~could only walk~~ short distances. → '휠체어를 타야 했다(wheelchair-bound)'와 모순

    X (d) He could ~~no longer focus~~ on his studies. → 본문의 '연구를 계속했다(continued his work)'와 모순

3. **What | theory | did Hawking suggest about | black holes | ?**

    전략적용 2번 문제 단서 이하 부분부터 읽기

    전략적용 모든 보기를 읽으며 소거법 적용하기

    X (a) that they come from the ~~collision of galaxies~~ → '은하의 충돌' 언급 없음

    X (b) that they ~~follow~~ the laws of physics → '물리학 법칙에 도전한다(challenged ~ laws of physics)'와 모순

    O **(c) that they can release a type of energy** → 본문 [3]의 패러프레이징 표현

    X (d) that they exist ~~at the center of the universe~~ → '블랙홀의 위치' 언급 없음

4. **According to the fourth paragraph, how did Hawking's | writing impact | the field of physics?**

    전략적용 질문의 지시에 따라 4번째 단락 읽기

    전략적용 모든 보기를 읽으며 소거법 적용하기

    X (a) It ~~challenged established laws of physics.~~ → 전 단락에 언급된 내용

    X (b) It made the concept of ~~astrology~~ easily understandable. → '점성술' 언급 없음

    O **(c) It presented advanced topics to a large audience.** → 본문 [4]의 패러프레이징 표현

    X (d) It ~~raised money~~ for advanced research in physics. → '기금 모금' 언급 없음

5. **Besides his scientific work, what other | topic | was Hawking | passionate about | ?**

    전략적용 4번 문제 단서 이하 부분부터 읽기

    전략적용 모든 보기를 읽으며 소거법 적용하기

    O **(a) advocating for people with physical challenges** → 본문 [5]의 패러프레이징 표현

    X (b) removing the threat of ~~nuclear weapons~~ → '핵무기' 언급 없음

    X (c) decreasing the cost of education for ~~children~~ → '아이들을 위한 교육' 언급 없음

    X (d) promoting ~~global harmony and cooperation~~ → '세계의 조화와 협동' 에 대한 언급 없음

지텔프에서 패러프레이징은 비슷한 의미를 다른 표현으로 나타내는 방식입니다. 본문과 정답 보기에 알맞게 패러프레이징된 표현을 매칭하는 것은 지텔프 독해의 핵심 전략이므로, 패러프레이징 연습을 통해 독해의 기본기를 탄탄히 쌓아 독해 고득점에 도전해 봅시다.

A. 왼쪽에 주어진 표현과 가장 가까운 의미가 되도록 빈칸에 알맞은 표현을 고르세요.

1. an editor-in-chief of a magazine → _____ the publication
   (a) head   (b) join

2. display astonishing piano technique → become a _____ pianist
   (a) skilled   (b) classical

3. earn enough popularity → attain greater _____
   (a) skills   (b) fame

4. be urged to enroll in → be encouraged to _____ up for
   (a) stand   (b) sign

5. the house of Mexican president → a _____ of great significance
   (a) moment   (b) dwelling

6. spend time for charity → help the poor and _____
   (a) needy   (b) rich

B. 비슷한 의미를 가진 표현끼리 연결하세요.

7. an apprentice   (a) talented
8. draw illustrations   (b) create art
9. the devil   (c) a trainee
10. have a natural capacity   (d) a supernatural being

단어 혹은 짤막한 구로 이루어진 1단계 패러프레이징 연습을 마쳤다면 이제는 실제 독해 지문과 동일한 난이도의 문장 해석을 통한 2단계 패러프레이징 연습을 할 차례입니다. 지텔프 기출 유형의 포인트를 그대로 살린 예제를 풀어보며 독해 실력을 한 단계 더 업그레이드하세요.

주어진 문장의 의미와 일치하는 보기를 (a) (b) 중에서 고르세요.

1. **Jane Parks is most known for writing the famous book "EcoRevolution" which played a vital role in advancing the environmental movement.**

   (a) Jane Parks is best known for promoting awareness of environmental issues.
   (b) Jane Parks is most noted for authoring a well-known fiction book about the earth.

2. **Her childhood on her family's vast farm was filled with reading books and magazines about nature, which showcased her wonder and appreciation for the natural world.**

   (a) As a child, she spent much time reading books, which led to her pursuing a career in environmental activism.
   (b) Growing up in a rural environment, she immersed herself in publications that echoed her fascination with the nature.

3. **After reading a letter from his old friend, who pointed out the correlation between environmental pollution and the decline of local wildlife, he was inspired to conceive the book.**

   (a) He got the idea for authoring a book about the impact of pollution on local wildlife from a documentary film about nature.
   (b) The idea to write about the influence of pollution on local wildlife originated from his correspondence with a close friend.

Michael Jackson was an African American artist, entertainer, and businessman. He is best known for his number one-selling album "Thriller", which sold over 65 million copies around the globe. His well-known dance moves, such as the moonwalk and the robot, earned him the title of the King of Pop.

1. What is Michael Jackson most famous for?

   (a) influencing popular music albums worldwide

   (b) being one of the wealthiest musicians

   (c) releasing a globally successful work of music

   (d) walking like a robot in dance scenes

Louis Pasteur was a French chemist and microbiologist who made groundbreaking discoveries in the fields of vaccination and microbial fermentation. His research helped to prevent and understand diseases, and his vaccines are credited with saving millions of lives. Pasteur is best known for pasteurization, which is a process of treating packaged and non-packaged foods with mild heat to eliminate harmful organisms.

2. What is Louis Pasteur most known for?

   (a) helping millions of lives to understand diseases

   (b) discovering vaccines for packaged foods

   (c) devising a technique of heating foods for hygiene

   (d) processing fermentation in packaged and non-packaged foods

Julius Caesar was a Roman statesman and general who was active during the Roman Republic (509-27 BCE). He is most famous for his military campaigns in Gaul, a region comprising modern-day France, and for his pivotal role in the civil war that led to the end of the Roman Republic, and the rise of the Roman Empire.

3. What is Julius Caesar most noted for?

   (a) His successful military campaigns and legendary victories beyond Gaul

   (b) His part in bringing about the end of the Roman Republic

   (c) His oratory skills and influential speeches

   (d) His diplomatic maneuvers and treaties with foreign powers

Wilma Rudolph was a female American sprinter and Olympic champion. Rudolph was best known for being the fastest woman in the world in the 1960s and for winning three gold medals in a single Olympic Games. She helped to improve women's track in America and became a role model for black and female athletes.

4. What is Wilma Rudolph most famous for?

   (a) acquiring multiple medals in an Olympic Games

   (b) promoting women's rights in athletic tracks

   (c) being the fastest sprinter in the 1960s

   (d) setting an example for black and female athletes

Robert Langer is an American chemical engineer, scientist, entrepreneur, and inventor. He is one of the twelve Institute Professors at the Massachusetts Institute of Technology (MIT). He has authored over 1,500 scientific papers and is best known for founding the biotechnology company "Moderna" where vaccines are produced, among many others. He has been awarded numerous leading prizes in recognition of his work.

5. What is Robert Langer best known for?

    (a) receiving awards for his work in biotechnology companies

    (b) publishing scientific papers concerning chemical engineering

    (c) establishing the biotech enterprise as well as other organizations

    (d) being a member of Institute of Professors at MIT

Marie Curie was born in Warsaw, Poland on November 7, 1867. She received her early education at home, where her father taught her about mathematics and physics. As a young woman, Curie pursued higher education at the Sorbonne in Paris, and eventually earned degrees in physics and mathematics. The knowledge and skills she gained at the Sorbonne would later prove invaluable in her pioneering work in the fields of radioactivity and nuclear physics.

6. How did Marie most likely learn the basics in physics and mathematics?

    (a) by gaining extensive knowledge in Paris

    (b) by her father's guidance in the fields of study

    (c) by conducting physics and mathematics experiments at home

    (d) by taking classes at school only when necessary

Jane Austen was born on December 16, 1775, in Steventon, England. Austen later moved to Bath, where she indulged in many social and cultural opportunities. She was provided with an unconventional education including classical and modern subjects by her father George Austen, who was a clergyman and schoolmaster. From an early age, Austen wrote inspirational poems and stories for the amusement of herself and her family. Her early works are compiled into three notebooks, now referred to as "Juvenilia".

7. What probably influenced Austen's talent as a novelist?

   (a) She was given unique education by her father.

   (b) She had many opportunities to present her writings in Bath.

   (c) She received guidance from a renowned novelist.

   (d) She had access to advanced writing technology.

Sophia was born on July 12, 1801, in a small village in rural Italy. Her father, Giovanni, was a renowned philosopher, who homeschooled Sophia during her teenage years. Sophia received a demanding education, including ancient languages and philosophy. When she reached 13, Sophia was familiar with the works of major writers, from Homer to Virgil.

8. How did Giovanni influence Sophia's education?

   (a) by teaching her about the modern scientists

   (b) by showing her the value of religious scripts

   (c) by fostering her creative thinking in literature

   (d) by introducing her to the works of prominent thinkers

Isabelle Adjani was born in Paris to a wealthy family. As a child, she had a natural talent for acting and singing. She trained in performing arts schools, perfecting her craft and gaining recognition. Adjani wanted to develop her acting through classical music and was inspired by the music of Beethoven, whose powerful emotions in music shaped Adjani's expressive acting approach.

9. How did Beethoven's music influence Adjani?

   (a) It encouraged her to take up singing.

   (b) It inspired her to write her own music.

   (c) It motivated her to seek emotional depth.

   (d) It stimulated her interest in painting.

John was born on May 12, 1895, in a small village near a vast forest. As a child, he was an adventurous soul and often roamed the countryside, exploring the streams, fields, and woods that surrounded his home. He was especially drawn to the wildlife he encountered on his travels and would spend hours observing and sketching the birds and animals. These experiences would later greatly influence his literary works.

10. What served as a source of inspiration for John's writing?

   (a) his love of outdoor sports

   (b) his family's frequent travels to forests

   (c) his childhood spent outside the city

   (d) his regular visits to the wildlife museum

Gustav Klimt was born in Baumgarten, Austria in 1862 to a family of gold engravers. He showed an early talent for drawing and went on to study at the Vienna School of Arts and Crafts. In his early career, Klimt painted murals and collaborated on various public projects, but he eventually became frustrated with the conservative attitudes of the art establishment. This led him to become involved with the Vienna Secession, a group of artists who sought to break away from academic art and embrace new styles and ideas.

11. How did Klimt's involvement with the Vienna Secession influence his work?

(a) It led him to focus on drawing.

(b) It inspired him to become involved with public projects.

(c) It encouraged him to experiment with innovative styles and concepts.

(d) It frustrated him with the conservative attitudes of the art establishment.

Stephen was always a fan of the horror and suspense genre and was greatly influenced by his favorite authors, such as H.P. Lovecraft and Edgar Allan Poe. He was driven to put pen to paper and wrote his first novel, *Carrie*, which was released in 1974 and quickly became a bestseller. The novel follows the story of a high school girl who uses her telekinetic powers to take revenge on her tormentors.

12. Why did Stephen choose to write horror and suspense novels?

(a) He was fascinated by telekinetic abilities.

(b) He was inspired by the writers he admired.

(c) He had guidance from established writers in the industry.

(d) He had a fascination with the supernatural.

Sarah spent many hours every day crafting children's books. One day, she received a letter from a distant relative, a young boy named Billy, who was going through a tough time after the recent passing of his father. Sarah felt a strong connection to Billy and decided to write him a story about a magical adventure of two squirrels named Whisker and Hazel, which would take him on a journey of self-discovery and happiness. The story was later published with the title: *Whisker and Hazel's Adventure*.

13. Why, most likely, did Sarah decide to write an adventurous story of two squirrels?

   (a) to enhance her self-confidence

   (b) to comfort a boy who had fallen ill

   (c) to submit to a publishing company

   (d) to cheer up a grieving family member

While Joan was a promising law student, she was unable to continue her education due to the sudden eruption of the civil war in 1920. She was conscripted into the military and assigned to the legal division, where she provided legal advice to soldiers and civilians affected by the conflict. During her time in the military, she met a charismatic war hero, named Luis, who was being treated for a battlefield injury. His philosophy greatly shaped Joan's perspective on justice and morality.

14. Why was Joan unable to complete her law studies?

   (a) because she wanted to join a military division

   (b) because she was in a conflict with civilians

   (c) because she was physically injured

   (d) because she was drafted into the army

Rowling's *Harry Potter* series is beloved by millions of readers worldwide. Her ability to create a richly-detailed magical world filled with diverse characters has been widely praised. Rowling keeps readers highly engaged throughout the series by dropping subtle hints about events that will happen subsequently.

15. Based on the article, how did Rowling make Harry Potter series engaging to read?

    (a) by writing with a creative style of fiction

    (b) by making the subsequent events easy for readers to guess

    (c) by making readers guess about what to expect

    (d) by showcasing a diverse set of notable characters

Mary Shelley's *Frankenstein* is considered a classic horror novel and is still widely read and adapted into media today. The story's ethical and moral implications of scientific discovery, and its depiction of the dangers of playing God, continue to resonate with modern readers. Additionally, the novel's themes of the human condition, such as the search for meaning and the role of ambition, are still relevant and thought-provoking.

16. Why does Frankenstein most likely still appeal to contemporary audiences?

    (a) It provides realistic tips for scientific experiments.

    (b) It features a heroic and admirable character.

    (c) It depicts themes widely relatable to many.

    (d) It provides an intriguing insight into literary classics.

ERNEST SHACKLETON

Ernest Shackleton was a renowned British explorer who made several pioneering expeditions to the Antarctic region. Ernest Shackleton is best remembered for his leadership during the ill-fated Imperial Trans-Antarctic Expedition, where he and his crew demonstrated incredible resilience in the face of adversity.

He was born on February 15, 1874, in Kilkea, County Kildare, Ireland, and was the second of ten children. Shackleton's family moved to Sydenham, London, when he was ten years old. Despite a difficult childhood, he excelled academically and gained acceptance to Dulwich College. However, he left school at the age of sixteen to join the merchant navy, working on a tramp steamer that traveled to Brazil.

After several years at sea, Shackleton became interested in polar exploration and joined Robert Falcon Scott's Discovery Expedition to the Antarctic in 1901. During the expedition, Shackleton distinguished himself as a skilled leader and explorer. In 1909, he led his own expedition to the Antarctic, which came within 97 miles of the South Pole, a record at the time.

His most famous expedition was the Imperial Trans-Antarctic Expedition, which aimed to cross the continent from sea to sea. The journey was fraught with challenges. Their ship, Endurance, was crushed by ice and left the crew stranded on Elephant Island. Shackleton and a small group sailed over 800 miles to reach South Georgia Island for help. After an arduous journey, they made it to a whaling station and organized a rescue mission. Despite four failed attempts, they finally rescued the crew from Elephant Island, who had been stranded for over four months. Shackleton's leadership and determination never wavered, and he was willing to risk his own life to save his crew.

After the expedition, Shackleton continued to explore and lead expeditions. He was knighted by King Edward VII in recognition of his achievements, and he wrote several books about his experiences in the Antarctic, including South and The Heart of the Antarctic. In 1921, Shackleton returned to the Antarctic for what would be his final expedition. The expedition was to be the first to cross the continent, but Shackleton's health began to deteriorate, and he suffered a heart attack while on board his ship, Quest, on January 5, 1922. He was only 47 years old. Shackleton's death was a great loss to the world of exploration, but his legacy lived on. He remains an inspiration to explorers and adventurers to this day.

1. What is Ernest Shackleton most famous for?

   (a) discovering new species in the Antarctic region
   (b) leading a journey in extreme environments
   (c) founding a British exploration organization
   (d) exhibiting resilience during wartime challenges

2. According to the second paragraph, why did Shackleton leave school at the age of 16?

   (a) to pursue a career in the merchant navy
   (b) to continue his education in Brazil
   (c) to work on a luxury ocean liner
   (d) to assist an explorer at Dulwich College

3. What was remarkable about Shackleton's expedition in 1909?

   (a) It traveled across the Antarctic from sea to sea.
   (b) It was completed in a record amount of time.
   (c) It came closer to the South Pole than other expeditions.
   (d) It discovered a new species of wildlife in the Antarctic.

4. Which of the following is NOT true about the Imperial Trans-Antarctic Expedition?

   (a) The expedition aimed to travel across the Antarctic.
   (b) The ship was severely damaged by ice.
   (c) The crew became isolated in a remote location.
   (d) Shackleton died shortly after returning home.

5. How was Shackleton honored for his bravery and determination in his lifetime?

   (a) Several books were written about him.
   (b) An Antarctic expedition named their ship Quest.
   (c) He received a knighthood from the king.
   (d) His crew was inspired to return to the Antarctic.

6. In the context of the passage, distinguished means _____.

   (a) determined
   (b) thrived
   (c) separated
   (d) perceived

7. In the context of the passage, suffered means _____.

   (a) affected
   (b) declined
   (c) exposed
   (d) experienced

JAN VAN EYCK

Jan van Eyck was a Flemish painter who lived during the Northern Renaissance period, born around 1390 in the town of Maaseik, Belgium. He is best known for his innovative oil painting technique, which he helped to pioneer, and his realistic depictions of people and objects. Van Eyck's works greatly influenced the development of art in Northern Europe and continue to be admired by art lovers worldwide.

Van Eyck began his artistic career as the aspiring apprentice to his older brother Hubert, who was also a painter. After his brother's death, he took over his studio and became the court painter for John of Bavaria, the Count of Holland. In 1425, he was appointed as the court painter for Philip the Good, Duke of Burgundy, where he remained until his death in 1441.

Van Eyck's most famous works are the Ghent Altarpiece, completed in 1432, and the Arnolfini Portrait, completed in 1434. The Ghent Altarpiece is a large polyptych that is considered one of the most important works of European art from the medieval period. The Arnolfini Portrait is a double portrait of a wealthy merchant and his wife, and it is notable for its meticulous attention to detail and the use of symbolism in the composition.

Van Eyck's use of oil paint was a significant development in the history of art, as it allowed for greater depth and luminosity in his paintings. He also used light and shadow, color, and texture to achieve a level of realism that was previously unseen in European painting. His innovative techniques greatly influenced later artists such as Johannes Vermeer and the Pre-Raphaelites.

Van Eyck was a multi-talented individual who not only excelled at painting, but also possessed considerable diplomatic skills. He was tasked with representing the Duke of Burgundy on various assignments, where he was respected for his intelligence, good judgment, and ability to negotiate successfully with foreign leaders.

Van Eyck's legacy is still felt today in the world of art. His innovative techniques and attention to detail inspired later artists, and his works continue to be admired and studied by art lovers around the world. He is considered one of the greatest painters of all time.

8. What was Jan van Eyck most noted
   for?

   (a) producing art for the Belgium elite
   (b) creating lifelike portrayals of human
       figures
   (c) depicting fantastical objects from
       mythology
   (d) using vibrant colors in oil paintings

9. According to the article, how did van
   Eyck start his career as a painter?

   (a) by learning from a relative
   (b) by being introduced to the Duke of
       Burgundy
   (c) by inheriting a painting studio
   (d) by attending a prestigious art
       academy

10. What is notable about the Arnolfini
    Portrait?

    (a) It used an unusually large polyptych.
    (b) It commemorated a significant
        historical event.
    (c) It was painted with remarkable
        precision.
    (d) It features intricate use of religious
        symbolism.

11. How did van Eyck achieve realism in
    his paintings?

    (a) He used a new method of creating oil
        paints.
    (b) He implemented light and texture into
        his work.
    (c) He painted natural scenes instead of
        portraits.
    (d) He composed his paintings using few
        colors.

12. How else did van Eyck serve the Duke
    of Burgundy?

    (a) He taught other painters in the Duke's
        court.
    (b) He painted portraits that bolstered
        the Duke's prestige.
    (c) He represented the Duke during
        international negotiations.
    (d) He served as a military advisor to the
        Duke during times of war.

13. In the context of the passage,
    apprentice means _____.

    (a) talent
    (b) spectator
    (c) trainee
    (d) specialist

14. In the context of the passage,
    influenced means _____.

    (a) persuaded
    (b) controlled
    (c) aroused
    (d) affected

PART 2

기사
Magazine/Newspaper/Web Article

Part 2는 잡지, 신문 및 인터넷 기사 내용으로, 역사적으로 의미가 있는 사건, 최근의 사회적 문제, 기술 혁신, 과학적 발견 등의 다양한 주제가 다뤄지며, 이에 대한 최근 연구 및 조사 결과도 자주 소개된다.

Part 2 이건 알아 두세요

❶ 일상 생활에서 쉽게 접하기 어려운 주제의 기사 혹은 연구 결과가 다뤄지는 경우가 많아, 관련 어휘가 생소하여 해석이 어려울 수 있으므로 어휘 학습이 매우 중요한 파트이다.

❷ Part 2의 첫 문제로 주제를 묻는 문제가 자주 출제된다. 주제 문제는 '제목'이 중요한 단서가 될 수 있으므로 반드시 읽고, 첫 단락만 읽으면 답이 보이지 않는 문제가 30% 이상 출제되므로, 이 경우 '주제와 목적을 묻는 문제' 유형에서 배운 전략을 활용하여 문제를 푼다.

출제 내용 및 빈출 어휘

다양한 분야의 기사 및 연구 결과가 출제되며, 최근에는 동물 실험 등을 주제로 한 과학적 연구 결과의 출제 비중이 높은 편이다.

주제 및 내용	관련 빈출 어휘
연구결과 동물 실험 등의 결과 과학적 연구의 흥미로운 결과	experiment 실험 genetics 유전학 cognition 인지 creature 생물 evidence 증거 trait 특성 findings 발견
유래/배경 잘못된 통념의 유래 및 이유 주변의 흔한 사물 및 스포츠 등의 유래 특정 현상이 생겨난 유래 (ex. 칠면조 알을 먹지 않는 이유)	myth 잘못된 통념 legend 전설 origin 기원 symbolism 상징 tradition 전통 circumstance 환경 emerge 나타나다 persist 지속되다
첨단기술 인공 지능의 발전 양자 컴퓨팅, 가상 현실 등의 발전	Artificial Intelligence 인공 지능 innovation 혁신 automation 자동화 advancement 발전 breakthrough 대발견 challenge 도전 progress 발전
고고학적 발견 고대 유적, 유물의 발견 사라진 문명의 발견	archaeologists 고고학자 engraving 판화 ancient 고대의 excavation 발굴 artifact 유물 civilization 문명 preservation 보존 site 유적지
기타 불가사의에 관한 새로운 연구 결과 일상 생활 속의 흥미로운 상식 동물 행동에 관한 관찰	mystery 미스터리 truth 진실 unexplained 설명할 수 없는 unsolved 풀리지 않는 supernatural 초자연적인 results (연구) 결과 phenomenon 현상 perception 인식 intriguing 흥미로운

	주요 내용	빈출 질문 유형	빈출 키워드
첫 단락	• 연구 내용 간략 소개	• What is the article **mainly about**? 기사는 주로 무엇에 관한 내용인가?	A study shows[indicates/ suggests] ~연구는 ~을 보여준다
2-3 단락	• 연구 계기 및 연구 방법	• How did the team **perform** the experiment? 팀은 어떻게 실험을 진행했나? • How was the data **gathered**? 데이터는 어떻게 수집되었나? • Which of the following is **NOT true** about the experiment? 실험에 대한 설명으로 맞지 않는 것은?	conduct 수행하다 discover 발견하다 investigate 조사하다 procedure 절차 observe 관찰하다 hypothesis 가설 analysis 분석 subject 실험대상 participant (실험) 참가자
4-5 단락	• 연구 결과 및 문제점	• What does the study **reveal** about the spider? 연구에서 거미에 대해 밝혀진 것은? • According to the article, which participants exhibited **positive outcomes**? 이 기사에 따르면, 어떤 참가자들이 긍정적인 결과를 나타냈나? • How did scientists arrive at **the conclusion**? 과학자들은 어떻게 결론에 도달했나?	point out 지적하다 account for ~을 차지하다 identify 밝혀내다 findings 결과, 발견 reliable 신뢰할 만한 valid 타당한 admit 인정하다, 시인하다 phenomenon 현상 complex 복잡한 challenge 과제 limitations 한계 criticism 비판
마지막 단락	• 연구 요약 및 의의	• What would the study **potentially** be **useful for**? 이 연구는 잠재적으로 무엇에 유용한가? • How can researchers **learn more** about the phenomenon? 연구자들이 그 현상에 대해 더 많은 것을 알 수 있는 방법은 무엇인가? • What could be a **takeaway of** the study? 이 연구에서 배울 수 있는 것은 무엇인가?	conclusion 결론 support 뒷받침하다 perspective 관점 takeaway 연구의 주요 교훈 implications 함축, 영향 significance 중요성 contribution 기여 apply 적용하다, 응용하다 reflect 반영하다 more likely to ~할 가능성이 더 높다

문제
풀이
전략

❶ 질문을 읽고 키워드와 관련된 내용을 지문에서 찾는다.

　TIP　지텔프 독해는 질문의 순서와 단서의 순서가 일치하는 경우가 대부분이므로, 지문에서 앞 문제의 단서 아래부터 그 다음 문제의 단서를 찾는다.

❷ 지문에서 키워드 주변을 읽으며 알게 된 내용을 각 보기와 대조하여 정답을 선택한다.

• 중요 모든 보기를 읽으며 소거법으로 오답을 제거한다

• 키워드 주변의 비슷한 단어가 반복되는 보기를 무조건 정답으로 선택하지 않도록 유의한다.

ANELOSIMUS EXIMUS SPIDERS'
[1] UNUSUAL PACK HUNTING BEHAVIOR
★1번 질문 키워드

Although most spiders tend to be solitary hunters, a particular spider species in French Guyana called Anelosimus eximius exhibits different behavior. These tiny spiders live in communities that can hold up to 1,000 spiders, constructing webs that can span up to 20 feet in width. The spiders collaborate to ensnare prey that is often significantly larger than themselves, using a tactic known as pack hunting, which is an uncommon strategy among spider species. → 2번 문제의 단서는 1번 문제의 단서 아래에서 찾는다.

When animals participate in pack hunting, they typically have a designated role that involves working alongside fellow pack members to seize their prey. For example, lions appoint specific pack members to serve as "centers" or "wings." Those assigned to **the wing role** will [2] pursue the prey from the sides, while those in the center role will track it from the middle. The wings will collaborate to catch their prey from both sides, causing it to fall into the paths of the centers that are hot on its tail. → 3번 문제의 단서는 2번 문제의 단서 아래에서 찾는다.
★2번 질문 키워드

The researchers from the University of Toulouse aimed to investigate whether Anelosimus eximius spiders had specific roles when hunting in groups. They designed a small device that could simulate the vibrations of a struggling insect, which they placed on the spiders' web. Additionally, [3] they introduced a live prey near the device to observe the spiders' response. → 4번 문제의 단서는 3번 문제의 단서 아래에서 찾는다.
★3번 질문 키워드

As soon as the device began to vibrate, the spiders detected it and swarmed around the prey, consuming it together. **The researchers were surprised** to find that all the spiders moved towards the prey simultaneously, [4] without any apparent role differentiation. This observation suggested that unlike lions, which exhibit coordinated hunting behavior with individualized roles, the spiders may not have a strict hierarchy when hunting in groups.
★4번 질문 키워드

→ 5번 문제의 단서는 4번 문제의 단서 아래에서 찾는다.

In addition, the study found that the spiders collectively paused and resumed their movement in sync while heading towards their prey. According to Raphael Jeanson, the author of the study, the spiders' unusual halting and resuming actions were not orchestrated by an individual spider or communicated among the spider colony. Rather, since a large number of spiders were progressing simultaneously towards the prey, the weaker vibrations of the prey were masked by the vibrations generated by the spiders. As a result, the spiders had to frequently **take breaks** [5] to track down their target.
★5번 질문 키워드

1. What is the article | mainly about 키워드 | ?

X (a) ~~the geography and climate~~ of French Guyana → '지리와 기후'에 관한 언급 없음

X (b) a spider species' uncommon ~~diet~~ → '식단' 언급 없음

X (c) ~~a comparison of different spiders~~' use of vibrations → '여러 종류 거미의 비교' 언급 없음

O **(d) a spider species' unique hunting method** → 본문 [1]의 패러프레이징 표현

2. According to the second paragraph, how will a lion in | the wing role 키워드 | contribute to a hunt?

X (a) by serving as ~~the leader of the pack~~ → '무리의 리더' 언급 없음

O **(b) by chasing prey from the left or right** → 본문 [2]의 패러프레이징 표현

X (c) by ~~surprising prey~~ from the front → '사냥감을 놀라게 한다'의 언급 없음

X (d) by tracking prey ~~from the center~~ → '측면에서 쫓다(pursue ~ from the sides)'와 모순

3. How did | the researchers 키워드 | study 키워드 | the spiders?

X (a) They ~~tracked the speed~~ of the spiders while hunting. → '속도를 추적했다'의 언급 없음

X (b) They studied the spiders' response to ~~changes in temperature~~. → '온도의 변화' 언급 없음

O **(c) They triggered vibrations in the web and noted the spiders' reactions.**
→ 본문 [3]의 패러프레이징 표현

X (d) They ~~placed different items~~ in the spiders' web to instigate a hunt.
→ '여러 다른 물건을 넣다'에 대한 언급 없음

4. What | surprised researchers 키워드 | about the spiders' hunting method?

O **(a) They did not have clearly defined roles like lions do.** → 본문 [4]의 패러프레이징 표현

X (b) They hunted in ~~complete silence~~, without making any vibrations. → '완전한 침묵' 언급 없음

X (c) They were ~~unable to detect the vibrations~~ from the device. → '진동을 감지했다(the spiders detected it)'와 모순

X (d) They ~~waited for the lead spider~~ to attack first. → '선두 거미를 기다렸다' 언급 없음

5. Based on the study, why do the spiders most likely | stop moving 키워드 | while hunting?

X (a) to allow each spider to fulfill ~~their specific role~~ → '뚜렷한 역할 분화 없이(without any apparent role differentiation)'와 모순

X (b) to ~~watch~~ where the prey will move to → '사냥감을 관찰하다' 언급 없음

O **(c) to identify the vibrations made by the prey** → 본문 [5]의 패러프레이징 표현

X (d) to ~~trick the prey~~ into getting stuck in their web → '사냥감을 속이다'의 언급 없음

지텔프에서 패러프레이징은 비슷한 의미를 다른 표현으로 나타내는 방식입니다. 본문과 정답 보기에 알맞게 패러프레이징 된 표현을 매칭하는 것은 지텔프 독해의 핵심 전략이므로, 패러프레이징 연습을 통해 독해의 기본기를 탄탄히 쌓아 독해 고 득점에 도전해 봅시다.

A. 왼쪽에 주어진 표현과 가장 가까운 의미가 되도록 빈칸에 알맞은 표현을 고르세요.

1. express depression → _____ health problems
   (a) mental   (b) physical

2. phones and tablets → _____ devices
   (a) wearable   (b) electronic

3. detect sugary jelly → find sweet _____
   (a) substances   (b) spots

4. the spider's capability → the _____'s ability
   (a) material   (b) creature

5. Several aircrafts disappeared. → Many _____ vanished.
   (a) species   (b) vehicles

6. the food it normally eats → its standard _____
   (a) diet   (b) practice

B. 비슷한 의미를 가진 표현끼리 연결하세요.

7. swallow	(a) transport objects
8. a living situation	(b) eat
9. carry supplies	(c) difficult to spot
10. struggle to notice	(d) an environment

단어 혹은 짤막한 구로 이루어진 1단계 패러프레이징 연습을 마쳤다면 이제는 실제 독해 지문과 동일한 난이도의 문장 해석을 통한 2단계 패러프레이징 연습을 할 차례입니다. 지텔프 기출 유형의 포인트를 그대로 살린 예제를 풀어보며 독해 실력을 한 단계 더 업그레이드하세요.

주어진 문장의 의미와 일치하는 보기를 (a) (b) 중에서 고르세요.

1. **Participants of the experiment demonstrated an enhanced ability to pay attention to detail when they were dressed in a lab coat identified as a doctor's coat.**

   (a) Those who took part in the experiment displayed increased attention to specifics when their clothing was associated with doctor.
   (b) Once the lab coat was taken off, participants in the experiment showed an increased attention to specific details.

2. **The productivity of the employees at Acme Corporation remained high independent of the office environment or their current workload.**

   (a) The employees' efficiency was consistent across different companies.
   (b) The employees' performance levels were less affected by their workplace conditions.

3. **For the analysis, the researchers examined the self-reports of symptoms related to diabetes of three hundred people who were seen by doctors at five urban healthcare clinics.**

   (a) The study's data was derived from an analysis of patients' hospital records.
   (b) The researchers obtained the data by examining patients at urban charitable organizations.

ANCIENT CERAMIC POTS SHOW PREHISTORIC USE OF COW'S MILK

Archaeologists have discovered ceramic pots in the central Anatolian region of Turkey that contained milk fats, which were determined to have come exclusively from cows. The pots were analyzed by a team of scientists using lipid analysis to identify the specific types of fats present in the residue. The pots date back to around 6,000 BC, making them the earliest evidence of the use of cow's milk.

1. What is the main subject of the article?

(a) the significance of prehistoric farming techniques

(b) the oldest records of use of a dairy substance

(c) the history of a ceramic product

(d) the earliest remains of cows

Octopuses were observed protecting themselves from predators by collecting coconut shells and using them as mobile homes. The octopuses selected two halves of a coconut shell and stacked them together on the ocean floor to create a shelter. The researchers believe that the coconut shells served to muffle the octopuses' movements and hide their scent, making it harder for predators to locate them.

2. Based on the article, how did octopuses probably protect themselves from their predators?

(a) by camouflaging them against the ocean floor

(b) by deterring predators with their intimidating size and shape

(c) by threatening predators with creating a shelter

(d) by masking their motion and fragrance

A recent study conducted by scientists at the University of California, Berkeley found that hummingbirds have the ability to see colors that are invisible to humans. To study this, researchers trained hummingbirds to drink sugar water from a machine with a colored light that turned on whenever the bird made a successful visit. To present the color cues, the researchers used a custom-made computer-controlled LED light source that could produce a range of colors, including ultraviolet colors. The light changed color based on the type of sugar water that the bird drank, and the researchers found that hummingbirds could distinguish between even slight variations in color.

3. Which of the following is NOT true about the equipment used in the study?

    (a) It was used to deliver sugar water to hummingbirds.

    (b) It emitted a colored light that changed based on the type of sugar water.

    (c) It was used to train hummingbirds to differentiate between varying colors.

    (d) It was able to monitor the brain activity of hummingbirds.

In the early 20th century, wristwatches were considered a luxury item and were only accessible to the wealthy. However, with the invention of assembly-line techniques, watchmakers were able to mass-produce wristwatches on a larger scale, which significantly reduced the cost of manufacturing. This led to a boom in the production of wristwatches, and they soon became an essential accessory for people of all classes.

4. Why most likely did wristwatches become a necessary accessory for people?

    (a) because increased availability of wristwatches made them more affordable

    (b) because the fashion industry popularized wristwatches

    (c) because social norms made timekeeping necessary

    (d) because technology advancements made wristwatches more accurate

A team of researchers from the University of Basel in Switzerland conducted a comprehensive study on sleep patterns, spanning three years and involving 33 volunteers. For the study, data was collected through the monitoring of brain wave activity and levels of melatonin, a hormone that induces sleep, while the volunteers were asleep. The researchers also tracked the time it took participants to fall asleep and the duration of their deep sleep, and obtained reports on how rested the volunteers felt the following day.

5. What is the author's purpose of the paragraph?

    (a) to explain the benefits of collecting diverse types of data

    (b) to assess the research methods employed by the team

    (c) to discuss the study's effects on participants

    (d) to explain how the data was gathered

The research team faced a significant challenge in verifying the authenticity of the painting "Starry Night" because artistic works are typically authenticated through the signature of the artist. Instead, they were able to roughly establish the painting's legitimacy by examining its style and comparing it to other works of the same era, as well as analyzing the materials used to create it.

6. Why most likely did the researchers run into complications when verifying the authenticity of the artwork?

    (a) The painting was too old to verify its authenticity.

    (b) They could not find any identifying mark left by the painter.

    (c) The artist of the painting was unknown.

    (d) The painting had been previously verified as a fake.

Research has shown that pigs are highly intelligent and social animals, with cognitive abilities that rival those of dogs. Although there is much scientific evidence indicating their intelligence, the myth that pigs are filthy and unintelligent creatures persists among many people.

7. Why most likely is there a widespread belief that pigs are filthy and unintelligent?

   (a) because people think scientific research is unreliable

   (b) because people think pigs cannot be their pets

   (c) because people have been exposed to wrong information on animal TV shows

   (d) because people are not familiar with evidence of their intelligence

In 1940, Martin was arrested as he attempted to peddle a stolen ancient Greek vase to an antique collector in Rome. Upon being arrested for his unlawful actions, Martin faced the consequences of his crime. Ironically, his theft of the prized artifact led to increased fame and value for the previously obscure piece, now known as the Thessaloniki Treasure.

8. What happened to Martin in 1940?

   (a) He was followed while trying to sell the Greek vase.

   (b) He was found guilty of selling imitations of the Greek vase.

   (c) He was caught attempting to sell the Greek vase.

   (d) He was arrested while delivering the Greek vase to Rome.

A team of biologists studied satellite images to identify a region where a rare plant species had grown. However, they soon realized that the area had undergone drastic ecological changes over time. They were left with only a few potential sites for exploration, reducing their odds of finding the precious plant. Nevertheless, the researchers decided to proceed with the initial destination, which was a small, isolated open space. Upon arrival, they used transect sampling to systematically survey the area. They were exceptionally lucky. In a matter of hours, they were able to discover a thriving population of the rare plant.

9. How were the researchers fortunate during the discovery project?

   (a) They located the plant species at the first site they visited.

   (b) They acquired a license to search for plant species in the region.

   (c) They located various plant species using satellite images.

   (d) They were given financial assistance from the government.

In recent times, a fascinating behavioral pattern has been observed among researchers in rodents. The outcomes reinforce earlier research that showed a parallel phenomenon in mice, which also stored food in numerous locations throughout their territory. This led several scientists to propose that such unique behavior, known as "scatter hoarding", is a common method shared by many mammals.

10. How did the researchers find that hiding food in different places could be a common behavioral pattern?

    (a) based on prior research on hungry animals

    (b) based on prior research on patients with an eating disorder

    (c) based on prior research on food storage during winter

    (d) based on prior research on small animals

Researchers from the University of Arborfield were eager to investigate as to whether fireflies synchronize their bioluminescent flashing patterns. To study the fireflies' response to external light cues, the scientists developed a programmable LED system and positioned it within the fireflies' natural habitat. As the LEDs mimicked the fireflies' flashing patterns, the researchers observed how the insects adjusted their own flashing in response to the artificial light source.

11. How did the researchers investigate the fireflies' response to external light cues?

   (a) by recording fireflies' reactions to the flashing lights in their habitat

   (b) by studying fireflies' reactions to the LED device outside their habitat

   (c) by recording fireflies' reactions to different species in their habitat

   (d) by studying fireflies' reactions to various stimulation in their habitat

During the early 1900s, an American architect named Frank Lloyd Wright created a new way of designing buildings called the Prairie School. His idea was very different from what was common at the time, and it influenced modern architecture. One of Wright's unique features was that he made the buildings blend in with their natural environment. Before Wright's design, buildings were often decorated with many details and focused on looking tall, but Wright's design was simpler and emphasized horizontal lines instead of vertical ones.

12. Why was Wright's building style considered revolutionary?

   (a) because it used traditional materials in unconventional ways

   (b) because it showed the building's interior spaces in a new way

   (c) because it involved the use of advanced construction techniques

   (d) because it displayed less complexity in its architectural design

It is widely believed that spinach is a rich source of iron due to a misplaced decimal point in an 1870 study. The study mistakenly reported that spinach contained 35 milligrams of iron per 100 grams, instead of the correct 3.5 milligrams. The error was not discovered until the 1930s, but the myth persisted for decades as the cartoon character Popeye further popularized spinach. In reality, spinach has an average iron content, comparable to other green vegetables.

13. Why was spinach mistakenly believed to have a high iron content in the 1870 study?

    (a) because more amount of spinach was placed on the scale

    (b) because a popular character emphasized the power of iron

    (c) because the reported number differed from the actual result

    (d) because the scale used at the time was inaccurate

Compared to other flour types, almond flour is rarely used among chefs. Almond flour, which is gluten-free, has different characteristics from wheat flour regarding liquid absorption time and temperature. This requires more time and effort in readjusting recipes and baking times. In addition, almond flour is generally more expensive than traditional wheat flour, making it less attractive for businesses and households

14. According to the passage, why is almond flour less popular in baking compared to wheat flour?

    (a) because money needs to be spent on making the flour

    (b) because additional work is required in preparation

    (c) because money needs to be spent on more gluten

    (d) because more amount of flour is required in each dish

Michael Huber, a veterinary scientist, who studies animal health conditions, experimented the effects of music exposure on dogs in a hospital. His team exposed the newly arrived dogs to classical music while the other group was exposed to heavy metal music. The result showed that the dogs that were exposed to classical music displayed a quicker adaptation to their new surroundings and exhibited lower levels of stress when compared to the other group, which remained anxious for a longer time.

15. How did the researchers collect the findings of their study?

    (a) by examining how dogs responded to music after trauma

    (b) by recording the various barking sound of dogs

    (c) by observing how dogs responded to music in an unfamiliar environment

    (d) by assisting dogs to enjoy music while recovering from disease

The Resilience Study authors were initially skeptical that personal growth could follow a traumatic event. Yet, they discovered a personal crisis often led to profound transformations. Facing life's challenges can be overwhelming, but there is comfort in realizing that hardships can boost one's inner resources, fostering resilience and fulfillment.

16. What could be a takeaway from the study?

    (a) that one's challenges may be more traumatic than expected

    (b) that one's adversity may be more beneficial than expected

    (c) that one's challenges may be more damaging than expected

    (d) that one's adversity may be easier to overcome than expected

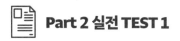
THE BELIEF IN FRIDAY THE 13TH AS A DAY OF MISFORTUNE

Friday the 13th, a date surrounded by superstition and dread, has inspired a variety of cultural expressions throughout history. This notorious day has been associated with bad luck, and many people still hold the belief that it brings misfortune. In fact, the fear of Friday the 13th has a specific name: paraskevidekatriaphobia.

The number 13 has been linked to misfortune in many cultures, and it has been regarded as an unlucky number for centuries. In Western cultures, 12 is often seen as a complete and harmonious number, with 12 months in a year, 12 zodiac signs, and 12 labors of Hercules, among other things. The number 13, however, is often viewed as an abnormality and an unbalanced, disharmonious number that disrupts the order and completeness of the number 12.

In ancient times, the number 13 was associated with ominous events and occurrences. For instance, in Norse mythology, the god Loki was the 13th guest at a dinner party and caused the death of the god Balder. Similarly, in Christianity, the Last Supper was attended by 13 people, including Judas, who later betrayed Jesus. The number 13 was also associated with the Knights Templar, a medieval military order that faced accusations of holding beliefs and engaging in practices that were deemed unacceptable by King Philip IV of France, who disbanded the order on Friday, October 13th, 1307.These events, among others, have contributed to the association of the number 13 with misfortune and bad luck.

An important moment in the history of the Friday the 13th legend occurred in 1907, with the publication of the novel Friday, the Thirteenth by Thomas William Lawson. The book is about a New York City stockbroker who uses people's superstitions about Friday the 13th to cause chaos on Wall Street and profit from it. The novel helped to cement Friday the 13th's reputation as a day of bad luck and misfortune.

Although the origins of the belief that Friday the 13th brings bad luck are unclear, this superstition continues to persist among many people. This belief may influence their perception and increase the likelihood of experiencing negative events due to the psychological effect it may have. Consequently, some people even avoid travelling or making important decisions on Friday the 13th, out of a belief that it is an unlucky day.

1. What is the article mainly about?

   (a) information about a variety of cultural expressions during a holiday
   (b) information about how a number became associated with bad luck
   (c) information about the nature of superstitions in different societies
   (d) information about how a particular day became infamous

2. According to the article, how have Western societies perceived the number 12?

   (a) It represents unity and wholeness.
   (b) It represents the passage of time through 12 months.
   (c) It represents change and renewal.
   (d) It represents the challenges faced in the labors of Hercules.

3. What connection exists between a Norse god and the number 13?

   (a) Balder was killed on Friday the 13th.
   (b) Hercules committed 13 great feats.
   (c) Loki was the 13th guest at a divine gathering.
   (d) The Knights Templar worshipped 13 Norse gods.

4. Which of the following is NOT true about the novel *Friday, the 13th*?

   (a) It became available to the public in 1907.
   (b) It softened people's fears about Friday the 13th.
   (c) It explored themes of superstition in the financial world.
   (d) It was written by Thomas William Lawson.

5. Why most likely do superstitions surrounding Friday the 13th persist?

   (a) Terrible events continue to happen on this day around the globe.
   (b) Scientific research supports the day's historically bad reputation.
   (c) Belief in the superstition can influence people's experiences.
   (d) Most people refuse to work or travel on the day.

6. In the context of the passage, disrupts means _____.

   (a) hampers
   (b) invades
   (c) stops
   (d) embarrasses

7. In the context of the passage, cement means _____.

   (a) fasten
   (b) strengthen
   (c) establish
   (d) attach

HOW PIZZA BECAME AN ICONIC FOOD AROUND THE WORLD

Pizza has been enjoyed worldwide as a flatbread dish topped with tomato sauce, cheese, and a variety of other ingredients for centuries. Throughout history, many different civilizations, including the Greeks, Egyptians, and Romans, have created their own unique versions of this beloved dish. However, it wasn't until the late 1800s that pizza <u>gained</u> popularity in Italy and began to resemble the modern iteration that is enjoyed today.

The first pizza as we know it was created in Naples, Italy. It was a simple dish that consisted of a thin, flatbread crust, topped with tomato sauce, cheese, and basil. The dish quickly became popular among working-class people, who appreciated its affordability and simplicity. In the early 1900s, the dish began to spread throughout Italy and eventually made its way to the United States through Italian immigrants.

The first pizzeria in the United States was Lombardi's, which opened in New York City in 1905. As more Italian immigrants arrived in the United States, the popularity of pizza continued to grow, and it quickly became a staple in American cuisine. During World War II, American soldiers stationed in Italy developed a taste for pizza, and when they returned home, they brought their newfound love for the dish with them. As a result, pizza began to spread to other parts of the world, becoming popular in places like Australia, the United Kingdom, and Japan.

Today, pizza is one of the most popular foods in the world. It comes in many different <u>varieties</u>, with toppings ranging from classic pepperoni to more exotic options like seafood and pineapple. In Italy, pizza remains a staple of the country's cuisine, with many regional variations on the dish. In the United States, pizza has become an iconic food, and many cities have their own unique styles, such as Chicago-style deep-dish pizza and New York-style thin-crust pizza.

In recent years, pizza has also become the subject of numerous scientific studies, as researchers try to understand why the dish is so universally loved. Some studies have suggested that the combination of carbohydrates, fats, and cheese in pizza can trigger the brain's reward centers, leading to feelings of pleasure and satisfaction. Regardless of the reason, it's clear that pizza will continue to be a beloved food for generations to come.

8. What is mainly being discussed in the article?

   (a) the controversy over the origins of pizza
   (b) how pizza became the most popular food
   (c) the comparison of different pizzas
   (d) the origin of a popular dish

9. According to the article, why did pizza become popular among working-class people?

   (a) It was simple to cook in large quantities.
   (b) It was cheap and easy to prepare.
   (c) It was made with healthful ingredients.
   (d) It was similar to other traditional foods.

10. According to the third paragraph, why did pizza become more popular after World War II?

   (a) US soldiers in Italy spread its popularity back home.
   (b) Italian immigrants opened restaurants around the country.
   (c) The cost of making pizza decreased considerably.
   (d) Lombardi's opened new locations across the United States.

11. Which of the following is NOT mentioned about pizza in the fourth paragraph?

   (a) It is enjoyed worldwide in various forms.
   (b) It offers countless topping possibilities.
   (c) There are no regional variations in the United States.
   (d) It varies in style from region to region.

12. According to the article, what is one possible explanation for why people enjoy pizza?

   (a) Its unique mix of ingredients creates happiness in the brain.
   (b) It is believed to be a comfort food that reduces stress.
   (c) Its high nutritional value is supported by some studies.
   (d) It is a family dish that is passed down from generation to generation.

13. In the context of the passage, gained means _____.

   (a) acquired
   (b) increased
   (c) collected
   (d) held

14. In the context of the passage, varieties means _____.

   (a) selections
   (b) kinds
   (c) species
   (d) arrangements

PART 3

지식 백과
Encyclopedia Article

Part 3은 백과사전 지문 유형으로, 자연, 문학, 문화, 역사, 음악, 유명인물과 같은 매우 다양한 주제가 출제된다. 최근에는 특정 동식물 종이나 유명 건축물에 관한 지문이 자주 출제되고 있다.

Part 3 이건 알아 두세요

❶ Part 2와 마찬가지로, Part 1과 Part 4에 비해 지문에 쓰인 어휘가 생소하여 문제 풀이의 난도가 높게 느껴지는 편이므로 어휘 학습이 매우 중요한 파트이다.

❷ 특정 동물 혹은 식물에 관한 지문이 출제되는 경우 해당 동물 혹은 식물만이 가진 특이점, 다른 유사한 종과의 차이점을 묻는 문제가 자주 출제되며, 주제별 반복 출제되는 질문 유형 및 어휘들이 있으므로 미리 학습해 두면 큰 도움이 된다.

출제 내용 및 빈출 어휘

백과사전에 등재된 매우 광범위한 주제를 다루고 있지만, 지나치게 전문적인 주제를 제외한 일반적인 내용들이 주로 출제되는 편이다.

	주제 및 내용	관련 빈출 어휘
자연	특정 동물 및 식물 소개 경이로운 자연 현상 소개	species 종(種) habitat 서식지 predator 포식자 extinct 멸종된 endangered 멸종 위기의 conservation 보존 reproduce 번식하다 evolve 진화하다
문화	최근 떠오르는 문화적 현상 특정 문학, 영화, 음악 장르에 관한 설명	exhibit 전시하다 portray 묘사하다 inspire 영감을 주다 revolutionize 혁신하다 showcase 보여주다 enrich 풍요롭게 하다 transform 변형하다 contemporary 동시대의, 현대의
장소/건축	유명하거나 특별한 장소 소개 독특한 의미를 지닌 건축물 소개 주요 랜드마크에 대한 설명	conservation 보존 artifact 유물 restore 복원하다 excavate 발굴하다(= uncover) explore 탐사하다 architect 건축가 traditional 전통적인 temple 사원
과학	물리학, 천문학 등에 관한 설명 심리학 등의 사회과학에 관한 설명 유전학, 의학 등에 관한 설명	hypothesis 가설 variable 변수 observation 관측 demonstrate 증명하다 replicate 재연하다 evaluate 평가하다 genetics 유전학 formula 공식 fossil 화석
기타	역사적 유산에 관한 소개 특정 발명품에 대한 설명	civilization 문명 historian 역사가 device 장치 conquest 정복하다 medieval 중세의 patent 특허 breakthrough 돌파구 advancement 발전

	주요 내용	빈출 질문 유형	빈출 키워드
첫 단락	• 해당 주제 간략 소개	• **What** is Colosseum **most known for**? 콜로세움은 무엇으로 가장 유명한가? • **What** is the article **about**? 기사는 무엇에 관한 것인가?	**known[famous] for** ~로 유명하다 **be considered as** ~로 간주되다
2-3 단락	• 기원 및 초창기 설명 • 특징 및 차별성	• **Why** was Eiffel Tower **built**? 에펠탑은 왜 지어졌나? • **What** were the **initial challenges** **encountered**? 처음에 어떤 문제가 발생했나? • **What distinguishes** the monkey puzzle tree **from other** tree varieties? 원숭이 퍼즐 나무가 다른 나무 품종과 구별되는 것은 무엇인가?	**under the order of** ~의 명령 하에 **motivated** 동기가 부여된 **commissioned** 위임을 받은 **found** 설립하다 **prefer** 선호하다 **exceptional** 특별한, 비범한 **distinguish A from B** A를 B와 구별하다
4-5 단락	• 흐름, 변천사	• **What contributed to** the **popularity** of the Potala Palace? 무엇이 포탈라궁의 인기에 기여했나? • **Why** has Palmyra started to **deteriorate**? 팔미라는 왜 악화되기 시작했나? • **What** kinds of **renovation projects** were carried out? 어떤 개조 프로젝트가 진행되었나?	**recognition** (공식적) 인정 **attraction** 명소 **downfall** 몰락 **collapse** 붕괴하다 **demolish** 철거하다 **restore** 복구하다 **rebuild** 재건하다
마지막 단락	• 최근 동향 및 중요성	• **How** can someone **visit the Sistine Chapel**? 시스티나 성당은 어떻게 방문할 수 있나? • **Why** was the palace designated as a **UNESCO World Heritage Site**? 왜 궁전은 유네스코 세계문화유산으로 지정되었나? • **Why** probably is the Quiver Tree threatened by **climate change**? 왜 퀴버나무는 기후 변화에 의해 위협을 받고 있는가?	**be listed as** ~로 등재되다 **widespread** 널리 퍼진 **the finest example** 가장 좋은 예 **converted into** ~로 개조된 **accessible** 접근 가능한 **legacy** (문화적) 유산 **threaten** 위협하다

문제
풀이
전략

❶ 질문을 읽고 키워드와 관련된 내용을 지문에서 찾는다.

[TIP] 지텔프 독해는 질문의 순서와 단서의 순서가 일치하는 경우가 대부분 이므로, 지문에서 앞
문제의 단서 아래부터 그 다음 문제의 단서를 찾는다.

❷ 지문에서 키워드 주변을 읽으며 알게 된 내용을 각 보기와 대조하여 정답을 선택한다.

• [중요] 모든 보기를 읽으며 소거법으로 오답을 제거한다

• 키워드 주변의 비슷한 단어가 반복되는 보기를 무조건 정답으로 선택하지 않도록 유의한다.

THE ALHAMBRA

The Alhambra is a historic palace and fortress complex located in Granada, Spain, **known for** its unique [1] blend of Islamic and Christian architectural styles. Originally constructed as a small fortress in 889, it was gradually expanded over the centuries by the Nasrid dynasty, the last Islamic dynasty in Spain. → 2번 문제의 단서는 1번 문제의 단서 아래에서 찾는다.

★1번 질문 키워드

The complex consists of several buildings, including the Alcazaba, the Palace of Carlos V, and the Generalife gardens, which are connected by a network of courtyards, fountains, and gardens richly decorated with Islamic geometric designs and motifs. The palace complex was abandoned in the 18th century and fell into disrepair until [2] the 19th century, when it was rediscovered and restored by a group of European scholars. The Alhambra **endures to the present day** thanks to the work of these scholars. → 3번 문제의 단서는 2번 문제의 단서 아래에서 찾는다.

★2번 질문 키워드

The most impressive feature of the Alhambra is the intricate stonework and **tilework** that decorates the walls and ceilings of the palace. The stonework features exquisite geometric patterns and designs that reflect the Islamic influence on the complex. The tilework is also notable for its use of [3] vibrant colors and intricate patterns. → 4번 문제의 단서는 3번 문제의 단서 아래에서 찾는다.

★3번 질문 키워드

Another feature of the Alhambra is its **water features**. The complex includes a network of pools, fountains, and irrigation channels that were used for [4d] irrigation and to [4a] cool the air during the hot summer months. The water features were also used for [4c] aesthetic purposes and were an important part of the palace's design. → 5번 문제의 단서는 4번 문제의 단서 아래에서 찾는다.

★4번 질문 키워드

Today, the Alhambra is one of the **most visited tourist attractions** in Spain and is recognized as a UNESCO World Heritage site. Its cultural significance lies in its unique combination of Islamic and Christian architectural styles, [5] reflecting the diverse cultural influences that shaped Spain's history.

★5번 질문 키워드

The Alhambra is not only a remarkable example of the richness of Islamic art and architecture but also a symbol of the country's complex history. Its striking features and beautiful surroundings continue to captivate visitors and attract them to this magnificent palace and fortress complex in Granada.

1. **According to the article, what is the Alhambra** `famous for` **?**

   전략적용 모든 보기를 읽으며 소거법 적용하기

   X (a) Its role in a ~~military conflict~~ → '군사적인 갈등'에 관한 언급 없음

   O **(b) Its mix of cultural influences** → 본문 [1]의 패러프레이징 표현

   X (c) Its significance in a ~~religious ceremony~~ → '종교 의식' 언급 없음

   X (d) Its location as a ~~royal meeting place~~ → '왕실 회합 장소' 언급 없음

2. **Why, most likely, is the Alhambra** `still standing today` **?**

   전략적용 1번 문제 단서 이하 부분부터 읽기

   전략적용 모든 보기를 읽으며 소거법 적용하기

   O **(a) because it was repaired in the 1800s** → 본문 [2]의 패러프레이징 표현

   X (b) because its location protected it from ~~natural elements~~ → '자연 요소' 언급 없음

   X (c) because it withstood numerous ~~military assaults~~ → '군사적인 공격' 언급 없음

   X (d) because it was constructed with ~~innovative techniques~~ → '혁신적인 기술' 언급 없음

3. **What is a remarkable feature of** `the tilework` **at Alhambra?**

   전략적용 2번 문제 단서 이하 부분부터 읽기

   전략적용 모든 보기를 읽으며 소거법 적용하기

   X (a) It is made from ~~a rare material~~. → '희귀한 재료' 언급 없음

   X (b) It depicts ~~Christian motifs~~. → '기독교의 모티프' 언급 없음

   O **(c) It features colorful designs.** → 본문 [3]의 패러프레이징 표현

   X (d) It uses ~~monotonous colors on the walls~~. → 복잡한 패턴을 활용한 것으로 유명하다고 했으므로 오답

4. **Which is NOT true about** `water features` **in the fourth paragraph?**

   전략적용 질문에 적힌 대로 4번째 단락 읽기

   전략적용 모든 보기를 읽으며 소거법 적용하기

   X (a) They helped cool the palace. → 본문 [4a]의 패러프레이징 표현

   O **(b) They provided ~~drinking water for residents~~.** → '주민들을 위한 식수' 언급 없음

   X (c) They added to the beauty of the palace's design. → 본문 [4c]의 패러프레이징 표현

   X (d) They were utilized to supply water for plants. → 본문 [4d]의 패러프레이징 표현

5. **Why most likely is the Alhambra Spain's** `most visited tourist attraction` **?**

   전략적용 4번 문제 단서 이하 부분부터 읽기

   전략적용 모든 보기를 읽으며 소거법 적용하기

   X (a) It has ~~an easily accessible location~~. → '쉽게 접근할 수 있는 위치' 언급 없음

   X (b) It is ~~the most beautiful castle~~ in Europe. → '가장 아름다운'이란 최상급의 언급 없음

   O **(c) It represents the country's diverse history.** → 본문 [5]의 패러프레이징 표현

   X (d) Its architecture is ~~unique to the region~~. → unique란 단어는 있지만 '그 지역 특유의'라는 언급이 없으므로 오답

지텔프에서 패러프레이징은 비슷한 의미를 다른 표현으로 나타내는 방식입니다. 본문과 정답 보기에 알맞게 패러프레이징된 표현을 매칭하는 것은 지텔프 독해의 핵심 전략이므로, 패러프레이징 연습을 통해 독해의 기본기를 탄탄히 쌓아 독해 고득점에 도전해 봅시다.

A. 왼쪽에 주어진 표현과 가장 가까운 의미가 되도록 빈칸에 알맞은 표현을 고르세요.

1. overnight accommodations → temporary _____
   (a) suspension   (b) lodging

2. a Buddhist temple → a site for _____ worship
   (a) outdoor   (b) religious

3. a prehistoric monument → an ancient _____
   (a) structure   (b) manuscript

4. remains a riddle → is still a _____
   (a) puzzle   (b) possibility

5. a Chinese legend → a(n) _____ story
   (a) inspiring   (b) traditional

6. Its number multiplied. → Its _____ increased.
   (a) population   (b) value

B. 비슷한 의미를 가진 표현끼리 연결하세요.

7. the exterior   (a) appearance
8. care for   (b) detained
9. be documented   (c) take care of
10. imprisoned   (d) on record

단어 혹은 짤막한 구로 이루어진 1단계 패러프레이징 연습을 마쳤다면 이제는 실제 독해 지문과 동일한 난이도의 문장 해석을 통한 2단계 패러프레이징 연습을 할 차례입니다. 지텔프 기출 유형의 포인트를 그대로 살린 예제를 풀어보며 독해 실력을 한 단계 더 업그레이드하세요.

주어진 문장의 의미와 일치하는 보기를 (a) (b) 중에서 고르세요.

1. **Tourists started flocking to the summer festival when a famous artisan from the town paraded around the town square shouting, 'Music! Art! Come enjoy the festivities!'**

   (a) The festival gained momentum after a musician made a musical performance for the summer event.
   (b) People first began gathering at the festival when a local made an announcement about what the event had to offer.

2. **Plagued by rampant rodent populations in their factories, the company implemented measures to employ cats as efficient rat-catchers.**

   (a) The company decided to adopt cats for efficient pest control in their office buildings.
   (b) In order to get rid of pests from their manufacturing facilities, the company brought in cats.

3. **He has collected objects such as vintage typewriters, intricately designed puzzle boxes from different cultures around the world, and an assortment of antique keys with unknown origins.**

   (a) He enjoyed gathering peculiar items including those from abroad.
   (b) He successfully crafted unusual objects such as puzzle boxes with care.

Harry Potter

Harry Potter is a literary character created by the British author J.K. Rowling, who first appeared in the 1997 novel *Harry Potter and the Philosopher's Stone*. Upon its debut, the main character Harry Potter earned admiration from children and young adults around the world with his bravery and loyalty.

---

1. What is the article mainly about?

   (a) a remarkably debatable fictional character

   (b) a character based on a British writer

   (c) a physically strong fictional character

   (d) a character praised for personality traits

The Wollemi pine, a rare and ancient tree species, grows in the temperate rainforests of New South Wales, Australia. Unlike its relatives, this tree is characterized by its unique, bubbly bark and multiple trunks. The Wollemi pine is considered a living fossil, as it dates back to the time of dinosaurs, and was believed to be extinct until its rediscovery in 1994.

---

2. What distinguishes the Wollemi pine from other trees?

   (a) the ability to grow in rainforests

   (b) the particular shape of its trunks

   (c) the ability to survive in hot weather

   (d) the specific climate it thrives in

The velvet ant is a peculiar insect known for its dense pile of hair and painful stings. It can be found in various regions across the United States and South America, where the climate is mostly temperate. It prefers arid and semi-arid environments such as deserts, and scrublands. The insect thrives in areas where there is soft soil because they can easily burrow and search for the nests of their preferred host insects, like bees and wasps.

3. What kind of environment does the velvet ant thrive in?

   (a) an area with soft soil and plenty of moisture

   (b) a temperate and dry weather

   (c) an area with preferred preys like bees

   (d) a temperate weather with thick forests

The Muskox is a large animal living in herds found in the Arctic regions of North America, Greenland, and Russia. The muskox is the only member of its Bovidae family that is adapted to the cold and harsh conditions of the Arctic tundra, as others are found living in temperate or even hot climates.

4. What distinguishes the Muskox from other Bovidae animals?

   (a) its distinct social behavior

   (b) its extreme habitat conditions

   (c) its remarkably large size

   (d) its distinctively shaggy coat of fur

The swordfish is a remarkable creature found in tropical and temperate waters. It has a sleek and elongated body that is usually greyish-blue on top and silver on its sides and underbelly. The fish is noted for its record high speed, capable of swimming at speeds of up to 68 miles per hour.

5. According to the article, what is notable about the swordfish?

   (a) its rank as the speediest creature in the world

   (b) its appearance with beautiful colors

   (c) its position among the ocean's fastest swimmers

   (d) its widespread distribution in the ocean

The moringa tree has been known for its diverse uses. The tree's seeds contain an oily substance that can be pressed to extract oil, which is used as a lubricant. The tree's wood is utilized for making tools and furniture. Also, the material of its leaves can be utilized as a treatment for inflammation and infections. It is due to these benefits that the tree is often referred to as the 'miracle tree'.

6. According to the article, what does the moringa tree produce?

   (a) a substance with medical applications

   (b) extracted oil for cooking

   (c) components with nutritional benefits

   (d) wood used in building houses

The stick insect uses remarkable skills in order to blend in with its environments seamlessly. The insect carefully selects a location among branches or foliage, where it can mimic the appearance of sticks or twigs. Its elongated body and legs then align with the natural contours of the plant. Once the insect positions itself this way, it remains motionless, ensuring its invisibility to predators.

7. How does the stick insect avoid being detected by predators?

   (a) by camouflaging itself before it stays completely still

   (b) by aligning sticks and twigs to the shape of its body

   (c) by staying completely still before camouflaging itself

   (d) by imitating the visual appearance of predators

The Tower of London is a historic castle built in the 11th century during the Middle Ages. Located in central London, the Tower served as a royal palace, prison, and execution site. Each year millions of tourists visit the historical site to explore its rich history. Despite the Tower's long history, much of the original structure is well preserved.

8. According to the article, why is the Tower of London a popular attraction?

   (a) because it is the only castle built in central London

   (b) because it serves as a palace for the royal family

   (c) because it is one of the few historic castles with a ban on visits

   (d) because it largely remained intact since the medieval time

The Tate Modern, located in London, is a renowned art museum that houses a large collection of contemporary art. In addition to its exhibitions, the Tate Modern also provides educational programs, hosts performances, and offers workshops for the public. The museum was established in 2000 to further public appreciation of contemporary art and to promote understanding of the cultural and historical significance of these works.

9. Why was the Tate Modern founded?

   (a) to provide innovative workshops for artists

   (b) to display ancient artifacts from around the world

   (c) to exhibit a collection of local artifacts

   (d) to promote awareness of a specific genre of art

The Sagrada Familia in Barcelona, Spain is a stunning basilica designed by the renowned Spanish architect Antoni Gaudi. The construction of the basilica began in 1882, at a time when competition for skilled labor and building supplies was high. It was further interrupted by the outbreak of the Spanish Civil War in 1936, and the basilica remains unfinished until the present day.

10. Which of the following was NOT a factor that slowed the construction of The Sagrada Familia?

   (a) There were several design adjustments.

   (b) It was a challenge to recruit construction workers.

   (c) There was a shortage of necessary materials.

   (d) It was delayed due to a domestic conflict.

The chameleon belongs to a family of reptiles and is known for its unique ability to camouflage. Its skin can change color in just a few seconds, which allows the chameleon to blend in with its surroundings and hide from any dangers.

11. According to the article, why does the chameleon change its skin color?

(a) because it appears less visible in risky situations

(b) because it adopts the skin coloration of predators

(c) because it attracts potential mates nearby

(d) because it signals its dominance to dangers

The star-nosed mole is a small, carnivorous mammal that lives in wetlands and forests in North America. Its nose is so sensitive that the mole can identify a prey in complete darkness and underwater by sensing its movement and the vibrations it creates. Once the star-nosed mole senses its prey, it rapidly burrows through the soil or swims after it, using its strong front claws to dig and grab hold of the prey, which it then consumes with its sharp teeth.

12. How does the star-nosed mole find prey in the wild?

(a) by using its claws to uncover the prey's location

(b) by detecting the motion of its prey

(c) by digging through the soil with its nose

(d) by waiting for a prey in darkness

The Metropolitan Museum of Art in New York City, or the Met, is one of the most visited museums in the world. Not only does its diverse range of exhibitions attract visitors, but also its many distinguished lectures and art-making workshops with curators encourage people to revisit the museum multiple times. The museum also holds spring art sessions for children, making it a great destination for families with children.

13. How does the Metropolitan Museum of Art draw in visitors?

    (a) by organizing art sessions for the elderly

    (b) by providing guided tours led by curators

    (c) by hosting year-round art classes

    (d) by offering hands-on programs

The Palace of Versailles, located just outside of Paris, France, was originally built as a hunting lodge for King Louis XIII in 1624. Later it was expanded and renovated to form a grand palace. Today, the Palace is open to visitors and offers guided tours through its rooms, hallways and beautiful gardens. However, visitors should be aware that there are certain restrictions on what they can bring into the Palace. For example, large bags and backpacks are not allowed, and visitors may be subject to security checks at the entrance.

14. How can tourists currently visit the Palace of Versailles?

    (a) by making a reservation at the entrance

    (b) by presenting a French passport

    (c) by refraining from carrying big-sized bags

    (d) by bringing their own bags to collect garbage

Mickey Mouse first appeared in Steamboat Willie, an animated short film in 1928. The character has since starred in countless films, TV shows, and video games, and was recognized as the first animated character to receive a star on the Hollywood Walk of Fame. Mickey Mouse is featured in the Guinness World Records list as the most successful merchandising character in history, with his image on more than 7,000 different products.

15. How did Mickey Mouse make it into the Guinness World Records list?

(a) by appearing on more products than any other cartoon character

(b) by being the first character to portray a mouse

(c) by appearing in more films than any other cartoon characters

(d) by being the most successful cartoon character in most nations

The pangolin, which is part of the Pholidota family, is a unique animal found in parts of Asia and Africa. The pangolin is primarily an insectivore, feeding on ants and termites. These animals play a crucial role in the environment by aiding in the control of harmful insects and rodent populations.

16. How are pangolins helping the environment?

(a) They reduce the population of small animals.

(b) They consume harmful birds in the forest.

(c) They reduce insect-related diseases.

(d) They prevent unwanted pests from thriving.

AOSHIMA ISLAND

Aoshima Island is a small, picturesque island located in the Ehime Prefecture of Japan. It is also known as "Cat Island" due to the large population of feline residents that outnumber humans on the island. The island has become a popular tourist destination for cat lovers and animal enthusiasts from around the world.

The history of Aoshima Island dates back to the Edo period, where it was used as a fishing village. It wasn't until recent years that the island gained fame for its feline residents. The cats were originally brought to the island to help control the rat population that plagued the fishing boats. Over time, the cats thrived on the island and have become a beloved fixture of the local community.

As the human population on the island began to decline, the cats had fewer people to interact with, and their population continued to grow. The cats had no natural predators on the island and had plenty of food from the fishing boats that came to the island every day. As more tourists started to visit the island, the cat population became even more prolific. Tourists would come to the island to see the cats and bring them food, which further encouraged their growth. Soon, the cats became the main attraction of Aoshima Island, with tourists coming from all over Japan and the world to visit.

In addition to the cats, Aoshima Island is also known for its stunning natural beauty. The island is surrounded by crystal-clear waters and has several sandy beaches that are perfect for swimming and sunbathing. Visitors can also explore the island's rugged coastline and hiking trails, which offer stunning views of the surrounding sea and nearby islands.

Despite its unique charm and appeal, tourists to Aoshima Island tend to stay only for short periods of time due to the island's limited amenities and lack of accommodation options. The island has no hotels, restaurants, or other tourist facilities, and visitors are advised to bring their own food and drinks. In addition, there is no public transportation on the island, and visitors must walk to reach the cat colony and other attractions. While this may deter some tourists, others see it as an opportunity to experience the simplicity and solitude of life on a remote island, even if just for a few hours.

1. According to the article, why is Aoshima Island a popular sightseeing location?

   (a) because it was a significant location in the Edo period
   (b) because it is home to a large colony of cats
   (c) because it reminds visitors of a simpler lifestyle
   (d) because it is a renowned spot for wildlife observation

2. According to the article, how did the cats originally arrive at Aoshima Island?

   (a) Tourists brought their pets with them to the island.
   (b) Cats were attracted to the island because of the lack of predators.
   (c) Locals introduced cats to limit the rodent population.
   (d) The inhabitants brought in cats to safeguard their homes from rats.

3. Which of the following is NOT stated in the third paragraph?

   (a) The number of cats increased because the island lacked natural predators.
   (b) The number of cats increased because fewer people lived on the island.
   (c) The number of cats increased because local restaurants gave them food.
   (d) The number of cats increased because tourists brought food for them.

4. What can visitors to Aoshima Island spend their time doing?

   (a) eating at local restaurants
   (b) staying at luxury hotels
   (c) hiking scenic trails
   (d) surfing along the coast

5. Why do most visitors walk to their destinations on the island?

   (a) They do not want to disturb the natural environment.
   (b) They do not have access to buses or trains.
   (c) They prefer to stay near the hotels and restaurants.
   (d) They worry about bothering the island's cats.

6. In the context of the passage, control means _____.

   (a) compel
   (b) delete
   (c) manage
   (d) supervise

7. In the context of the passage, nearby means _____.

   (a) local
   (b) approximate
   (c) bordering
   (d) adjacent

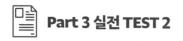
HIP HOP MUSIC

Hip Hop is a musical genre and cultural movement that originated in African American and Latinx communities in the Bronx, New York City, during the 1970s. The genre has since evolved into a global phenomenon that has had a significant impact on popular culture, fashion, and social issues. Hip Hop is characterized by a rhythmic beat, spoken word lyrics, and scratching sounds created by a DJ. The lyrical content of Hip Hop typically includes topics related to the urban experience, such as poverty, crime, and social injustice.

The origins of Hip Hop can be traced back to block parties in the Bronx in the early 1970s, where DJs would play funk and soul music and use turntables to manipulate and scratch the records to create new sounds. The introduction of the MC, or Master of Ceremonies, added a new element to these parties, with MCs speaking over the music to hype up the crowd.

The first Hip Hop record, "Rapper's Delight" by the Sugarhill Gang, was released in 1979, and the genre began to gain mainstream popularity in the 1980s with the emergence of artists such as Run-DMC, LL Cool J, and Public Enemy. These artists were known for their distinctive fashion sense, which included oversized clothing, gold chains, and sneakers.

Hip Hop continued to evolve in the 1990s with the rise of gangsta rap, which emphasized the experiences of gang members and street life. Artists such as Tupac Shakur and Notorious B.I.G. became household names, and their music addressed issues such as police brutality and poverty in inner-city neighborhoods. Hip Hop has had a significant impact on popular culture, influencing fashion, language, and even politics. In the 2008 U.S. Presidential Election, Hip Hop artists such as Jay-Z and Diddy were vocal in their support for Barack Obama, and their endorsement helped to mobilize young voters.

Hip Hop remains a dominant force in popular music today, with artists such as Kendrick Lamar and Cardi B achieving critical and commercial success. Despite controversy over its lyrical content, Hip Hop continues to be a powerful platform for artists to express themselves and address important social issues.

8. What are the main characteristics of Hip Hop music?

   (a) minimalistic choruses and expressive lyrics
   (b) dynamic beats and record scratches
   (c) slow beats and melodious scratching sounds
   (d) political themes and social commentary

9. How did the introduction of MCs change Hip Hop?

   (a) by adding a vocal element to the music
   (b) by diminishing the DJ's role in performances
   (c) by introducing a visual element to the music
   (d) by prioritizing fashion over lyrical content

10. According to the article, which of the following is NOT true about Hip Hop's fashion?

   (a) It features loose-fitting clothing.
   (b) It is emphasized by gold jewelry.
   (c) It incorporates accessories like large hats.
   (d) It features sneaker culture.

11. How did gangsta rap address social issues?

   (a) by highlighting issues in urban environments
   (b) by appealing to politicians and social activists
   (c) by depicting scenes of gang-related brutality
   (d) by sharing ways of escaping poverty

12. According to the article, what aspect of Hip Hop remains controversial?

   (a) its role in presidential elections
   (b) the subject matter of its songs
   (c) commercial success of its artists
   (d) its avoidance of critical issues

13. In the context of the passage, distinctive means _____.

   (a) typical
   (b) curious
   (c) unique
   (d) bizarre

14. In the context of the passage, mobilize means _____.

   (a) accumulate
   (b) guide
   (c) prepare
   (d) organize

PART 4

비즈니스 편지
Business Letter

Part 4는 편지/이메일 지문 유형으로 회사[단체]와 회사[단체]간의 비즈니스 관련 편지와 이메일, 혹은 개인과 회사[단체]의 사과, 감사 등의 내용을 담은 편지와 이메일이 출제된다.

Part 4 이건 알아두세요

❶ 일상 생활이나 비즈니스 환경에서 자주 사용되는 어휘들이 주로 등장하므로 다른 지텔프 독해 파트에 비해 지문 내용이 비교적 쉬운 편이다.

❷ Part 4의 첫 문제로 편지/이메일을 보내는 목적을 묻는 문제가 자주 출제된다. 첫 단락만 읽어서 목적을 알 수 없는 문제가 30%이상 출제되므로, 이 경우 '주제와 목적을 묻는 문제' 유형에서 배운 전략을 활용하여 문제를 푼다.

❸ 출제되는 지문의 주제가 비교적 한정되어 있는 편이므로 반복적으로 등장하는 내용과 빈출 질문 유형을 미리 학습해 두면 큰 도움이 된다.

출제 내용 및 빈출 어휘

다양한 내용의 편지와 이메일이 출제되며, 최근에는 새로운 사업 아이디어를 제안하거나 파트너십 제휴를 문의하는 내용이 자주 출제되고 있다.

	주제 및 내용	관련 빈출 어휘
비즈니스	신규 사업 제안 파트너십 제휴 문의	collaboration 협업 expand 확장하다 joint 공동의 agreement 협의 growth 성장 facilitate 촉진하다 achieve 달성하다
불만	직원들의 서비스에 대한 불만 제품 품질에 대한 불만	dissatisfied 불만족인 frustrated 좌절한 defective 결함 있는 negligent 부주의한 unacceptable 용납할 수 없는 damaged 손상된
감사	훌륭한 서비스에 대한 감사 충성 고객들에 대한 감사	appreciate 고마워하다 gratitude 감사 outstanding 뛰어난 exceptional 탁월한 impressed 감탄한 professional 전문적인 courteous 정중한
기타	추천서 요청 고객에게 보내는 사과 건물 점검 및 유지보수 안내	apology 사과 unfortunate 불행한 oversight 간과 reference 추천 qualifications 자격 요건 potential 잠재력 inspection 조사 compliance 준수

	주요 내용	빈출 질문 유형	빈출 키워드
첫 단락	• 발신인 소개 • 편지[이메일]의 목적 설명	• **Why is David Miller writing[sending] a letter to Sarah Garcia?** 데이비드 밀러가 사라 가르시아에게 편지를 쓰는[보내는] 이유는 무엇인가? • What is the **main purpose** of Mark Wilson's email to Lisa Lopez? 마크 윌슨이 리사 로페즈에게 보낸 이메일의 주요 목적은 무엇인가?	am[are] writing to V ~하기 위해 편지를 쓰다 would like[love] to V ~하고 싶다 interested in ~에 관심이 있는 request/inquire/apologize/collaborate 요청하다/문의하다/사과하다/협업하다
2-3 단락	• 배경[상황] 설명 • 개선 방안 제시	• How does George's business currently **make a profit?** 조지의 사업은 현재 어떻게 수익을 내고 있나? • Why does Betty assume they can **work effectively together?** 왜 베티는 그들이 효과적으로 함께 일할 수 있다고 생각하는가?	opportunity 기회 consider the proposal 제안을 고려하다 team up with ~와 협업하다 prospect 전망 vision 전망 successful 성공적인 enhance 높이다 mutual 상호간의
4-5 단락	• 계획에 대한 부연 설명 • 향후 계획 및 전망 제시	• What can be done to **attract more customers?** 더 많은 고객을 유치하기 위해 무엇을 할 수 있나? • How would the arrangement **benefit** Charles? 그 협의는 찰스에게 어떤 도움이 되는가?	strategy 전략 advantage 장점 profitable 수익이 되는 mutually beneficial 상호 득이 되는 confident 자신 있는 potential 잠재적인 generate income 수익을 창출하다
마지막 단락	• 세부 논의를 위한 연락 요청	• Why would Andrew probably **contact** Daniel? 앤드류는 다니엘에게 왜 연락을 할 것인가? • What will James do if he **receives a call** from Susan? 수잔으로부터 전화를 받으면 제임스는 무엇을 할 것인가?	contact ~ to V ~하기 위해 연락하다 call my office to V ~하기 위해 제 사무실로 전화주세요 discuss the details of ~의 세부사항을 논하다

문제 풀이 전략

❶ 질문을 읽고 키워드와 관련된 내용을 지문에서 찾는다.

  TIP 지텔프 독해는 질문의 순서와 단서의 순서가 일치하는 경우가 대부분 이므로, 지문에서 앞 문제의 단서 아래부터 그 다음 문제의 단서를 찾는다.

❷ 지문에서 키워드 주변을 읽으며 알게 된 내용을 각 보기와 대조하여 정답을 선택한다.

  • 중요 모든 보기를 읽으며 소거법으로 오답을 제거한다

  • 키워드 주변의 비슷한 단어가 반복되는 보기를 무조건 정답으로 선택하지 않도록 유의한다.

Paige Powers

Great Adventures

Cookville, Texas

Dear Ms. Powers,

I am the founder of Wanderlust Expeditions, a travel agency that specializes in providing customized travel packages to clients who seek unique experiences. I came across your company, Great Adventures, and was impressed by your reputation as a leading provider of luxury tours. **I am writing to** [1] propose a business arrangement that I believe could benefit
★1번 질문 키워드
both our companies. → 2번 문제의 단서는 1번 문제의 단서 아래에서 찾는다.

Our clients often seek exciting, [2d] off-the-beaten-path experiences that take them far
★2번 질문 키워드
beyond standard tourist destinations. They are typically [2a] affluent, adventurous, and [2b] demand exceptional service. I noticed that your company offers helicopter tours over some of the most stunning natural landscapes in the world, which I think would be of interest to our clientele. However, we do not currently have a helicopter tour option in our portfolio. This is where I think our businesses could collaborate. → 3번 문제의 단서는 2번 문제의 단서 아래에서 찾는다.

I propose that Wanderlust Expeditions and Great Adventures work together to develop a unique helicopter tour package that will be marketed exclusively to our clientele. **The package**
★3번 질문 키워드
would include a personalized tour of some of the most breathtaking natural landscapes in the world, along with [3] luxury accommodations, gourmet meals, and exclusive experiences.
→ 4번 문제의 단서는 3번 문제의 단서 아래에서 찾는다.
As part of the arrangement, we would like to collaborate on developing a marketing plan to attract more clients to our respective businesses. We would feature your helicopter tours on our website and social media channels, and promote the package to our extensive network of clients. In turn, **we would expect** that you would [4] advertise our travel agency to your client
★4번 질문 키워드
base, helping us to reach new customers. → 5번 문제의 단서는 4번 문제의 단서 아래에서 찾는다.

Please let me know if you would be interested in collaborating on this exciting project, and **I would be happy to** [5] set up a meeting to discuss further. Thank you for considering my
★5번 질문 키워드
proposal, and I look forward to hearing back from you soon.

Sincerely,

Jeffrey Adler

Founder, Wanderlust Expeditions

1. **Why** is Jeffrey Adler **writing** to Paige Powers?

   전략적용 모든 보기를 읽으며 소거법 적용하기

O (a) to explore opportunities for joint initiatives → 본문 [1]의 패러프레이징 표현

X (b) to inquire about some luxury tour packages → 투어 패키지에 관한 문의가 아니므로 오답

X (c) to promote a new marketing campaign → 새로운 마케팅 캠페인 제안이 목적이 아니므로 오답

X (d) to praise a company's good reputation → 칭찬하는 것이 글의 목적이 아니므로 오답

2. Which of the following is NOT true about **Mr. Adler's clients** ?

   전략적용 1번 문제 단서 이하 부분부터 읽기

   전략적용 모든 보기를 읽으며 소거법 적용하기

X (a) They are wealthy and outgoing. → 본문 [2a]의 패러프레이징 표현

X (b) They expect high-quality service. → 본문 [2b]의 패러프레이징 표현

O (c) They show little interest in helicopter tours. → 고객들이 헬리콥터 투어에 관심을 보일 것으로 생각하고 있음

X (d) They do not visit typical tourist destinations. → 본문 [2d]의 패러프레이징 표현

3. What does Mr. Adler suggest will be **included with the luxury tours** ?

   전략적용 2번 문제 단서 이하 부분부터 읽기

   전략적용 모든 보기를 읽으며 소거법 적용하기

O (a) premium lodging → 본문 [3]의 패러프레이징 표현

X (b) buffet meals → '고급음식(gourmet meals)'과 혼동을 유도한 오답

X (c) cultural excursions → '문화적인 유람' 언급 없음

X (d) free transportation → '무료 교통' 언급 없음

4. According to the letter, what does Mr. Adler **ask** Ms. Powers to do?

   전략적용 3번 문제 단서 이하 부분부터 읽기

   전략적용 모든 보기를 읽으며 소거법 적용하기

X (a) update a website to include a new service → '웹사이트를 업데이트하다' 언급 없음

O (b) inform her clients of his company → 본문 [4]의 패러프레이징 표현

X (c) organize a promotional event for his company → '판촉 행사' 언급 없음

X (d) offer a discount on certain services → '할인' 언급 없음

5. What does Mr. Adler **propose** to Ms. Powers in the fifth paragraph?

   전략적용 질문에 적힌 대로 5번째 단락 읽기

   전략적용 모든 보기를 읽으며 소거법 적용하기

X (a) establishing a joint marketing plan → 5번째 단락에서 언급된 내용이 아니므로 오답

O (b) arranging a meeting to discuss collaboration → 본문 [5]의 패러프레이징 표현

X (c) offering exclusive discounts on tour packages → '할인' 관련 언급 없음

X (d) creating a loyalty program for frequent travelers → '로열티 프로그램' 언급 없음

지텔프에서 패러프레이징은 비슷한 의미를 다른 표현으로 나타내는 방식입니다. 본문과 정답 보기에 알맞게 패러프레이징된 표현을 매칭하는 것은 지텔프 독해의 핵심 전략이므로, 패러프레이징 연습을 통해 독해의 기본기를 탄탄히 쌓아 독해 고득점에 도전해 봅시다.

A. 왼쪽에 주어진 표현과 가장 가까운 의미가 되도록 빈칸에 알맞은 표현을 고르세요.

1. Email me for more details. → Contact me for more _____.
   (a) materials   (b) information

2. construct the booth myself → build the booth _____
   (a) on my own   (b) efficiently

3. file for candidacy → _____ a position
   (a) run for   (b) take on

4. discuss his proposal → provide the _____ on his proposed idea
   (a) input   (b) funding

5. the printed materials for business → the _____ publications
   (a) corporate   (b) latest

6. a company's 30th anniversary → a company's _____
   (a) resources   (b) milestone

B. 비슷한 의미를 가진 표현끼리 연결하세요.

7. retail   (a) establishments
8. documents   (b) selling
9. local businesses   (c) be known for
10. be notorious for   (d) items

단어 혹은 짧막한 구로 이루어진 1단계 패러프레이징 연습을 마쳤다면 이제는 실제 독해 지문과 동일한 난이도의 문장 해석을 통한 2단계 패러프레이징 연습을 할 차례입니다. 지텔프 기출 유형의 포인트를 그대로 살린 예제를 풀어보며 독해 실력을 한 단계 더 업그레이드하세요.

주어진 문장의 의미와 일치하는 보기를 (a) (b) 중에서 고르세요.

1. **Meeting you at the expo yesterday was truly enjoyable especially as we both earned degrees at the University of California, and I just loved your captivating presentation on your company's recent advancements.**

   (a) I met you at an event where I had an opportunity to hear your talk.
   (b) You and I had the opportunity to study together as classmates in college.

2. **Aspiring individuals must meet the minimum age requirement of 30 and have resided in Oakwood Heights for at least three years.**

   (a) Residents of Oakwood Heights who are celebrating their 40th birthday this year fulfill the age criteria to apply.
   (b) Those who relocated to Oakwood Heights last year are eligible to submit an application.

3. **Please ensure that you use the enclosed blue pen to edit any errors, and kindly mark each page that you have reviewed with an "X" in the right-bottom corner.**

   (a) The mark located at the bottom-right corner serves as evidence that the page has been examined.
   (b) The presence of the mark in the right-bottom corner indicates that the page has been rewritten.

Dear Ms. Sone,

My name is Jonathan, the owner of "Joma", a catering service specializing in providing gluten-free and low-carb meals. I have noticed that your shop provides a diverse range of organic herbal teas, which I think pairs well with our meals. This is why I am writing to ask if you would be willing to collaborate with us.

Respectfully,

Jonathan Blair

Joma Catering Inc.

1. What is the main purpose of Jonathan Blair's letter to Ms. Sone?

    (a) to suggest that her tea business be acquired by Joma

    (b) to assist her business in promoting the herbal teas

    (c) to suggest a joint venture for their business services

    (d) to assist her business expansion in catering service

Dear Residents,

On behalf of the building management team, I am writing to notify you that the elevator in our building will be temporarily out of service on May 15th from 9 am to 5 pm for maintenance purposes. We apologize for any inconvenience caused by this unexpected event, and we advise residents to use the stairs during this unforeseen event.

Judy Morgan

2. Why is Judy Morgan sending a notice to the residents?

    (a) to remind the residents of a weekly maintenance schedule

    (b) to request the residents to use stairs more regularly

    (c) to notify the residents of the electricity shortage

    (d) to inform the residents about imminent repairing in the building

Dear Mr. Nalty,

I hope this letter finds you well. I was lucky to be one of your former students, inspired by your enthusiasm and teaching. Currently there is a scholarship opportunity available at my university. I would like to apply for it and alleviate some of the financial burdens. Regarding this matter, I am writing to ask if you could provide a reference letter for me.

Regards,

Anna Meister

3. Why is Anna Meister sending Mr. Nalty a letter?

   (a) to ask for scholarship availability

   (b) to discuss a reference letter she wrote

   (c) to request a letter of recommendation

   (d) to seek assistance with her finance

Dear Sunnybank Department Store,

I am an artist specializing in oil paintings of landscapes and cityscapes. I had the pleasure of visiting Sunnybank Department Store yesterday and was struck by the beauty of the interior. I would very much like to display my artwork on your premises.

Thank you for considering my request.

Sincerely,

Isabella Swans

4. Why is Isabella Swans sending a letter to the Department Store?

   (a) to inquire if they would consider using her art at the store

   (b) to compliment them on the artistic appeal of the store

   (c) to inquire about the process of submitting artworks for display

   (d) to compliment them on the art shows held at the store

Dear ProClean Solutions,

I must admit that I am disappointed with the new model of your vacuum cleaner, the SilkMaster2. The built-in Bluetooth speaker is a feature that has little to do with the vacuum's main function. Additionally, the new model includes a remote control, which seems like an extraneous addition. However, the most concerning aspect is that the SilkMaster2 does not work as well as its previous model. The suction is not as strong, and it fails to pick up smaller debris. Overall, I must say that the SilkMaster2 is a step back from its predecessor.

Samuel Evans

5. Why probably is Samuel less than satisfied with his SilkMaster2?

   (a) because it uses highly advanced technology

   (b) because it comes with features that are unnecessary

   (c) because it makes unnecessary noise

   (d) because it resembles its predecessor functionally

Dear Mr. Howards,

Working under your guidance has been instrumental in my professional growth. You provided me with your advice and constructive criticism, and this helped me improve in communication and leadership skills. Furthermore, you encouraged me to take on new tasks, which eventually boosted my confidence in taking more responsibilities. I am now eager to pursue new career opportunities and kindly request a reference letter to support my future endeavors.

Meera Carpenter

6. How has Howards contributed to Carpenter's growth in his career?

   (a) by giving her suggestions for improvement

   (b) by enabling her to lead the team

   (c) by advising her on a new career path

   (d) by suggesting her to improve language skills

Dear Evelyn Weiss,

Our Cong Café has become a popular destination for tourists, and we're always looking for new ways to entertain our guests. I was recently taken by the idea of having a live band playing within my cafe in the evenings while customers enjoy their snacks and beverages. We have a spacious, climate-controlled seating area with large windows that allow for natural light during the day. All you need to do is set up your instruments in this cozy space and transform the whole atmosphere into a romantic and relaxing one.

Paul Jackson

7. According to Paul's proposal, what could Evelyn do to benefit from the collaboration?

    (a) She could have the band playing near his cafe.

    (b) She could use the instruments placed in his cafe.

    (c) She could set up the live band outside his premises.

    (d) She could offer live music inside his property.

Dear Ms. Thavone,

To enhance our partnership, I propose promoting your catering services on my event planning website and recommending your impressive portfolio to clients who require high-quality catering for their events. I am confident that our collaboration would be mutually beneficial.

Ryan Simmons

8. Based on the letter, how can the two partners draw attention to their work?

    (a) by posting the service on a social media

    (b) by combining catering services to future events

    (c) by introducing Ms. Thavone's service to Mr. Simmons' clients

    (d) by advertising the service on a new website

연습문제

Hello Mr. Swanson,

I was delighted to spot your vegan restaurant in my town at last. Your constant endeavor in offering a diverse array of vegan dishes while using a strictly plant-based diet makes your establishment a rarity among the restaurants I have been to.

Best regards,

Keira Joy

9. What was Keira probably unable to experience at other restaurants?

    (a) a wide range of vegan menus

    (b) vegan food that is affordable

    (c) locally sourced ingredients

    (d) a chef with a serious vegan philosophy

Dear Mr. D'Mello,

It is due to your mentorship and guidance that I have gained invaluable knowledge and skills in this field. Those four years with you have been a firm foundation on which I built my career onwards. I am certain that your reference letter can describe an accurate picture of my capacity as a future marketing director, as my former mentor and an employee of one of the most prestigious architectural firms in the area.

Regards,

Alicia Barlett

10. Why is Barlett sure that D'mello's reference letter will help her with her career goal?

    (a) because he has been successful in the industry

    (b) because he has trained many employees

    (c) because he has written many reference letters

    (d) because he has acknowledged her potential

Dear Susan,

In case you wanted to receive the hard copies of my book, please send me an email at johndoe@books.com with your address and we can arrange delivery. If you want to discuss any collaboration opportunities for me with your organization, feel free to call me at 555-1234 so that we can begin working on drafting a contract. I would love to hear back from you by Thursday as I have a travel schedule coming up that may delay my response.

Regards,

John Moore

11. What will probably happen next if Susan calls John before Thursday?

(a) John will postpone his upcoming plans.

(b) They will discuss the specifics of their travel plans.

(c) John will begin undertaking a collaboration project.

(d) They will start negotiations on an agreement.

Dear Nicole,

I think you might need to try some of our samples on your skin before buying the product. I can arrange a time for you to visit our shop or we can have the product sent to you next week. Please let us know how you would like to proceed via replying to this email or calling us at 777-1420.

Regards,

Serena Mak

12. Why would Nicole most likely visit Serena's shop?

(a) to assess the hygienic environment of the shop

(b) to assist in marketing the product with Serena

(c) to decide on making a purchase for a product

(d) to explore an alternative way to sample the product

Dear Salisbury,

I urge you to correct the information on your product's ingredients label as soon as possible and admit your wrongdoing online within the next week. If not, I will have to report the issue to the appropriate regulatory agency.

Regards,

David Wilson

13. What will David mostly likely do within the next week?

   (a) leave a negative review of the company's product online

   (b) report the misrepresented information online

   (c) check to see whether his concern is resolved by the company

   (d) call the company directly to address the issue

Dear Gayla,

You could send an email to my secretary at hgranger@fusionnow.co if you want to arrange a meeting to discuss this matter in person. In case you would like to get a glimpse of my latest fusion recipes, they are all available on my website.

Regards,

Kaylie Crysler

14. Why would Gayla probably visit Kaylie's website?

   (a) to learn about culturally diverse ingredients

   (b) to view some of her current dishes

   (c) to set up a face-to-face meeting

   (d) to see the latest update on the cooking trends

Dear Mia,

Please contact me at 343-1126 if you are interested in discussing this matter further in person. I believe we can go over the details more thoroughly if we meet. However, I will be out of town for a family event one week later, so I am hoping we can meet beforehand. Or if you would prefer, I can send you a detailed business proposal via email.

Regards,

Sebastian Wilder

15. What will Mia most likely do if she wants to discuss the email with Sebastian?

(a) call him to meet her a week later

(b) send an email to set up a meeting

(c) call him within seven days

(d) send an email with a proposal

Dear Charlie,

For the ultimate customer experience, I recommend upgrading to our VIP membership package. With this package, you will have access to all of our exclusive products. I can help you do so if you wish. Also, we have experts who provide personalized consultations for customers. Could you leave your number so I can have an expert provide you with this service?

Regards,

Nora Fanshaw

16. What does Nora offer to do for Charlie?

(a) recommend joining a new membership

(b) provide customer consultation personally

(c) give access to the selected products

(d) assist in joining a premium package

To: Sunshine Baby, Customer Service
From: Kristie Brown
Subject: Discontinuation of Sunshine Baby Shampoo

Dear Customer Service,

I am writing to express my profound disappointment and disbelief upon learning that you have discontinued production of the Sunshine Baby Shampoo. As a loyal and dedicated user of this product for over two decades, I am deeply saddened to see it disappear from store shelves.

For years, Sunshine Baby Shampoo has been my go-to choice for keeping my hair clean and healthy. It has been an essential part of my daily routine and has never failed to deliver the gentle cleansing and pleasant fragrance that I have come to expect from this brand.

As a discerning consumer, I have tried other shampoos in the past, but none have ever matched the quality and effectiveness of Sunshine Baby Shampoo. This product has always been a trusted and reliable choice for parents and adults alike. It has been a staple in the personal care market for decades, and its discontinuation is nothing short of devastating.

While I understand that companies must adapt to evolving consumer demands and trends, I firmly believe that discontinuing such an iconic and beloved product is a mistake. Sunshine Baby Shampoo has been a part of many people's lives for generations, and it holds a special place in our hearts. It is a product that we have grown up with and have come to rely on, and its absence will be deeply felt.

I urge you to reconsider your decision to discontinue Sunshine Baby Shampoo. As a loyal customer, I implore you to bring back this product so that many more generations can continue to enjoy its benefits. I hope that you will take this feedback seriously and make the necessary changes to rectify this situation.

Thank you for your attention to this matter.

Sincerely,

Kristie Brown

1. Why is Kristie Brown writing an email to Customer Service?

   (a) to complain that a product's formula has been changed
   (b) to express her displeasure over the company's decision
   (c) to show her disappointment over a product's quality
   (d) to provide feedback on some discontinued items

2. What caused Kristie to think highly of Sunshine Baby Shampoo?

   (a) She has used it successfully for years.
   (b) She has seen celebrities endorsing it.
   (c) She has used the product with her children.
   (d) She appreciates the brand's eco-friendliness.

3. According to the email, why is Sunshine Baby Shampoo superior to other products?

   (a) It is well made and works well.
   (b) It uses efficient ingredients.
   (c) It is the most popular shampoo in the market.
   (d) It is used by a specific group of consumers.

4. How will customers most likely react to the product's discontinuation?

   (a) They will begin using a similar product.
   (b) They will feel nostalgic for a familiar product.
   (c) They will stop purchasing other products from the company.
   (d) They will express anger towards the company.

5. According to the last paragraph, why does Kristie want the company to reconsider its decision?

   (a) The supermarket will have fewer options for haircare.
   (b) Her hair requires the gentle treatment of Sunshine Baby Shampoo.
   (c) People should be able to use the product in later years.
   (d) Her children are unable to use other shampoos.

6. In the context of the passage, deliver means _____.

   (a) give
   (b) relieve
   (c) transport
   (d) administer

7. In the context of the passage, discerning means _____.

   (a) crucial
   (b) wise
   (c) devoted
   (d) precise

Subject: Request for Art Display at the West National University Gallery
To: Maria Hernandez, Director of the West National University Gallery
From: Sarah Johnson, Local Artist

Dear Ms. Hernandez,

I am writing to inquire about the possibility of displaying my artwork at the West National University Gallery. As a local artist, I am always searching for opportunities to showcase my work to a broader community. I believe that the West National University Gallery would be an ideal location for my art pieces.

My portfolio, which I have attached for your review, consists of oil paintings and mixed media pieces that explore themes of nature, spirituality, and femininity. My art is heavily influenced by my surroundings, and I believe that your gallery's natural light and open space would complement the themes and colors in my artwork.

I understand that the University Gallery's schedule is busy, but I would be thrilled to exhibit my artwork in your upcoming exhibition. My preferred dates for the display would be in late summer or early fall. I would be happy to assist with your team to design an exhibition layout that best highlights my artwork.

I am confident that my art pieces would appeal to the students, faculty, and visitors of the University. I have received recognition from local art critics and have been featured in several art shows in the area. I would be honored to have my artwork displayed at the University Gallery.

Please feel free to contact me at 555-8512 if you would like to arrange a meeting to discuss this matter in greater detail. However, please be aware that I will be away attending a conference next week, so I would appreciate it if we could meet this week, if possible. Alternatively, we could arrange a virtual meeting via video call at a time that is convenient for both of us.

Thank you for your time and consideration.

Sincerely,

Sarah Johnson

8. Why is Sarah Johnson writing an email to Maria Hernandez?

    (a) to criticize the art displayed at a gallery
    (b) to request participation in an art exhibit
    (c) to seek approval to display her portrait paintings
    (d) to inquire about purchasing some art on display

9. What kind of art does Sarah create?

    (a) paintings that comment on natural lighting
    (b) paintings that depict femininity
    (c) paintings that show abstract figures
    (d) paintings that represent everyday people

10. How will Sarah most likely work with Ms. Hernandez's team?

    (a) by helping them deliver her artwork
    (b) by assisting with the gallery's schedule
    (c) by collaborating on an exhibition arrangement
    (d) by suggesting alternative exhibition dates

11. According to Sarah, how will her artwork benefit the University Gallery?

    (a) It will bring national attention to the gallery.
    (b) It will attract a wide audience.
    (c) It will generate recognition from leading critics.
    (d) It will promote community engagement with the University.

12. What will Ms. Hernandez probably do if she wished to discuss the matter with Sarah?

    (a) send an email to set up a meeting
    (b) call her before her planned absence
    (c) send an email asking for some samples
    (d) call her to request an in-person meeting next week

13. In the context of the passage, ideal means _____.

    (a) optimal
    (b) original
    (c) eventual
    (d) elemental

14. In the context of the passage, honored means _____.

    (a) fulfilled
    (b) privileged
    (c) excited
    (d) appreciated

Chapter 3

G-TELP
독해
실전 모의고사

READING AND VOCABULARY SECTION

DIRECTIONS:

You will now read four different passages. Each passage is followed by comprehension and vocabulary questions. From the four choices for each item, choose the best answer. Then blacken in the correct circle on your answer sheet.

Read the following example passage and example question.

Example:

> David Smith loves to travel. He is now traveling to Italy. He plans to visit Seoul next year.
>
> Where does David Smith plan to visit next year?
>
> (a) Paris
> (b) Italy
> (c) Japan
> (d) Seoul

The correct answer is (d), so the circle with the letter (d) has been blackened.

NOW TURN THE PAGE AND BEGIN

Part 1. *Read the following biographical narrative and answer the questions. The underlined words in the article are for vocabulary questions.*

ADA LOVELACE

Ada Lovelace was an English mathematician and writer who is most noted for her work on Charles Babbage's Analytical Engine, a mechanical general-purpose computer that was never built. Lovelace recognized the potential of the machine and foresaw its capabilities for more than just mathematical calculations. She wrote the first algorithm designed for the machine and is recognized as the world's first computer programmer.

Lovelace was born on December 10, 1815, in London, England. She was the only legitimate child of Lord Byron, a renowned poet, and his wife, Anne Isabella Milbanke. Byron separated from his wife only a few weeks after Ada's birth and left England. Milbanke raised Ada with a strong emphasis on mathematics and logic, hoping to suppress any creativity that she believed her daughter might have inherited from her father.

As a teenager, Lovelace developed a strong interest in mathematics and logic, and she met Charles Babbage, a mathematician and inventor, through her husband. Babbage had designed the Difference Engine, a mechanical calculator, and was working on his more advanced machine, the Analytical Engine. Lovelace recognized the potential of the machine and began working with Babbage, becoming his collaborator and friend.

In 1843, Lovelace translated an article about the Analytical Engine by an Italian engineer and added her own notes, which were three times longer than the original article. Her notes included a sequence of operations, or algorithm, that could be carried out by the machine, demonstrating that the machine could be used for more than just mathematical calculations. Her work was groundbreaking and visionary, and her algorithm is recognized as the first computer program.

Lovelace's insights were remarkable, as she was able to conceive the idea of using the Analytical Engine for more than just simple calculations. She recognized that it could be programmed to perform a variety of tasks, including composing music and producing graphics. This was an astounding insight at the time, as people thought of machines only as tools for mathematical calculation.

Unfortunately, Lovelace's contribution to computer science was not recognized in her lifetime, and it wasn't until the 1950s that her work was rediscovered and appreciated. Lovelace died of uterine cancer on November 27, 1852, at the age of 36, and her contributions to computer science were largely forgotten for over a century. However, today, she is celebrated as a pioneer of computing and an inspiration for women in science and technology.

1. What is Ada Lovelace most noted for?

   (a) developing various uses of the computer
   (b) working on a programmable machine
   (c) creating the Analytical Engine
   (d) contributing to the field of mathematics

2. Why did Lovelace's mother expose her to mathematics and logic?

   (a) to prepare her for a career in science
   (b) to help her meet influential people
   (c) to discourage her imaginative tendencies
   (d) to follow the wishes of her absent father

3. According to the third paragraph, how did Lovelace meet Charles Babbage?

   (a) She worked with him on an invention.
   (b) She began studying mathematics with him.
   (c) She was introduced to him by her family.
   (d) She contacted him about the Difference Engine.

4. Why most likely did Lovelace contribute additional notes to the translated article?

   (a) She struggled to translate the Italian writing to English.
   (b) Readers needed more information about the Analytical Engine.
   (c) She wanted to add her original ideas to the article.
   (d) The Analytical Engine was widely misunderstood.

5. According to the article, why were Lovelace's contributions probably unrecognized in her lifetime?

   (a) Lovelace's ideas were beyond the contemporary understanding.
   (b) Scientific contributions by women were not widely recognized.
   (c) Lovelace's contributions were deemed unimportant by her peers.
   (d) There were little resources needed to develop her ideas.

6. In the context of the passage, foresaw means _____.

   (a) suspected
   (b) conveyed
   (c) anticipated
   (d) observed

7. In the context of the passage, conceive means _____.

   (a) visualize
   (b) comprehend
   (c) maintain
   (d) develop

Part 2. *Read the following Web article and answer the questions. The underlined words in the article are for vocabulary questions.*

NAPOLEON'S HEIGHT: SEPARATING FACT FROM FICTION

Napoleon Bonaparte, the French military leader who rose to power during the French Revolution and became the first emperor of France, is widely believed to have been a diminutive man with a fiery temper. This idea has been perpetuated over the years through various caricatures, plays, and even textbooks. But was Napoleon really as short as he is often depicted?

The idea of Napoleon as a short man can be traced back to his nickname, "Le Petit Caporal," which translates to "The Little Corporal." However, this nickname was not intended to reflect his physical stature but rather his reputation as a common soldier who was beloved by his troops.

In fact, Napoleon's height has been a subject of much debate over the years. Some historical accounts describe him as being around 5 feet and 6 inches tall, which was slightly above average for men in France at the time. Other sources, however, suggest that he was closer to 5 feet and 2 inches tall, which would have made him noticeably shorter than his contemporaries.

Adding to the confusion is the fact that the unit of measurement used to describe Napoleon's height, the French inch, was longer than the modern-day inch. This means that a height of 5 feet and 2 inches in the French system would have been roughly equivalent to 5 feet and 7 inches in the current system. This would put Napoleon at a height that was closer to average for a man of his time.

Despite these conflicting accounts, the idea of Napoleon as a short man has persisted in popular culture. This may be due in part to his larger-than-life persona, which often overshadowed his actual physical stature. Additionally, his association with the term "short" may have been used as a metaphor for his ambitious and assertive personality.

While the historical evidence is inconclusive, it is unlikely that Napoleon was as short as he is often depicted in popular culture. The notion of Napoleon as a short man is a myth that has been perpetuated over the years through various means, but it is not an accurate reflection of his true height.

8. What is the article mainly about?

   (a) a popular myth that is actually true
   (b) a popular myth that started a revolution
   (c) the origins of a popular myth
   (d) the personal life of a well-known figure

9. According to the second paragraph, why did Napoleon become known as "Le Petit Caporal"?

   (a) because he rose to power in a short amount of time
   (b) because he was not as tall as other French generals
   (c) because he was feared by his troops
   (d) because he built a close bond with his soldiers

10. Why are historical accounts about Napoleon unreliable?

    (a) They were written after he died.
    (b) They originated outside of France.
    (c) They disagreed about his height.
    (d) They were based on personal accounts.

11. How does the French inch contribute to confusion over Napoleon's height?

    (a) It is shorter than the English inch.
    (b) It is longer than our current measurement.
    (c) It has changed in length over time.
    (d) It is based on the wrong metric system.

12. How does Napoleon's personality influence his nickname?

    (a) He was erratic and unpredictable.
    (b) He was calm and reflective.
    (c) He was impatient and short-tempered.
    (d) He was driven and aggressive.

13. In the context of the passage, depicted means _____.

    (a) specified
    (b) portrayed
    (c) pictured
    (d) detailed

14. In the context of the passage, persisted means _____.

    (a) continued
    (b) prevailed
    (c) insisted
    (d) resolved

Part 3. Read the following encyclopedia
article and answer the questions.
The underlined words in the article are for
vocabulary questions.

SYDNEY OPERA HOUSE

The Sydney Opera House is one of the most iconic and recognizable buildings in
the world. Located in Sydney, Australia, it is situated on the edge of the city's harbor,
and it is surrounded by water on three sides. The building was designed by Danish
architect Jørn Utzon, who won an international design competition in 1957 to create the
structure.

The construction of the Sydney Opera House took over 14 years, from 1959 to
1973. The building's unique design consists of a series of white, concrete shells that are
arranged in a sail-like pattern. The building's shape is inspired by the natural curves of
the harbor, as well as by the leaves of the nearby fig trees. The building's roof is made
up of over 1 million glazed ceramic tiles, which were manufactured in Sweden and then
shipped to Australia.

The Sydney Opera House is home to several performance venues, including a main
concert hall, an opera theater, a drama theater, a playhouse, and a studio. The building
hosts over 1,500 performances each year, ranging from classical music to contemporary
dance to comedy shows. Some of the world's most famous performers have graced the
stage of the Sydney Opera House, including Luciano Pavarotti, Nina Simone, and Bob
Dylan.

The building has faced many challenges over the years, including leaks, cracking,
and fading of the tiles on its roof. In 2003, a major renovation project was launched
to restore the building to its original glory. The project, which took seven years to
complete and cost over $350 million, involved replacing the roof tiles, upgrading the
building's electrical and mechanical systems, and creating new performance spaces.

Today, the Sydney Opera House is one of the most visited tourist attractions in
Australia, with over 10 million people visiting the building each year. In 2007, the
building was designated a UNESCO World Heritage Site, recognizing its significance
as an architectural masterpiece and cultural icon. The Sydney Opera House is a symbol
of Australian culture and creativity, and it continues to inspire visitors from all over the
world.

15. What is the article mainly about?

    (a) The construction of a drama theater
    (b) The cultural importance of Australian architecture
    (c) The history of an iconic structure
    (d) The significance of the Sydney Harbor

16. According to the article, what inspired the shape of the Sydney Opera House?

    (a) the branches of fig trees
    (b) the sails of passing boats
    (c) the outline of the harbor
    (d) the shell of an animal

17. According to the article, which of the following is NOT true about the Sydney Opera House?

    (a) It presents more than 1,500 shows annually.
    (b) It has hosted numerous celebrated artists.
    (c) It is not a venue for dance performances.
    (d) It has encountered various difficulties over time.

18. How did a major renovation project in 2003 improve the Sydney Opera House?

    (a) It repainted the tiles on the roof.
    (b) It created additional stages.
    (c) It fixed cracks in the outer walls.
    (d) It upgraded the plumbing system.

19. Why most likely was the Sydney Opera House designated as a UNESCO World Heritage Site?

    (a) because of its historical significance
    (b) because of its architectural beauty
    (c) because of the number of tourists it attracts
    (d) because of its popularity as the most visited site in Australia

20. In the context of the passage, series means _____.

    (a) drama
    (b) progress
    (c) sequence
    (d) variety

21. In the context of the passage, recognizing means _____.

    (a) understanding
    (b) perceiving
    (c) encountering
    (d) acknowledging

Subject: Request for Access to University Archives
To: Archivist Karen Watson
From: Samantha Chen

Dear Karen Watson,

I am writing to request access to the university archives in order to research a little-known but fascinating piece of university history. I am a PhD student at this university and my research is focused on exploring the origins of our institution, particularly the history of our campus buildings and their evolution over time.

In my research, I have discovered that one of the original campus buildings, which no longer exists, was a state-of-the-art facility that was designed and built by one of the most innovative architects of the 20th century. This building was renowned for its unique features and groundbreaking design elements.

Unfortunately, the building was destroyed in a fire in the 1960s and its unique history has been largely forgotten. However, I believe that there are documents in the university archives that may shed some light on the building's design and construction, as well as its significance in the history of the university.

I would like to request access to any materials related to this building, including correspondence between the university and the architect, blueprints, photographs, and any other documents that may be relevant.

As you are likely aware, my research is of great importance to the university community, as it will contribute to our understanding of the institution's history and evolution over time. In addition, I believe that the story of this building will be of great interest to the broader community, and it has the potential to attract attention to the university from historians, architects, and other interested parties.

I understand that the archives are a valuable resource and that access is limited to protect the materials. I assure you that I will take great care in handling any documents or artifacts that I am given access to.

Thank you for considering my request. I am looking forward to working with you and exploring the fascinating history of our institution.

Sincerely,

Samantha Chen

22. Why is Samantha Chen writing an email to Karen Watson?

(a) to apply for funding for her research project
(b) to get permission to view some documents
(c) to request a meeting to discuss university history
(d) to inquire about possible research topics

23. Why probably is Samantha interested in a particular university building?

(a) It had unique architecture.
(b) It was mysteriously destroyed.
(c) It has personal significance for her.
(d) It was the site of a historical event.

24. What does Samantha believe is available in the archives?

(a) valuable information for the architect
(b) records on the architectural plans
(c) financial data regarding the university's budget
(d) historical accounts of the university's founding

25. Why would Samantha's research be important to the university?

(a) by improving the university's architecture program
(b) by improving future construction projects on campus
(c) by attracting additional donations from interested parties
(d) by adding to the historical background of the university

26. According to the email, why is access to the archives limited?

(a) to avoid legal problems
(b) to conceal some information
(c) to increase campus security
(d) to keep the records safe

27. In the context of the passage, focused means _____.

(a) fixed
(b) centered
(c) determined
(d) occupied

28. In the context of the passage, related means _____.

(a) added
(b) belonging
(c) pertaining
(d) united

READING AND VOCABULARY SECTION

DIRECTIONS:

You will now read four different passages. Each passage is followed by comprehension and vocabulary questions. From the four choices for each item, choose the best answer. Then blacken in the correct circle on your answer sheet.

Read the following example passage and example question.

Example:

> David Smith loves to travel. He is now traveling to Italy. He plans to visit Seoul next year.
>
> Where does David Smith plan to visit next year?
>
> (a) Paris
> (b) Italy
> (c) Japan
> (d) Seoul

The correct answer is (d), so the circle with the letter (d) has been blackened.

NOW TURN THE PAGE AND BEGIN

Part 1. *Read the following biographical narrative and answer the questions. The underlined words in the article are for vocabulary questions.*

KARL MARX

Karl Marx was a German philosopher, economist, and political theorist, considered one of the most influential figures in the history of socialism and communism. He is best known for his works on capitalism, the labor theory of value, and his critique of political economy.

Marx was born on May 5, 1818, in Trier, Germany, into a middle-class Jewish family. He studied law and philosophy at the University of Bonn and the University of Berlin, where he was influenced by the ideas of Hegel and Feuerbach. In 1843, Marx moved to Paris, where he met Friedrich Engels, who became his lifelong friend and collaborator. Together, they wrote *The Communist Manifesto* (1848), which became one of the most influential political texts in history.

In his most famous work, *Das Kapital* (1867), Marx analyzed the economic system of capitalism, arguing that it was inherently exploitative and would inevitably lead to revolution. He also introduced the concept of the labor theory of value, which argued that the value of a commodity is determined by the amount of labor that goes into producing it. This idea had a profound influence on the development of Marxist economics.

Marx was also an important political activist, advocating for the overthrow of the ruling class and the establishment of a socialist society. He believed that the working class, or the proletariat, would eventually rise up against their oppressors and take control of the means of production.

Marx's ideas had a profound impact on the course of world history, with many countries adopting Marxist principles to varying degrees. The Soviet Union, China, and Cuba all claimed to be following Marxist-Leninist principles, and Marxism played a significant role in the decolonization movements of the mid-20th century. However, Marx's ideas have also been heavily criticized, particularly for their association with authoritarianism and the suppression of individual freedoms.

Marx died on March 14, 1883, in London, where he had lived for many years. Despite the controversies surrounding his ideas, his impact on the world of politics and economics remains undeniable. His works continue to be studied and debated today, with scholars and activists alike continuing to grapple with the challenges and opportunities presented by Marxist theory.

1. What is Karl Marx most famous for?

   (a) developing a theory of
       authoritarianism
   (b) challenging a law that limited
       workers' rights
   (c) leading several revolutions around
       the world
   (d) proposing theories about capitalism
       and labor

2. How most likely did Engels influence
   Marx's work?

   (a) by introducing him to the work of
       Hegel
   (b) by writing a political statement with
       him
   (c) by encouraging him to study
       philosophy
   (d) by collaborating on some political
       essays

3. According to the article, what was the
   topic of *Das Kapital*?

   (a) the imbalance in capitalist systems
   (b) a proposal for a peaceful revolution
   (c) an examination of capitalism's virtue
   (d) the inevitability of class hierarchy

4. Based on the fourth paragraph, which
   of the following is NOT true about
   Marx?

   (a) He believed the working class would
       revolt.
   (b) He supported the development of a
       socialist society.
   (c) He wanted the working class to
       possess the means of production.
   (d) He argued that the ruling class should
       be protected from the overthrow.

5. Why have Marx's ideas been criticized?

   (a) They were unable to overthrow
       capitalist systems.
   (b) They have been used to silence
       dissenting voices.
   (c) They have been associated with
       promoting individualism.
   (d) They were not detailed enough to be
       realistic.

6. In the context of the passage,
   advocating means _____.

   (a) communicating
   (b) challenging
   (c) arguing
   (d) working

7. In the context of the passage,
   adopting means _____.

   (a) nursing
   (b) selecting
   (c) raising
   (d) accepting

WHAT MAKES THE MONA LISA SO RENOWNED?

The Mona Lisa is a renowned artwork that has captured the attention of people worldwide. It resides at the Louvre Museum in Paris, where it is safeguarded behind bulletproof glass and attracts approximately 30,000 visitors daily. Nonetheless, the painting's widespread recognition was not always the case. Prior to the early 1900s, it was largely unfamiliar to the general public outside the art community. Therefore, the painting's popularity is less a function of its aesthetics and more a matter of coincidence.

The Florentine artist Leonardo da Vinci commenced the creation of the Mona Lisa in 1503 and continued working on it until his death in 1519. During this time, the portrait was admired by da Vinci's peers for its innovative pose and technique. Da Vinci employed a painting method known as sfumato, which requires the application of multiple thin layers over a prolonged period to create a soft, hazy texture. Furthermore, before the Mona Lisa, portraits of women typically depicted their faces in profile. However, da Vinci portrayed his subject facing the viewer, enabling the viewer to see the entire face.

In 1911, the Mona Lisa was stolen from the Louvre Museum in Paris. The painting's disappearance caused a sensation, and the police launched a massive investigation. The thief was a man named Vincenzo Peruggia, an Italian immigrant who had worked as a handyman at the Louvre. Peruggia stole the painting by hiding in a closet overnight and then slipping out when the museum was closed. He removed the painting from its frame and walked out of the museum with it hidden under his coat.

When news of the theft broke, journalists from all corners of the world descended upon the Louvre, clamoring for information. The growing newspaper industry at the time facilitated the widespread dissemination of international news, making the painting and its theft an overnight sensation. However, Peruggia's plan did not go as he intended. He was caught when he tried to sell the painting to an art dealer in Florence. The dealer recognized the painting and contacted the authorities, who arrested Peruggia.

The Mona Lisa was returned to the Louvre and put back on display. Peruggia was sentenced to a brief prison term, but he was seen as a national hero in Italy for his actions. Although he was punished for his wrongdoing, it can be argued that the reputation and value of the Mona Lisa today would not have been possible if it weren't for Peruggia's daring theft.

8. What is the article mainly about?

    (a) the artistic influence of a famous painting on culture
    (b) the unexpected level of fame surrounding a famous painting
    (c) an analysis of the Mona Lisa's composition and technique
    (d) the controversy over the authenticity of the Mona Lisa

9. What was unique about the painting style da Vinci used on the painting?

    (a) The paint had to be applied very quickly.
    (b) The paint was mixed with other materials.
    (c) The paint produced a blurry effect.
    (d) The paint was thickly applied in certain layers.

10. Which of the following is NOT true about Vincenzo Peruggia?

    (a) He was an Italian immigrant.
    (b) He was employed as a handyman at the Louvre.
    (c) He was caught by the police during the theft.
    (d) He took the painting from the Louvre after hours.

11. Why most likely did the theft of the painting receive so much attention?

    (a) The thief was a well-known art dealer in Italy.
    (b) The painting was famous around the world.
    (c) The news was widely publicized by the mass media.
    (d) The public was interested in international culture and art.

12. What led to the arrest of Vincenzo Peruggia?

    (a) A guest recognized the painting in his house.
    (b) An art trader notified the police.
    (c) He was captured while attempting to flee the country.
    (d) He turned himself in by contacting the authorities.

13. In the context of the passage, commenced means _____.

    (a) started
    (b) resumed
    (c) originated
    (d) commemorated

14. In the context of the passage, daring means _____.

    (a) strange
    (b) bold
    (c) notorious
    (d) careless

Part 3. *Read the following encyclopedia
article and answer the questions.
The underlined words in the article are for
vocabulary questions.*

THE LOST CITY OF ATLANTIS

The lost city of Atlantis has been a mystery for centuries, with many theories surrounding its existence and location. According to the ancient Greek philosopher Plato, Atlantis was a powerful and advanced civilization that existed around 9,000 years before his time. The city was said to be located beyond the Pillars of Hercules, which is now believed to be the Strait of Gibraltar.

Plato's story tells of an advanced civilization that was prosperous and technologically advanced, with magnificent architecture and engineering feats. The people of Atlantis were believed to have control over a vast empire and were capable of great military power. However, their arrogance and greed led to their downfall, as they incurred the wrath of the gods who destroyed the city in a single day and night.

Many scholars and explorers have searched for the lost city of Atlantis, but to no avail. Some believe that Atlantis was destroyed by a volcanic eruption, while others speculate that it was destroyed by extraterrestrial forces. There are also those who believe that Atlantis was a fictional story created by Plato to illustrate the dangers of hubris.

Despite the many theories and hypotheses, there is no conclusive evidence that Atlantis ever existed. However, there have been several underwater discoveries that have fueled speculation about the existence of the lost city. In the 1960s, underwater archaeologist Jacques Cousteau discovered ancient ruins off the coast of the Bahamas that some believe could be the remains of Atlantis.

Today, the search for Atlantis continues, with modern technology allowing for more sophisticated exploration of the ocean floor. Some believe that the lost city may be located off the coast of Spain, while others think it may be in the Mediterranean or even in the Americas.

Regardless of whether Atlantis was a real place or a myth, the legend of the lost city continues to captivate the imagination of people around the world. The story of Atlantis serves as a cautionary tale about the dangers of pride and ambition and reminds us of the fragility of even the most powerful civilizations.

15. What was the city of Atlantis believed to be?

    (a) an ancient place with sophisticated culture
    (b) a neighboring city of ancient Greece
    (c) a mythological city ruled by Hercules
    (d) a mysterious society that influenced ancient cultures

16. According to Plato, what contributed to the downfall of Atlantis?

    (a) its ambitious military expansion
    (b) its disregard for gods' warnings
    (c) its strong sense of pride
    (d) its location near a volcano

17. Which of the following is NOT mentioned about Atlantis in the third paragraph?

    (a) It was destroyed by a natural disaster.
    (b) It was attacked by aliens.
    (c) It was only a fable.
    (d) It was abandoned by its people.

18. What did Jacques Cousteau discover in the 1960s?

    (a) a map showing the location of Atlantis
    (b) submerged archaeological remains
    (c) the ruins of a lost civilization
    (d) an artifact from the city of Atlantis

19. According to the article, why probably is the legend of Atlantis still popular today?

    (a) Its discovery would yield a wealth of treasures.
    (b) It informs us that any civilization can fall from greatness.
    (c) It reminds us that all great civilizations are temporary.
    (d) It warns about the dangers of natural disasters.

20. In the context of the passage, speculate means _____.

    (a) doubt
    (b) promise
    (c) guess
    (d) debate

21. In the context of the passage, conclusive means _____.

    (a) complete
    (b) effective
    (c) sufficient
    (d) definitive

Subject: Car Repair Update
To: Sarah Johnson
From: Michael Lee

Dear Sarah,

I am writing to provide you with an update on the repair status of your vehicle. We have completed the repair work and your car is now ready for pickup.

During the repair process, we discovered that your vehicle had a faulty transmission that was causing the gears to slip. We had to replace the transmission and flush the transmission fluid. We also replaced the damaged brake pads and rotors, which were causing noise and vibration when you applied the brakes. In addition, we replaced the spark plugs, which were worn out and causing the engine to misfire.

We understand that having your car in the shop can be a hassle, and we appreciate your patience while we worked on it. We want to assure you that we have taken every measure to ensure that your car is fully functional and safe to drive.

As the repair work was covered under warranty, there will be no charge for the repair services. However, there is a small charge for the replacement parts, which are listed on the attached invoice. Once the invoice has been settled, we will be happy to return your car to you.

To help maintain the performance of your car and prevent future issues, we recommend that you follow the recommended maintenance schedule outlined in your vehicle's owner manual. This includes regular oil changes, tire rotations, and other routine maintenance tasks. We also recommend that you keep an eye on your vehicle's dashboard warning lights and have any issues addressed promptly.

If you have any questions about the repair work or need further assistance, please do not hesitate to contact us. We are always here to help and want to ensure that you are satisfied with our service.

Best regards,

Michael Lee Auto Repair Technician, Lee's Garage

22. Why is Michael Lee sending an email to Sarah Johnson?

    (a) to inform her that the repair was done under warranty
    (b) to notify her that some of the parts have not arrived
    (c) to ask her questions about her customer experience
    (d) to let her know that the repair cost more than estimated

23. How did Michael fix the noise and vibrations?

    (a) by flushing some fluids from the engine
    (b) by installing new spark plugs
    (c) by changing some brake components
    (d) by replacing the faulty transmission

24. According to the fourth paragraph, which of the following was Sarah charged for?

    (a) labor costs
    (b) repair services
    (b) the shipment of components
    (d) the cost of some new parts

25. What does Michael suggest Sarah do to prevent future issues?

    (a) have the oil filter replaced regularly
    (b) turn on her dashboard lights
    (c) get her tires rotated
    (d) schedule additional repairs

26. Why would Sarah most likely contact Lee's Garage?

    (a) to discuss a trade-in of her vehicle
    (b) to request additional support
    (c) to inquire about purchasing a new car
    (d) to reschedule her appointment

27. In the context of the passage, ensure means _____.

    (a) guarantee
    (b) secure
    (c) pledge
    (d) vow

28. In the context of the passage, addressed means _____.

    (a) disclosed
    (b) resolved
    (c) directed
    (d) adjusted

MEMO

MEMO

MEMO

MEMO

MEMO

단 한 권으로 기초부터 실전까지

G-TELP
최신 유형
100% 반영

정재현 지텔프 독해

LEVEL 2

공무원

회계·세무사

노무사

감정평가사

대비 영어 시험

정재현어학연구소 지음

정답 및 해설

넥서스

단 한 권으로 기초부터 실전까지

정재현 지텔프 독해

LEVEL 2

정재현어학연구소 지음

정답 및 해설

넥서스

Chapter 1

1 주제/목적을 묻는 문제

전략 적용 예시

해석

고객 지원부에 보냅니다.

오늘 아침에, 귀사의 온라인 매장에서 제 친구에게 줄 생일 선물로 구입한 도자기 접시가 들어 있는 배송품을 받았습니다. 저는 그 친구의 생일이 다가오고 있었기 때문에 이 물품이 정확히 제시간에 도착해서 안심했습니다. 하지만 저는 제품들 중 하나가 제가 예상했던 것과 다르다는 사실을 알게 되었습니다. 저는 이 물품에 대한 문제를 처리하기 위해 연락 드립니다.

"세라믹 플로럴 디너웨어 세트"의 정찬용 접시는 귀사의 웹사이트에 명시된 사이즈보다 작았습니다. 제품 설명에는 이 접시가 지름이 12인치의 길이에 해당된다고 적혀 있었지만, 10인치밖에 되지 않았습니다.

저는 사이즈를 제외하면 접시가 마음에 들어 이 제품을 반품하고 싶지는 않다는 점을 분명히 말씀드립니다. 하지만 고객들이 더 이상 혼란을 겪지 않도록 웹사이트의 잘못된 설명을 바로잡아 주시기를 정중히 요청합니다.

안녕히 계십시오

칼 로페즈

어휘 receive ~을 받다 parcel 배송품, 택배, 꾸러미(= package) purchase ~을 구입하다 be reassured that ~라는 점에 안심하다 arrive 도착하다 promptly 정확히 제 시간에, 지체 없이 near v. 다가오다, 가까워지다 notice that ~임을 알게 되다 expect ~을 예상하다 reach out to ~에게 연락하다 address v. (문제 등) ~을 처리하다, ~을 다루다 state ~을 명시하다, (문서 등에) ~라고 쓰여 있다 description 설명, 묘사 measure v. (길이, 치수 등이) ~이다 diameter 지름 would like to V ~하고 싶다, ~하고자 하다 clarify that ~라고 분명히 말하다 return ~을 반품하다, ~을 반납하다 other than ~을 제외하고, ~외에는 request that ~하도록 요청하다 correct v. ~을 바로잡다 prevent ~을 예방하다, ~을 막다 further 추가적인, 한층 더 한 confusion 혼란, 혼동

| 유형훈련 | 주제/목적 연습문제   p.16

1 (a)	2 (c)	3 (b)	4 (c)
5 (c)	6 (d)	7 (c)	8 (b)

마르파 불빛의 미스터리 풀리다

미국의 한 지질학자가 텍사스 주에 나타나는 마르파 불빛의 미스터리를 풀었다고 주장하고 있다. 마르파 불빛은 마르파라는 마을의 상공에 나타나는 이상한 불빛으로 인해 1세기 넘게 사람들을 어리둥절하게 만들어 왔다. 하지만 텍사스 대학의 연구가 크리스토퍼 위트는 이 불빛이 대기 상태 및 인근 고속도로를 오가는 차량들의 헤드라이트에 의해 초래되는 자연 현상으로 설명될 수 있다고 믿는다. 위트의 이론은 마르파 불빛이 과학으로 설명할 수 없는 일이라는 대중적인 믿음에 이의를 제기하고 있다.

어휘 solve ~을 풀다, ~을 해결하다 geologist 지질학자 claim to V ~한다고 주장하다 puzzle ~을 어리둥절하게 하다, ~을 당혹하게 만들다 explain ~을 설명하다 phenomenon 현상 cause ~을 초래하다 atmospheric 대기의 challenge v. ~에 이의를 제기하다, ~에 도전하다 popular 대중적인, 통속적인, 일반적인 paranormal 과학으로 설명할 수 없는, 초자연적인 occurrence (일어난) 일, 일어남, 발생

1. 기사는 주로 무엇에 관한 것인가?
(a) 대중적인 미스터리에 대한 잠재적인 설명
(b) 잘 알려진 전설의 역사
(c) 마르파의 당혹스러운 기상 조건
(d) 마르파의 현상에 대한 확인

해설 마르파 불빛이라고 불리는 이상한 불빛이 대기 상태 및 인근 고속도로를 오가는 차량들의 헤드라이트에 의해 초래되는 자연 현상으로 설명될 수 있다는 한 연구가의 주장이 제시되고 있어(Christopher Witt, a researcher at the University of Texas, believes that the lights can be explained ~) 그러한 미스터리에 대한 설명이 주제임을 알 수 있으므로 (a)가 정답이다.

오답분석 (d) 지문의 주제는 마르파에서 발생한 현상을 단순히 확인(confirmation)한 것이 아니라, 그 현상이 발생하는 이유에 관한 한 가지 설명을 한 것이므로 오답이다.

어휘 potential 잠재적인 explanation 설명 puzzling 당혹스럽게 만드는, 어리둥절하게 만드는 confirmation 확인

까마귀는 전 세계에서 가장 지능적인 조류 중 일부인 것으로 여겨지고 있는데, 도구를 이용하고 인상적인 문제 해결 능력을 발휘할 수 있기 때문이다. 연구에 따르면 이들은 막대기를 이용해 틈새에서 곤충을 꺼낼 수 있으며, 심지어 막대기 또는 다른 물체를 변형해 자신만의 도구도 만들 수 있는 것으로 나타났다.

어휘 be considered ~로 여겨지다 intelligent 지능적인 capable of -ing ~할 수 있는 exhibit ~을 발휘하다, ~을 나타내 보이다 impressive 인상적인 problem-solving skills 문제 해결 능력 extract ~을 꺼내다, ~을 추출하다 crevice 틈새 modify ~을 변형하다, ~을 개조하다 object 물체, 물건

2. 기사는 주로 무엇에 관한 것인가?
(a) 복잡한 까마귀의 뇌
(b) 뚜렷이 다른 까마귀의 발견
(c) 까마귀의 놀라운 능력
(d) 아주 다양한 까마귀 종

해설 까마귀가 도구를 이용하고 인상적인 문제 해결 능력을 발휘할 수 있다고(capable of using tools and exhibiting impressive problem-solving skills) 언급하면서 그러한 능력과 관련된 연구 결과를 소개하고 있으므로 까마귀의 놀라운 능력을 뜻하는 (c)가 정답이다.

Paraphrasing capable of using tools and exhibiting impressive problem-solving skills 도구를 이용하고 인상적인 문제 해결 능력을 발휘할 수 있음 → surprising abilities 놀라운 능력

어휘 complicated 복잡한 discovery 발견(물) distinct 뚜렷이 다른 ability 능력 the diverse range of 매우 다양한 breed 종, 품종, 유형

로빈 후드는 많은 이야기와 영화의 주제였던 문학적인 캐릭터이다. 그는 부자들을 털어 가난한 이들에게 나눠주고 셔우드 숲에서 부하들과 무리를 이뤄 살았던 영웅적인 범법자로 흔히 묘사된다. 하지만 로빈 후드가 실존 인물이었는지, 아니면 전부 허구였는지는 명확하지 않다. 일부 역사 전문가들은 12세기 또는 13세기의 실제 범법자를 바탕으로 했을 수 있다고 생각하는 반면, 다른 이들은 그저 가공의 인물에 불과하다고 주장한다. 그의 존재를 둘러싼 모호함에도 불구하고, 로빈 후드는 문학과 대중 문화에서 오랫동안 사랑받는 캐릭터로 남아 있다.

어휘 literary 문학적인 subject 주제 depict A as B A를 B로 묘사하다 heroic 영웅적인 outlaw 범법자, 도망자 rob from ~을 털다, ~에게서 강탈하다 band 무리 Merry Men 부하들 entirely 전부, 전체적으로 fictional 허구의, 소설의 may have p.p. ~했을 수도 있다 be based on ~을 바탕으로 하다 mythical 가공의, 신화에 나오는 figure 인물 ambiguity 애매모호함 existence 존재 enduring 불후의, 오래가는

3. 기사는 주로 무엇에 관한 것인가?
(a) 정의와 명예를 위해 싸운 병사
(b) 존재 여부가 많은 논란이 되고 있는 인물
(c) 여러 세대에 걸쳐 전해져 내려온 신화
(d) 잘 알려진 작가에 의해 만들어진 이야기

해설 로빈 후드가 실존 인물이었는지, 아니면 전부 허구였는지는 명확하지 않다고(it is unclear whether Robin Hood was a real person or if he was entirely fictional) 언급하며 그러한 논란과 관련해 역사 전문가들이 서로 다른 주장을 펼치고 있음을 설명하고 있다. 따라서 로빈 후드라는 인물의 존재 여부와 관련된 논란이 기사의 주된 내용임을 알 수 있으므로 (b)가 정답이다.

Paraphrasing unclear whether Robin Hood was a real person 로빈 후드가 실존 인물이었는지 명확하지 않음 → existence is much debated 존재 여부가 많은 논란이 됨

어휘 justice 정의 be much debated 큰 논란이 되다 myth 신화 pass out 전해지다 generation 세대

(b) 두 사람의 업체에 대한 합병을 진행하기 위해
(c) 두 사람의 협업에 관한 새로운 정보를 제공하기 위해
(d) 사업 관련 합의를 제안하기 위해

[해설] 글쓴이가 자신을 양봉업자로 소개하면서 상대방이 자신의 꿀을 매장에서 판매하는 데 관심이 있을지 물어보기 위해 편지를 쓴다고(I am writing to ask if you would be interested in selling my honey in your store) 알리고 있다. 이는 사업 관련 합의를 제안하는 것이므로 (d)가 정답이다.

[오답분석] (a) 본문의 내용은 단순히 협업을 제안하는 것이고 사업에 대한 계획(plan)은 본문에 전혀 언급이 없으므로 오답이다.

[어휘] **propose** ~을 제안하다 **proceed with** ~을 진행하다 **update** ~에게 새로운 정보를 제공하다 **collaboration** 협업, 공동 작업 **suggest** ~을 제안하다, ~을 권하다 **arrangement** 합의, 협의

소중한 고객 여러분께,
저희가 오는 9월에 12주년을 기념한다는 사실을 여러분께 알려 드리기 위해 편지를 쓰며, 그 달 첫째 주에 고객 감사 할인 행사를 제공하고자 합니다. 저희 매장의 모든 제품이 10년 넘게 저희와 함께하신 장기 고객들을 대상으로 이 기간 중에 25% 할인될 것입니다. 앞으로 더 나은 서비스와 함께 여러분을 맞이할 수 있기를 고대합니다.
안녕히 계십시오.
켈시 웨버

[어휘] **valued** 소중한, 귀중한 **let A know that** A에게 ~라고 알리다 **celebrate** ~을 기념하다, ~을 축하하다 **anniversary** (해마다 돌아오는) 기념일 **offer** ~을 제공하다 **appreciation** 감사(의 마음) **discount** ~을 할인하다 **look forward to -ing** ~하기를 고대하다 **greet** ~을 맞이하다

7. 켈시 웨버 씨는 왜 고객들에게 편지를 쓰는가?
(a) 신규 고객들에게 특별 할인 행사에 관해 알리기 위해
(b) 특별 행사에 대한 초대를 수락하기 위해
(c) 단골 고객들에게 특별 할인 행사에 관해 알리기 위해
(d) 좋지 못한 고객 서비스에 대해 사과의 말을 전하기 위해

[해설] 고객 감사 할인 행사가 개최된다는 사실과 함께 10년 넘게 함께해 온 장기 고객들을 대상으로 25%의 할인 서비스를 제공한다고(All items in our store will be discounted by 25% ~ for our longtime customers who have been with us for more than 10 years) 언급하고 있다. 따라서 단골 고객을 대상으로 하는 특별 할인 행사를 알리는 것이 편지의 목적으로 볼 수 있으므로 (c)가 정답이다.

[Paraphrasing] longtime customers 장기 고객들 → loyal customers 단골 고객들

[어휘] **inform** ~에게 알리다 **accept** ~을 수락하다, ~을 받아들이다 **loyal** 단골의, 충성스러운 **offer an apology for** ~에 대해 사과하다

프루티 퓨전에 보냅니다.
저는 최근에 젤리보의 생산이 중단되었다는 사실을 알게 되어 실망감을 표하고자 이메일을 씁니다. 저희 아이들은 제가 젤리보를 이용해 만든 다채로운 수제 젤리들을 항상 즐겨 먹었습니다. 저는 그 조리법이 얼마나 간단한지에 대해 칭찬했으며, 이 제품을 선물로 자주 구입했습니다.
안녕히 계십시오.
새뮤얼 맥밀런

[어휘] **express** (생각, 감정 등) ~을 표현하다, ~을 나타내다 **disappointment** 실망(감) **recently** 최근에 **cease** 중단되다 **colorful** 다채로운, 화려한 **sing praises of** ~을 칭찬하다 **recipe** 조리법

8. 새뮤얼 맥밀런 씨는 왜 프루티 퓨전에 이메일을 쓰는가?
(a) 제품의 양에 대한 불만을 나타내기 위해
(b) 단종된 제품에 대한 유감을 표현하기 위해
(c) 제 기능을 하지 못하는 제품에 대한 불만을 전하기 위해
(d) 회사의 영업 종료에 대한 슬픔을 나타내기 위해

[해설] 젤리보의 생산이 중단된 사실을 알고 실망감을 표현하기 위해 이메일을 쓴다는(I am writing to express my disappointment as I recently learned that the production of the JellyBo has ceased) 부분에서 목적을 확인할 수 있다. 생산이 중단된 것은 단종을 의미하며, 실망감은 유감으로 바꿔 말할 수 있으므로 (b)가 정답이다.

[Paraphrasing] disappointment 실망 / the production of JellyBo has ceased 젤리보의 생산이 중단됨 → regret 유감 / discontinued product 단종된 제품

[어휘] **dissatisfaction** 불만 **quantity** 양, 수량 **regret** 유감 **discontinued** 단종된, 중단된 **convey** ~을 전하다, ~을 전달하다 **frustration** 불만, 좌절 **malfunctioning** 제 기능을 하지 못하는, 오작동하는 **manifest** (감정, 태도 등) ~을 나타내다, 드러내 보이다 **termination** 종료

5

2

세부사항을 묻는 문제

전략 적용 예시

존은 미술사에 깊은 관심을 지닌 열정적인 사람으로서, 자신의 지식을 확장하고 영감의 원천이 되는 것을 찾기 시작했다. 탐구 과정에서 그는 고대 저택 내에 있는 먼지투성이 다락방을 살펴보다가 미술에 관한 낡고 잊혀진 교과서를 한 권 발견했다. 시대에 뒤처진 내용에도 불구하고 그는 그 책 안에 담긴 지식을 활용해 미술사에 관한 튼튼한 기초를 쌓았다. 그의 헌신과 발견은 그가 해당 분야에서 존경받는 전문가가 되는 데 추진력이 되어 주었다.

어휘 passionate 열정적인 individual n. 사람, 개인 interest in ~에 대한 관심 set out to V ~하기 시작하다, ~하는 데 착수하다 expand ~을 확장하다 inspiration 영감(을 주는 것) quest 탐구 uncover ~을 발견하다, ~을 밝혀내다 forgotten 잊혀진 while -ing ~하면서, ~하는 동안 explore ~을 살펴보다, ~을 탐험하다 dusty 먼지투성이의 attic 다락방 ancient 고대의 mansion 대저택 outdate 시대에 뒤처진, 구식의 content 내용(물) utilize ~을 활용하다 wisdom 지식, 지혜 contain ~을 담고 있다, ~을 포함하다 build a foundation 기초를 쌓다 dedication 헌신, 전념 discovery 발견(물) propel A to V A가 ~하는 데 추진력이 되다 respected 존경 받는 expert 전문가 field 분야

| 유형훈련 | 세부사항 연습문제   p.22

| 1 (c) | 2 (a) | 3 (c) | 4 (b) |
| 5 (c) | 6 (d) | 7 (c) | 8 (d) |

마크 트웨인은 미국의 소설가이자, 사업가, 강연자, 그리고 여행 작가였다. 그는 "톰 소여의 모험" 및 "위대한 미국 소설"이라고도 알려져 있는 "허클베리 핀의 모험"을 포함한 그의 소설로 가장 잘 알려져 있다. 그는 독특한 문체로 인해 평론가 및 동료 작가들로부터 찬사를 받았다.

어휘 entrepreneur 사업가 be best known for ~로 가장 잘 알려져 있다 including ~을 포함해 also known as ~라고도 알려져 있는 unique 고유한, 독특한, 특별한 earn (존경, 칭찬 등을) 받다 praise 찬사, 칭찬 critic 평론가, 비평가 peer (능력, 지위 등이 비슷한) 동료, 대등한 사람

1. 마크 트웨인은 무엇으로 가장 잘 알려져 있는가?
(a) 소설을 쓰는 새로운 스타일을 탐구한 것
(b) 미국의 모험 가득한 책들을 칭찬한 것
(c) 주목할 만한 소설 작품들을 쓴 것
(d) 위대한 미국인에 관한 소설들을 출간한 것

[해설] 마크 트웨인의 소설이 '위대한 미국 소설'로 알려져 있다는 말과 함께 몇몇 작품을(He is best known for his novels, including *The Adventures of Tom Sawyer* and *The Adventures of Huckleberry Finn*, also known as "The Great American Novel") 언급하고 있다. 따라서 이를 언급한 (c)가 정답이다.

[오답분석] (d) 마크 트웨인의 작품이 위대한 미국 소설로 알려져 있다는 설명은 있지만 위대한 미국인(great Americans)에 관한 소설을 쓴 것은 아니므로 오답이다.

어휘 explore ~을 탐구하다 praise ~을 칭찬하다 adventurous 모험으로 가득한, 모험적인 compose (글, 음악 등) ~을 쓰다, ~을 작곡하다 remarkable 주목할 만한, 놀라운 work (글, 그림, 음악 등의) 작품

2004년에 저커버그는 전 세계에서 가장 영향력 있고 널리 쓰이는 소셜 미디어 플랫폼 중 하나가 될 것이라는 것을 알지 못한 채 페이스북을 출시했다. 이 웹사이트의 초기에 저커버그는 하버드에 있는 기숙사 방에서 페이스북의 원형을 개발했으며, 그곳에서 귀중한 사업 관련 방향성 및 자금을 제공한 에두아르도 세이버린을 만났다. 두 사람은 긴밀히 협업했으며, 페이스북을 세계적인 현상으로 확장시켰다.

어휘 launch ~을 출시하다, ~을 시작하다 influential 영향력 있는 develop ~을 개발하다, ~을 발전시키다 prototype 원형, 시제품 dormitory 기숙사 invaluable 귀중한, 소중한 guidance 방향성, 안내, 지침 funding 자금 (제공) collaborate 협업하다, 공동 작업하다 closely 긴밀히, 면밀히 expand A into B A를 B로 확장시키다 phenomenon 현상

2. 저커버그와 세이버린은 어떻게 처음 만났는가?
(a) 같은 대학교를 다녔다.
(b) 같은 소셜 플랫폼에 근무했다.
(c) 같은 강의 시리즈에 참석했다.

(d) 같은 교수와 함께 작업했다.

해설 저커버그가 하버드 재학 당시에 페이스북의 원형을 개발한 사실과 함께 그곳에서 세이버린을 만났다는 내용이 있어(at Harvard, where he met Eduardo Saverin) 두 사람이 같은 대학교를 다닌 것으로 볼 수 있으므로 (a)가 정답이다.

Paraphrasing Harvard where he met Eduardo Saverin 세이버린을 만난 하버드 → attending the same university 같은 대학교에 다닌

어휘 attend ~에 참석하다, ~에 다니다

저는 지난주에 3팩 이상의 꽃씨에 대해서 15%의 할인을, 그리고 5팩 이상의 꽃씨에 대해서는 20%의 할인을 광고하는 현수막을 봤습니다. 그것들을 8팩 구입하기 위해 매장에 갔을 때 저는 판매 기간이 이미 종료되었다는 사실을 알게 되었습니다. 상품 프로모션 내용이 계속 세워져 있었고 세일이 끝났다는 표시가 없어서 실망스러웠습니다.
안녕히 계십시오.
래리 스피어스

어휘 notice ~을 보고 알아채다, ~을 주목하다 banner 현수막 advertise ~을 광고하다 realize that ~임을 알게 되다, ~임을 깨닫다 expire 만료되다 disappointed 실망한 promotion 판촉 (행사) indication 표시(하는 것)

3. 스피어스 씨가 8팩의 꽃씨에 대해 할인을 받지 못한 이유는 무엇이었는가?
(a) 할인이 오직 최대 5팩의 구매에 대한 것이었다.
(b) 충분한 수량을 구매하지 않았다.
(c) 그 할인이 더 이상 유효하지 않았다.
(d) 세일 중인 제품을 선택하지 않았다.

해설 매장에 갔을 때 할인을 제공하는 판매 행사 기간이 이미 종료된 상태였다는(the sales period expired already) 사실을 알게 되었다고 쓰여 있다. 이는 그 할인 혜택이 더 이상 유효하지 않았다는 말과 같으므로 (c)가 정답이다.

Paraphrasing the sales period expired 판매 행사 기간이 종료되었다 → The offer was not valid anymore 할인이 더 이상 유효하지 않았다

어휘 offer 할인, 특가 (서비스) up to 최대 ~의 quantity 수량, 양 not ~ anymore 더 이상 ~않다 valid 유효한 choose ~을 선택하다

도로시아 딕스는 1802년에 메인 주의 햄던에서 태어났다. 그녀는 가난과 학대로 얼룩진 힘든 어린 시절을 겪었다. 어머니인 메리 비글로우 딕스는 엄격한 칼뱅주의자로서, 그녀에게 강한 도덕 관념 및 다른 이들을 돕고자 하는 열망을 심어 주었다. 딕스는 학교를 다니는 것이 허락되지 않았는데, 어머니가 여자 아이는 정식 교육을 받는 것이 부적절하다고 생각했기 때문이었다. 도로시아는 대신 집에서 책을 열심히 읽고 독학으로 학자가 되도록 어머니로부터 가르침을 받았다.

어휘 experience ~을 겪다, ~을 경험하다 marked by ~로 얼룩진, ~로 특징 지어진 poverty 가난 abuse 학대, 남용 strict 엄격한 Calvinist 칼뱅주의자 instill ~를 주입하다, ~을 불어넣다 morality 도덕(성) desire to V ~하기를 바라는 마음, ~하려는 욕심 be allowed to V ~하도록 허용되다 appropriate 적절한, 적합한 formal 정식의, 공식적인 instead 대신 avid 열심인, 열렬한 self-taught 독학의 scholar 학자

4. 지문에 따르면, 딕스는 왜 집에서 교육을 받았는가?
(a) 어린 시절에 재정적으로 힘든 상황 속에서 힘겨워했기 때문에
(b) 어머니에 의해 학교에 가지 못하게 되었기 때문에
(c) 정식 교육을 믿지 않았기 때문에
(d) 책을 열심히 읽는 사람이 되기를 열망했기 때문에

해설 딕스가 학교를 다니도록 허용되지 않은 사실과 함께 어머니가 여자 아이는 정식 교육을 받는 것이 부적절하다고 생각했다는(Dix was not allowed to attend school, as her mother believed that it was not appropriate for girls to receive a formal education) 사실이 언급되어 있다. 이는 어머니가 학교를 다니지 못하도록 막은 것을 의미하므로 (b)가 정답이다.

Paraphrasing was not allowed to attend school 학교를 다니는 것이 허락되지 않았다 → was prevented from going to school 학교에 가지 못하게 되었다

어휘 struggle 힘겨워하다, 발버둥 치다 financially 재정적으로, 금전적으로 situation 상황 prevent A from -ing A가 ~하는 것을 막다, A가 ~하는 것을 방지하다 aspire to V ~하기를 열망하다

그 쌍안경은 전설적인 탐험가 필립 크라이슬러에 의해 사용된 것으로 추정되었다. 조사 담당자들은 소유자의 유전 정보를 얻기 위해 쌍안경에 지문이 있는지 조사했다. 그런 다음, 그것을 소유자의 살아 있는 후손들과 비교했다. 그 결과는 99.9%라는 놀라운 일치 수준을 나타냈다. 해당 샘플들이 금발머리를 한 남성의 것이었던 사실이 드러났는데, 이는 또한 크라이슬러에 대한 묘사와도 일치했다. 이 증거는 그 쌍안경이 한때 그의 소유였음을 결정적으로 시사하는 것이다.

어휘 binoculars 쌍안경 supposedly 추정하여 legendary 전설적인 explorer 탐험가 investigator 조사 담당자 examine ~을 조사하다 fingerprints 지문 obtain ~을 얻다 genetic 유전의 compare A with B A를 B와 비교하다 descendant 후손, 자손 result 결과(물) striking 놀라운, 두드러진, 현저한 match n. 일치(하는 것) v. 일치하다 reveal ~을 드러내다, ~을 폭로하다 belong to ~의 소유이다, ~에 속하다 portrait 묘사, 초상(화) evidence 증거 conclusively 결과적으로 suggest that ~임을 시사하다

5. 조사 담당자들이 쌍안경에서 나온 유전 정보와 관련해 무엇을 알아냈는가?
(a) 크라이슬러의 아이들의 것과 거의 일치했다.
(b) 크라이슬러 조상들 중 한 명에게서 나온 것이었다.
(c) 크라이슬러 친척들의 것과 거의 일치했다.
(d) 크라이슬러 후손들 중 한 명에게서 나온 것이었다.

해설 쌍안경에서 유전 정보를 얻어 소유자, 즉 크라이슬러의 후손들과 비교한 결과, 99.9% 일치했다는 말이 쓰여 있으므로(to obtain genetic information of their owner. Then it was compared with the living descendants of the owner. The result showed a striking match of 99.9%) 이러한 의미로 쓰인 (c)가 정답이다. relative(친척)는 혈연이나 결혼으로 연결된 가족을 의미하는 단어로 후손들 또한 그 범주에 속한다.

오답분석 (a) children이라는 단어는 '자식, 자녀'라는 의미인데 이는 필립 크라이슬러가 사망한 후 오랜 시간이 흐른 뒤에 생긴 후손들(descendants)과는 다른 개념이므로 오답이다.

어휘 originate from ~에서 나오다, ~에서 비롯되다 ancestor 조상, 선조 relative 친척

구천의 검은 복잡한 무늬와 글씨가 새겨진 고대의 청동 무기로서, 1965년에 중국 후베이의 한 무덤 내부에서 발견되었다. 이는 춘추시대에 통치했던 월나라의 왕, 구천의 전설적인 검인 것으로 여겨지고 있다. 이 검은 현재 중국의 후베이 지방 박물관에 전시되어 있으며, 해마다 수천 명의 방문객을 끌어들이고 있다.

어휘 ancient 고대의 intricate 복잡한 inscription 새겨진(적힌) 글 discover ~을 발견하다 tomb 무덤 It is believed to do ~하는 것으로 여겨지다 legendary 전설적인 reign 통치하다, 다스리다 the Spring and Autumn period 춘추시대 currently 현재 on display 전시 중인, 진열 중인 attract ~을 끌어들이다

6. 구천의 검은 무엇으로 여겨지고 있는가?
(a) 한 왕에 의해 발견된 고대의 무기
(b) 겨울 기간 중에 사용된 청동 검
(c) 중국 후베이에서 찾은 신화 속의 미발견 물품
(d) 한 역사적인 인물이 한때 소유했던 금속 물품

해설 월나라의 왕, 구천의 전설적인 검인 것으로 여겨지고 있다는(It is believed to be the legendary sword of Goujian, the King of Yue) 말이 쓰여 있으므로 그러한 역사적인 인물이 소유했던 금속 물품이라는 말로 바꿔 표현한 (d)가 정답이다.

Paraphrasing legendary sword of Goujian, the King of Yue 월나라의 왕, 구천의 전설적인 검 → a metal that once belonged to a historical figure 한 역사적인 인물이 한때 소유했던 금속 물품

어휘 undiscovered 미발견의 mythical 신화 속에 나오는 object 물품, 물건 belong to ~의 소유이다, ~에 속하다 figure 인물

헨리 데이빗 소로우는 1817년 7월 12일에 메사추세츠의 콘코드에서 네 아이 중 셋째로 태어났다. 그는 교육과 지적인 활동을 중요시하는 가정에서 자랐다. 소로우는 수줍음 많고 내성적인 아이였으며, 책을 읽고 자연 속에서 시간을 보내는 것을 좋아했다. 소로우의 자연에 대한 사랑과 소박하고 자족하는 삶에 대한 바람으로 인해 결국 숲 속의 한 오두막에서 생활하기에 이르렀으며, 이곳에서 유명 작품 "월든"을 썼다.

어휘 grow up 자라다, 성장하다 value v. ~을 소중하게 여기다 intellectual 지적인 pursuit 활동, 일, 추구(하는 것)

shy 수줍어하는 introspective 내성적인 desire to V ~
하고자 하는 바람, ~하려는 욕망 self-sufficient 자족하는
eventually 결국, 마침내 lead ~을 초래하다

7. 기사 내용에 따르면, 무엇으로 인해 소로우는 자연에 둘러
싸여 생활하게 되었는가?
(a) 자연 속에서 조용하게 글을 읽는 것을 아주 좋아했다.
(b) 작가로서 경력을 추구하기를 바랐다.
(c) 자연 환경 속에 머물러 있기를 원했다.
(d) 인정받는 작가가 되고 싶어 했다.

[해설] 헨리 데이빗 소로우가 자연에 대한 사랑과 소박하고 자족
하는 삶에 대한 바람으로 인해 결국 숲속의 한 오두막에서 생활
하기에 이르렀다는(Thoreau's love of nature and desire
to live a simple and self-sufficient life eventually led
him to live a cabin in the woods) 말이 쓰여 있다. 이를
통해 헨리 데이빗 소로우가 자연 속에 머물러 있기를 원했다는
것을 알 수 있으므로 (c)가 정답이다.

[오답분석] (a) 소로우가 어렸을 때 글을 읽는 것을 좋아했다는 내
용은 있지만, 이것이 자연에서 살게 된 이유로 본문에 언급되지는
않았으므로 오답이다.

[어휘] encourage 촉구하다, 권하다 desire to V ~하기를
바라다 pursue ~을 추구하다 natural surroundings 자
연 환경 established 인정받는, 확실히 자리 잡은

담당자께,
저는 지금까지 꽤 오랫동안 핏라이프 믹서기의 충성스러
운 이용자였으며, 이 제품은 매일같이 가장 부드러운 스
무디를 만들어 주었습니다. 핏라이프 믹서기는 제 삶에서
필수품으로 증명되었기 때문에 제 사무실에서 쓰기 위해
하나 더 구입했습니다. 안타깝게도, 이 두 번째 믹서기는
사용 첫 날부터 오작동하기 시작했고 저는 제품 교체를
요청하기로 결정했습니다.
안녕히 계십시오.
새라 바이런

[어휘] loyal 충성스러운, 충실한 blender 믹서기 for
quite some time 꽤 오랫동안 day after day 매일같
이 prove to V ~하는 것으로 드러나다, ~하는 것으로 판명되
다 indispensable 필수적인, 없어서는 안 될 purchase
~을 구입하다 unfortunately 안타깝게도, 유감스럽게도
malfunction 오작동하다, 제 기능을 하지 못하다 decide to
V ~하기로 결정하다 request ~을 요청하다 replacement
교체(품), 대체(품)

8. 새라 바이런 씨는 왜 핏라이프를 높이 평가하는가?
(a) 저렴한 가격에 제공되었다.
(b) 만족스러운 반품 정책을 제공한다.
(c) 자신의 동료들 사이에서 인기가 있었다.
(d) 한결같은 품질을 제공해 주었다.

[해설] 첫 문장에 오랫동안 제품을 사용했으며, 믹서기가 매일같
이 가장 부드러운 스무디를 만들었다는(I have been a loyal
user ~, it made the creamiest smoothies day after
da) 말이 쓰여 있다. 이는 그 제품이 한결같은 품질을 제공했다는
의미에 해당되므로 (d)가 정답이다.

[Paraphrasing] it made the creamiest smoothies day
after day 매일같이 가장 부드러운 스무디를 만들어 주었다 →
delivered consistent quality 한결같은 품질을 제공했다

[어휘] hold A in high regard A를 높이 평가하다, A를 대단히
존경하다 offer ~을 제공하다(= provide) affordable (가격이)
저렴한 return 반품, 반환 policy 정책, 방침 colleague 동
료 (직원) deliver ~을 제공하다, ~을 전하다 consistent 한
결같은, 일관된 quality 품질, 질

3

True or NOT True 문제

전략 적용 예시

중산층 가정에서 자란 엔리코는 일찍이 자연의 세계를 이해하는 데 호기심을 보였다. 어렸을 때, 그는 놀라운 사고 능력을 보여주었으며, 물리학에 대해 특출한 적성을 나타냈다. 부모는 그의 특별한 재능을 인정하고 그의 지적 노력을 지원해 주었다. 엔리코는 호기심 많은 성격으로 인해 격식에 얽매이지 않는 실험을 실시하고 우주의 불가사의에 대한 깊은 사색에 빠져들게 되었다.

어휘 raise ~을 기르다, ~을 키우다 middle-class 중산층의 curiosity 호기심 demonstrate ~을 보여주다, ~을 입증하다 remarkable 놀라운, 주목할 만한 capacity 능력, 역량 display (자질, 성격 등) ~을 나타내다, ~을 보이다 exceptional 특출한, 이례적일 정도로 우수한 aptitude 적성, 소질 physics 물리학 acknowledge ~을 인정하다 support ~을 지원하다, ~을 지지하다 intellectual 지적인, 지능의 endeavor 노력 inquisitive 호기심 많은, 탐구적인 nature 성격, 천성, 특성 lead ~을 초래하다 conduct ~을 실시하다 informal 격식에 얽매이지 않는 experiment 실험 engage in ~에 빠져들다, ~에 관여하다 contemplation 사색, 명상 universe 우주

| 유형훈련 | True or NOT True 연습문제 p.28

1 (b)	2 (a)	3 (b)	4 (a)
5 (c)	6 (c)	7 (d)	8 (c)

정부의 역할에 대한 존 스튜어트 밀의 생각은 정치 철학에 상당한 영향을 미쳤다. 그의 작품 '자유론(1859)'에서, 밀은 정부의 역할이 개인의 자유를 제한하는 것이 아니라 보장하는 것이어야 한다고 주장했다. 그는 개인이 다른 이들에게 해를 끼치지 않는 한 각자 자신의 이익을 추구할 자유가 있어야 한다고 생각했다. 밀은 자신의 생각으로 인해 손꼽히는 대중 사상가가 되었으며, 다양한 정치 배경을 지닌 사람들의 존경을 받았다.

어휘 have an impact on ~에 영향을 미치다 significant 상당한, 많은 political 정치적인, 정치와 관련된 philosophy 철학 work (글, 그림, 음악 등의) 작품 argue that ~라고 주장하다 ensure ~을 보장하다, ~을 확실히 하다 individual a. 개인의, 개별적인, 사적인 n. 개인, 사람 rather than ~가 아니라, ~ 대신 limit ~을 제한하다 pursue ~을 추구하다 interests 이익 as long as ~하는 한, ~하기만 하면 harm ~에 해를 끼치다 leading 손꼽히는, 선도적인, 주요한 public 대중의, 일반의, 공공의 earn respect 존경 받다 diverse 다양한

1. 밀의 생각과 관련해 사실이 아닌 것은 무엇인가?
(a) 일반 대중에 의해 좋은 평가를 받았다.
(b) 동시대 예술가들에 의해 높이 평가되었다.
(c) 사람들이 통치되어야 하는 방식을 다뤘다.
(d) 한 특정 분야에 깊은 영향을 미쳤다.

해설 정치 철학에 상당한 영향을 미쳤다는 첫 번째 문장 ~ had a significant impact on political philosophy에서 (d)를, 손꼽히는 대중 사상가가 된 사실이 언급된 마지막 문장 Mill's ideas made him a leading public thinker에서 일반 대중에게서 좋은 평가를 받았음을 의미하는 (a)를 확인할 수 있다. 또한, the government's role should be to ensure individual liberty라고 쓰여 있는 밀의 주장을 통해 사람들에 대한 통치 방식을 다룬 사실을 언급한 (c)도 확인할 수 있다. 하지만 동시대 예술가들에게 의해 높이 평가되었다는 언급은 없으므로 (b)가 정답이다.

Paraphrasing a significant impact on political philosophy 정치 철학에 상당한 영향 → a profound influence on a particular field 특정 분야에 깊은 영향

어휘 well-received 좋은 평가를 받는 the general population 일반 대중 highly regarded 높이 평가되는 contemporary 동시대의 govern ~을 통치하다, ~을 다스리다 have a profound influence on ~에 깊은 영향을 미치다 particular 특정한, 특별한 field 분야

앨버트 아인슈타인은 1879년 3월 14일에 독일의 울름에서 태어났다. 그는 중산층 유대인 가정에서 자랐으며, 가톨릭 학교에서 전통적인 교육을 받았다. 아인슈타인은 수학과 물리학을 좋아하는 호기심 많고 영리한 아이였다. 그는 이러한 과목에서 뛰어난 모습을 보였으며, 이후 취리히에 위치한 스위스 연방 공과대학에서 이론 물리학을 공부했다. 과학에 대한 열정과 타고난 천재성으로 인해 아인슈타인은 결국 물리학과 수학 분야에 획기적인 기여를 하게 된다.

어휘 grow up 자라다, 성장하다 middle-class 중산층의 Jewish 유대인의 receive ~을 받다 traditional 전통적인 physics 물리학 excel in ~에서 뛰어나다 subject 과목 go on to V 계속해서 ~하다 theoretical 이론의, 이론성의 passion 열정 innate 타고난, 선천적인 genius 천재(성) eventually 결국, 마침내 lead A to V A가 ~하는 것을 초래하다 make a contribution to ~에 기여하다, ~에 공헌하다 groundbreaking 획기적인 field 분야

2. 아인슈타인의 어린 시절과 관련해 사실이 아닌 것은 무엇인가?
(a) 유대인의 전통을 교육받았다.
(b) 수학과 물리학에 열정적이었다.
(c) 과학자로서 천부적인 능력이 있었다.
(d) 특정 과목에서 특출한 능숙함을 보였다.

해설 a love for mathematics and physics와 He excelled in these subjects에서 (b)와 (d)를, 그리고 Einstein's passion for science and his innate genius에서 (c)를 각각 확인할 수 있지만 유대인의 전통을 교육받았다는 내용은 없으므로 (a)가 정답이다.

Paraphrasing his innate genius 그의 타고난 천재성 → inherent abilities 천부적인 능력

어휘 tradition 전통 passionate 열정적인 inherent 천부적인, 내재적인 ability 능력 exceptional 특출한, 이례적일 정도로 우수한 proficiency 능숙함, 숙달 specific 특정한, 구체적인

한 연구원 그룹에 의해 실시된 최근의 한 연구에서 음악이 아이들의 뇌 기능에 미치는 영향을 조사했다. 참가자들은 세 달 동안 음악 레슨에 노출된 반면, 통제 그룹은 그 기간 중에 어떤 음악 레슨도 받지 않았다. 이 연구는 음악 레슨을 받은 그룹이 예술적 표현, 심적 시뮬레이션, 그리고 감정 조절과 연관된 영역들의 뇌 활동 증가를 보여주었다는 사실을 밝혀냈다. 이 연구에 따르면 통제 그룹에 비해 음악 레슨 그룹이 더 높은 감성 지능 점수도 보인 것으로 나타났다.

어휘 conduct ~을 실시하다 examine ~을 조사하다 effects of A on B A가 B에 미치는 영향 function 기능 participant 참가자 be exposed to ~에 노출되다 control group 통제 그룹 receive ~을 받다 increased 증가된, 늘어난 associated with ~와 연관된 mental simulation 심적 시뮬레이션(가상의 일에 자신을 투영해 보는 것) regulation 조절, 규제 compared to ~에 비해, ~와 비교해

---

3. 음악 레슨이 아이들에게 미치는 영향에 대한 연구 결과와 관련해 어느 것이 사실이 아닌가?
(a) 뇌 활동 향상 조짐이 있었다.
(b) 신체 조정 능력 향상 조짐이 있었다.
(c) 창의력 향상 조짐이 있었다.
(d) 상상력 향상 조짐이 있었다.

해설 뇌 활동 향상을 뜻하는 (a)의 enhanced brain activity는 지문 중반부의 increased brain activity에서, 창의력 향상을 의미하는 (C)의 enhanced creativity는 artistic expression에서, 상상력 향상을 가리키는 (d)의 enhanced imagination은 가상의 일에 자신을 투영해 보는 것을 뜻하는 mental simulation에서 각각 확인할 수 있다. 하지만 신체 능력과 관련된 변화를 언급하는 내용은 제시되어 있지 않으므로 (b)가 정답이다.

Paraphrasing artistic expression 예술적 표현 → creativity 창의력

어휘 findings 결과(물) indication 조짐, 징후, 표시 enhanced 향상된, 강화된 coordination 조정 (능력) creativity 창의력 imagination 상상력

사마귀가 몸을 앞뒤로 흔드는 데에는 다양한 이유가 있다. 사마귀는 매복 포식자로서 서서히 이동하면서 몸을 흔들어 주변 환경과 조화를 이루는데, 이로 인해 먹이를 잡는 것이 더 쉬워진다. 이들은 또한 흔드는 동작을 이용해 다른 사마귀들과 의사 소통한다. 게다가, 몸을 흔드는 것은 먹이를 찾고 잡는 동안 자세를 안정시키는 데에도 도움이 된다.

어휘 a variety of 다양한 praying mantis 사마귀 sway 흔들다 back and forth 앞뒤로 ambush 매복 predator 포식자 blend in with ~와 조화를 이루다 make it A to V ~하는 것을 A하게 만들다 capture ~을 붙잡다, ~을 사로잡다 prey 먹이 communicate with ~와 의사 소통하다 help A + 동사원형 ~하는 데 A에게 도움이 되다 stabilize ~을 안정시키다 posture 자세 seize ~을 붙잡다

4. 지문 내용에 따르면, 다음 중 어느 것이 사마귀가 몸을 흔드는 것을 좋아하는 이유가 아닌가?
(a) 포식자에 의해 발견되는 것을 피하기 위해
(b) 주변 환경과 어울리도록 위장하기 위해
(c) 동료들에게 신호를 보내기 위해
(d) 신체적 균형을 유지하기 위해

[해설] 주변 환경과 어울리도록 위장하는 일을 뜻하는 (b)는 blend in with their environment에서, 동료들에게 신호를 보내는 일을 의미하는 (c)는 communicate with other mantises에서, 그리고 신체적 균형 유지를 가리키는 (d)는 stabilize their posture에서 각각 확인할 수 있다. 하지만 포식자에 의해 발견되는 것을 피하는 일과 관련된 정보는 제시되어 있지 않으므로 (a)가 정답이다.

[Paraphrasing] blend in with their environment 주변 환경과 조화를 이루다 → camouflage into their surroundings 주변 환경과 어울리도록 위장하다

[어휘] avoid -ing ~하는 것을 피하다 spot ~을 발견하다 camouflage 위장하다 surroundings 주변 환경 convey ~을 전하다, ~을 전달하다 counterpart 동료, 상대, 대응 관계에 있는 것 maintain ~을 유지하다

꿀은 천연 감미료로서, 그리고 약효로 인해 수 세기 동안 향유되어 왔다. 이집트인들은 시신 방부 처리에 이용했으며, 그리스인들과 로마인들은 상처를 치료하는 데 이용했다. 중세 유럽에서는, 꿀이 부유한 귀족들에 의해 귀하게 여겨졌으며, 자신들의 부와 지위를 보여주기 위해 화려한 잔치와 연회에 사용되었다. 꿀이 중동 지역으로부터 종종 수입되면서 꿀은 치료 목적으로도 사용되었고 일반적으로 꿀을 구할 여유가 없었던 가난한 사람들을 위한 감미료로서 이용되기도 했다.

[어휘] sweetener 감미료 medicinal 약효가 있는, 치료의 property 특성, 속성 embalming 시신 방부 처리 heal ~을 치료하다, ~을 치유하다 wound 상처, 부상 prize v. ~을 귀하게 여기다 nobility 귀족 elaborate 화려한, 공들인, 정교한 feast 잔치 banquet 연회 demonstrate ~을 보여주다 status 지위, 신분 with A -ing A가 ~하면서, A가 ~하는 채로 import ~을 수입하다 typically 일반적으로, 전형적으로 afford ~에 대한 여유가 있다, ~을 감당하다

5. 다음 중 어느 것이 꿀과 관련해 사실이 아닌가?
(a) 시간이 흐름에 따라 서로 다른 여러 문화권에서 소비해 왔다.
(b) 중세 유럽의 부유한 상류층에 의해 대단히 소중하게 여겨졌다.
(c) 서로 다른 여러 문화권에서 잔치에 제물로 제공했다.
(d) 그리스인들과 로마인들 사이에서 식용 이외의 용도로 사용되었다.

[해설] 이집트인들과 그리스인들, 그리고 로마인들의 꿀 이용법을 (The Egyptians used it in embalming, and the Greeks

and Romans used it) 이야기하는 부분에서 (a)를, 중세 유럽의 귀족들이 귀하게 여겼다고(During the Middle Ages in Europe, honey was prized by the wealthy nobility) 설명하는 부분에서 (b)를, 그리고 그리스인들과 로마인들이 상처를 치료하는 데 이용했다고(Greeks and Romans used it to heal wounds) 언급한 부분에서 (d)를 각각 확인할 수 있다. 하지만 잔치에 제물로 제공한 것과 관련된 정보는 나타나 있지 않으므로 (c)가 정답이다.

[Paraphrasing] medicinal purposes 치료의 목적 → non-culinary uses 식용 이외의 용도

[어휘] consume ~을 소비하다, ~을 먹다 value v. ~을 소중하기 여기다 upper-class 상류층 medieval 중세의 sacrifice 제물, 희생물 culinary 요리의

많은 조류 종들은 정교한 울음소리로 알려져 있으며, 이는 짝을 유혹하거나 영역을 확립하는 것과 같은 다양한 목적을 위해 이용되고 있다. 새의 울음소리가 지니는 특정 요소들이 유전에 의해 주로 결정되기는 하지만, 최근에 연구에 따르면 학습도 역할을 하는 것으로 나타났다. 예를 들어, 어린 새들이 근처에 있는 어른 새들의 울음소리를 배울 수 있는데, 이는 시간이 흐름에 따라 울음소리의 미묘한 변형 및 변화로 이어진다.

[어휘] species (동식물의) 종 be known for ~로 알려지다 elaborate 정교한, 화려한, 공들인 a variety of 다양한 attract ~을 유혹하다, ~을 끌어들이다 mate (동물의) 짝 establish ~을 확립하다 territory 영역, 영토 specific 특정한, 구체적인 element 요소 determine ~을 결정하다, ~을 밝혀내다 genetics 유전(학) play a role 역할을 하다 in one's vicinity ~의 근처에 (있는), ~의 부근에 (있는) lead to ~로 이어지다 subtle 미묘한 variation 변형, 변동, 변화

6. 어느 것이 새의 울음소리에 크게 영향을 미치지 않는가?
(a) 유전적으로 물려 받은 특색
(b) 다른 새들을 통한 학습
(c) 식습관
(d) 동료들

[해설] 새의 울음소리가 지니는 요소들이 유전에 의해 주로 결정된다고(the specific elements of a bird's song are largely determined by genetics) 언급한 부분에서 (a)를, 학습도 한 가지 역할을 한다고(learning also plays a role) 알리는 부분에서 (b)를, 그리고 근처에 있는 다른 새들의 울음소리를 배울 수 있다고(learn the songs of adult birds in their vicinity) 설명하는 부분에서 (d)를 각각 확인할 수 있다. 하지만 식습관과 관련된 정보는 제시되어 있지 않으므로 (c)가 정답이다.

오답분석 (d) peer는 보통 나이가 비슷한 '또래'나 '동료'를 의미하지만 넓은 의미로 서로 의사소통이 가능한 동물의 같은 종을 의미하기도 하므로 본문에 언급된 내용이라 볼 수 있다.

어휘 inherited 유전적으로 물려 받은 trait 특색 peer (능력, 지위 등이 비슷한) 동료, 대등한 사람

앤더슨 씨께,
5년이 넘는 마케팅 경력을 지닌 저는 마케팅 책임자 직책에 이상적인 적임자라고 생각합니다. 저는 영업팀 및 제품 관리팀과의 협업을 통해 성공적인 캠페인을 이끌어본 적이 있습니다. 저는 또한 업계에서 영향력이 있는 분들 및 언론 매체와의 제휴 관계를 관리해, 브랜드 인지도 상승이라는 결과를 낳은 실적도 있습니다.
안녕히 계십시오.
머랜다 소여

어휘 ideal 이상적인 fit 적임자, 적합한 사람 position 직책, 일자리 lead ~을 이끌다 in collaboration with ~와 협업해, ~와 공동 작업으로 track record 실적 partnership 제휴 관계 industry 업계 influencer 영향력 있는 사람 media outlet 언론 매체 result in ~라는 결과를 낳다, ~을 초래하다 increased 증가된, 늘어난 brand visibility 브랜드 인지도

7. 마케팅 책임자 직책에 필요한 소여 씨의 자격 요건에 대한 증거가 아닌 것은 무엇인가?
(a) 다른 팀들과 협력해 일해본 적이 있다.
(b) 캠페인 활동에 대한 리더의 역할을 해본 적이 있다.
(c) 브랜드 노출에 기여한 적이 있다.
(d) 마케팅 규약을 발전시킨 적이 있다.

해설 영업팀 및 제품 관리팀과의 협업이(in collaboration with sales and product teams) 언급되는 부분에서 (a)를, 성공적인 캠페인을 이끌어본 적이 있다고(I have led successful campaigns) 알리는 부분에서 (b)를, 브랜드 인지도 상승이라는 결과를 낳았다고(resulting in increased brand visibility) 설명하는 부분에서 (c)를 각각 확인할 수 있다. 하지만 마케팅 규약과 관련된 정보는 제시되어 있지 않으므로 (d)가 정답이다.

Paraphrasing have led successful campaigns 성공적인 캠페인을 이끌어 봤다 → has served as a leader for campaigning 캠페인에서 리더의 역할을 해본 적이 있다

어휘 qualification 자격 (요건), 자격증 cooperatively 협

력하여 serve as ~의 역할을 하다 campaigning 캠페인 활동 contribute to ~에 기여하다, ~에 공헌하다 exposure 노출 protocol 규약, 협약

저희 헨타스틱 농장은 방목 농업을 시행하면서, 닭들에게 먹이를 찾아다니고 자연적인 행동을 할 수 있는 널찍한 야외 공간을 접하게 해 주고 있습니다. 이 닭들은 유기농 먹이와 자연적으로 공급되는 보충제를 포함한 균형 잡힌 식이를 매일 제공받습니다. 저희 닭들은 노른자 색이 진한 매우 영양이 있는 달걀을 낳고 있으며, 이는 우리 도시에서 최상품으로 여겨지고 있습니다.
안녕히 계십시오.
샬럿 그레이슨

어휘 practice v. ~을 시행하다, ~을 실행하다 free-range 방목의, 놓아 기른 farming 농업, 농법 give A access to B A에게 B에 대한 접근을 허용하다, A에게 B에 대한 이용 권한을 주다 spacious 널찍한 forage for (먹이 등) ~을 찾아다니다 engage in ~을 하다, ~에 관여하다 behavior 행동, 행위 feed v. ~에게 먹이를 먹이다 n. 먹이 balanced 균형 잡힌 include ~을 포함하다 source ~을 공급 받다, ~을 얻다 supplement 보충(물), 보충제 on a daily basis 매일, 하루 단위로 nutritious 영양가가 높은 deep-colored 색이 진한 yolk 노른자 be considered ~ 여겨지다

8. 편지 내용에 따르면, 어느 것이 샬럿 씨의 가금류 제품에 대한 기준에 도움이 되지 않는가?
(a) 닭들이 사육되는 방식
(b) 닭들에게 먹이는 음식
(c) 농장이 위생적으로 유지되는 방식
(d) 닭들이 길러지는 환경

해설 방목 사육 방식을 통한 널찍한 야외 공간이(free-range farming, giving her chickens access to a spacious outdoor area) 언급되는 부분에서 (a)와 (d)를, 유기농 먹이와 자연적으로 공급되는 보충제를(a balanced diet that includes organic feed and naturally sourced supplements) 설명하는 부분에서 (b)를 각각 확인할 수 있다. 하지만 위생적인 농장 유지와 관련된 정보는 나타나 있지 않으므로 (c)가 정답이다.

Paraphrasing free-range farming 방목 농업 → the method in which her chickens are raised 닭들이 사육되는 방식

어휘 method 방식, 방법 raise ~을 사육하다, ~을 기르다 be kept 형용사 ~한 상태로 유지되다 hygienic 위생적인

4

추론 문제

전략 적용 예시

좌뇌 대 우뇌의 우세함에 대한 개념은 과학적 증거에 의해 잘못된 것임이 밝혀진 통념이다. 뇌는 고도로 상호 연결된 기관이며, 인지 기능은 양쪽 반구 모두에 걸친 다양한 뇌 영역들의 조직화된 활동을 수반한다. 반박하는 많은 과학적 증거에도 불구하고, 사람들이 뇌 속에 지배적인 반구를 지니고 있다는 근거 없는 믿음이 지속적으로 널리 믿어지고 있다.

어휘 concept 개념 dominance 우세, 우위, 지배 popular belief 통념, 일반적인 생각 debunk ~이 잘못된 것임을 밝히다 evidence 증거 interconnected 상호 연결된 organ (신체) 기관 cognitive 인지의, 인식의 function 기능 involve ~을 수반하다, ~을 포함하다 coordinated 조직화된, 공동으로 작용되는 multiple 다양한, 다수의 region 영역, 지역 hemisphere 반구 contradict ~에 반박하다 myth 근거 없는 믿음, 신화 individual n. 사람, 개인 dominant 지배적인, 우세한 continue to V 지속적으로 ~하다 be widely believed 널리 전해지다, 널리 믿어지다

| 유형훈련 | 추론 연습문제   p.34

1 (c)	2 (c)	3 (a)	4 (a)
5 (c)	6 (d)	7 (c)	8 (b)

우사인 볼트는 1986년 8월 21일에 자메이카의 트렐로니에서 태어났다. 아버지인 웰즐리 볼트는 전직 크리켓 선수였으며, 어머니인 제니퍼 볼트는 간호사로 일했다. 볼트는 어릴 때부터 훌륭한 스피드와 운동 능력을 보였으며, 10살 때 처음으로 학교 경주 대회에서 우승했다. 볼트는 지속적으로 지역 내 여러 대회에서 우위를 보였으며, 15살 때쯤, 자메이카 스포츠 협회에서 훈련할 수 있는 장학금을 제공받았다. 이 장학금은 볼트에게 금전적 지원뿐만 아니라 최고 수준의 훈련 시설 및 코치들에 대한 이용 자격도 제공해 주었다.

어휘 former 전직 ~의, 이전의, 과거의 cricketer 크리켓 선수 athleticism 운동 능력 continue to V 지속적으로 ~하다 regional 지역의, 지방의 dominate 우위를 보이다, 지배하다 competition (경기) 대회 offer A B A에게 B를 제공하다 scholarship 장학금 provide A with B A에게 B를 제공하다 financial 금전적인, 재정적인 as well as ~뿐만 아니라 …도 access to ~에 대한 이용 (자격), ~에 대한 접근 (권한) top-notch 최고 수준의 facility 시설(물)

1. 왜 우사인 볼트에게 자메이카 스포츠 협회에서 훈련하는 장학금이 제공되었을 것 같은가?
(a) 볼트의 부모님이 그 협회에 압력을 넣었기 때문에
(b) 그 협회가 자선을 베풀려는 목적을 갖고 있었기 때문에
(c) 볼트가 지닌 운동선수로서의 잠재력을 알아봤기 때문에
(d) 볼트의 건강을 걱정했기 때문에

해설 볼트가 10살 때 처음 경주 대회에서 우승한 뒤로 지속적으로 여러 대회에서 우위를 보인(Bolt continued to dominate in regional competitions) 상황에서 해당 장학금이 제공된 사실이 제시되어 있다. 이는 어린 선수가 지닌 잠재력을 발전시키기 위해 제공된 혜택으로 볼 수 있으므로 (c)가 정답이다.

어휘 put pressure on ~에 압력을 넣다 charitable 자선을 베푸는, 자선의 motive 목적, 동기 recognize ~을 알아보다, ~을 인식하다 potential 잠재력 athlete 운동선수 be worried about ~을 걱정하다 well-being 건강, 행복

존슨 씨가 1977년에 은퇴했을 때, 공익을 위해 자연의 아름다움과 유산을 보존하는 기관인 환경 보존 협회에 2,000 에이커가 넘는 자신의 토지를 기증했다. 이 토지는 여러 등산로와 작은 호수를 포함하고 있었으며, 오늘날 존슨 공원이라고 알려져 있는 곳으로서 야외 활동 애호가들에게 인기 있는 목적지이다. 일부 구역은 유산 가치로 인해 보호되고 있다. 존슨 씨의 너그러움으로 인해 일반인들이 그 야외 공간의 아름다움을 즐기고 자연을 감상할 수 있게 되었다.

어휘 retire 은퇴하다 donate ~을 기증하다, ~을 기부하다 organization 기관, 단체 preserve ~을 보존하다 heritage 유산 public benefit 공익 include ~을 포함하다 be known as ~로 알려지다 destination 목적지, 도착지 enthusiast 애호가, 열성적인 팬 protect ~을 보호하다 value 가치 generosity 너그러움, 관대함 enable 가능하게 하다 the public 일반인들 appreciate ~을 감상하다, ~의 진가를 알아보다

2. 환경 보존 협회에서 존슨 씨가 기증한 것으로 무엇을 했을 것 같은가?
(a) 상업적 가치를 위해 해당 토지를 보존했다.
(b) 공공 기반 시설 및 주택을 건설했다.
(c) 자연 보호 구역을 설립했다.
(d) 민간 투자자들에게 해당 토지를 매각했다.

해설 존슨 씨가 기증한 토지의 일부 구역들이 유산 가치로 인해 보호되고 있다는(Some areas are protected for their heritage value) 말이 쓰여 있어 보호 구역으로 지정되었음을 알 수 있으므로 (c)가 정답이다.

오답분석 (a) 해당 토지를 보존한(preserved) 사실은 맞지만 상업적인 가치(commercial value)를 위한 것이 아닌 유산적인 가치(heritage value)를 위한 것이었으므로 오답이다.

어휘 **contribution** 기증(한 것) **commercial** 상업적인 **infrastructure** (사회) 기반 시설 **establish** ~을 설립하다. ~을 확립하다 **nature reserve** 자연 보호 구역 **private** 민간의, 개인의, 사적인 **investor** 투자자

플랜더스 지역은 중세 시대에 인기 있는 해안 지역으로 자리 잡게 되었다. 이 지역은 강력한 힘을 지닌 군주들에 의해 통치되었으며, 경제 번영의 중심지였다. 많은 사람들이 비옥한 토지와 더불어 플랜더스 만과의 근접성으로 인해 플랜더스 지역으로 이끌리게 되면서, 그 지역이 문화적으로 풍요로우면서 번영하는 사회로서 자리 잡게 해 주었다.

어휘 **region** 지역, 지방 **establish A as B** A를 B로서 자리 잡게 해 주다. A를 B로 확립시키다 **coastal** 해안의 **rule** ~을 통치하다 **monarch** 군주 **thriving** 번영하는(= prosperous) **economy** 경제 **be drawn to** ~로 이끌리게 되다 **due to** ~로 인해, ~ 때문에 **proximity** 근접성, 가까움 **bay** (해안 지역의) 만 **along with** ~와 더불어, ~와 함께 **fertile** 비옥한 **prosperous** 번영하는, 번성하는

3. 무엇 때문에 중세 시대에 사람들이 플랜더스 지역으로 이끌렸을 것 같은가?
(a) 중요한 천연 자원을 이용할 수 있었기 때문에
(b) 강력한 통치자들이 소유하고 있었기 때문에
(c) 문화적으로 번영하고 있었기 때문에
(d) 상당한 규모의 토지가 있었기 때문에

해설 많은 사람들이 플랜더스 지역으로 이끌리게 된 이유로 비옥한 토지 및 플랜더스 만과의 근접성이(due to its proximity to the Bay of Flanders along with fertile land) 언급되어 있다. 이는 비옥한 토지와 플랜더스 만을 이용할 수 있다는 뜻인데, 그러한 천연 자원을 이용할 수 있다는 말과 같으므로 (a)가 정답이다.

오답분석 (c) 문화적으로 풍요로운 사회(culturally rich society)를 만들었다는 내용은 있지만, 이는 사람들을 플랜더스 지역으로 끌어들인 이유로 언급된 것이 아니므로 오답이다.

어휘 **attract** ~을 끌어들이다 **have access to** ~을 이용할 수 있다, ~에 접근할 수 있다 **natural resources** 천연 자원 **own** ~을 소유하다 **considerable** 상당한, 많은

피사의 사탑은 이탈리아의 도시 피사에 있는 중세 시대 건축물이다. 이 탑은 1173년에서 1372년 사이에 로마네스크 건축 양식으로 지어졌다. 하지만 이 구조물은 아래쪽의 연약한 지반으로 인해 건축 중에 기울어지기 시작했다. 14세기에 있었던 지진도 그 기울어짐의 원인이었던 것으로 여겨지고 있다. 1990년대에, 토대를 강화하고 탑의 높이 솟은 끝에 납 균형추들을 설치하기 위해 대대적인 복구 활동이 시작되었다. 이 탑은 어느 정도 똑바르게 되었으며, 현재는 굳건하게 서 있다.

어휘 **medieval** 중세의 **architectural style** 건축 양식 **structure** 구조(물) **lean** v. 기울다 n. 기울어짐 **due to** ~로 인해, ~때문에 **contribute to** ~에 대한 원인이다, ~에 기여하다, ~에 도움이 되다 **restoration** 복구, 복원 **effort** 활동, 노력, 수고 **undertake** ~을 시작하다, ~에 착수하다 **reinforce** ~을 강화하다 **foundation** 토대 **install** ~을 설치하다 **lead** 납 **counterweight** 균형추, 균형을 잡아주는 것 **raised** (주변보다) 높은, 높아진 **straighten** ~을 똑바르게 하다 **to some degree** 어느 정도 **stand firm** 굳건하게 서 있다

4. 피사의 사탑은 왜 현재까지 계속 존재하고 있는 것 같은가?
(a) 자연 재해를 더 잘 견딜 수 있도록 복구되었기 때문에
(b) 더 안전한 작업 조건으로 복구되었기 때문에
(c) 더 숙련된 기술자들에 의해 복구되었기 때문에
(d) 해외에서 들여온 자재로 복구되었기 때문에

해설 피사의 사탑이 기울어지기 시작한 원인으로 연약한 지반과(due to the soft ground underneath) 14세기에 있었던 지진을(an earthquake in the 14th century) 언급하면서 대대적인 복구 활동이 시작된 사실이 쓰여 있다. 따라서 지반 및 지진 관련 문제를 해결하기 위해 복구 작업을 시작한 것으로 볼 수 있는데, 이는 자연 재해를 잘 견디게 만들기 위한 조치에 해당되므로 (a)가 정답이다.

Paraphrasing earthquake 지진 → natural disasters 자연 재해

어휘 restore ~을 복구하다, ~을 복원하다 resist ~을 견디다 disaster 재해, 재난 skilled 숙련된, 능숙한 material 자재, 재료, 물품 from abroad 해외로부터

> 케이폭 나무는 기후가 일 년 내내 습한 중미 및 남미 지역이 원산지인 열대 나무이다. 이 나무는 습기가 많은 토양을 선호하기 때문에 강둑이나 습지에서 흔히 발견된다. 이 나무는 사람들에게 많은 혜택을 제공하며, 그 중 하나는 높이가 200피트에 달하는 다 자란 나무에 의해 제공되는 그늘이다. 게다가, 이 나무는 고유의 면직물 같은 섬유질을 지니고 있어서 의류와 가방 제조 같은 다양한 상업적 목적에 쓰이고 있다.

어휘 tropical 열대의 native to ~가 원산지인, ~ 태생의 humid 습한 riverbank 강둑, 강기슭 wetland 습지 prefer ~을 선호하다 soil 토양 moisture 습기 benefit 혜택, 이득 shade 그늘 full-grown 완전히 자란 reach up to (높이, 길이 등이) ~에 달하다, ~에 이르다 in addition 게다가, 추가로 unique 고유의, 독특한 cotton-like 면직물 같은 fiber 섬유(질) commercial 상업적인

5. 케이폭 나무는 어떤 종류의 환경을 선호할 것 같은가?
(a) 풍부한 토양이 있는 지역
(b) 나무가 인간에 의해 관리 받는 지역
(c) 강우량이 많은 따뜻한 기후
(d) 많은 그늘이 필요한 더운 기후

해설 케이폭 나무가 일 년 내내 습한 중미 및 남미 지역이 원산지인 열대 나무라는(a tropical tree native to Central and South America, where the climate is humid throughout the year) 말이 쓰여 있는 것으로 볼 때, 비가 많이 내리는 더운 지역에서 잘 자라는 것으로 생각할 수 있으므로 (c)가 정답이다.

오답분석 (d) 그늘(shade)과 관련된 언급은 있지만 이는 나무가 선호하는 환경이 아닌 나무가 인간에게 주는 혜택에 관한 내용이므로 오답이다.

어휘 look after ~을 관리하다, ~을 돌보다 rainfall 강우(량) abundant 많은, 풍부한

> 물병 하나에 들어가는 물삿갓벌레의 양이 그 물의 순도에 대한 신뢰할 만한 지표의 역할을 할 수 있다. 이 수생 곤충은 맑고 산소가 가득한 물에서 번성하기 때문에, 이 곤충의 부재가 수질의 척도로 이용된다.

어휘 serve as ~의 역할을 하다 reliable 신뢰할 만한 indicator 지표, 표시 purity 순도, 깨끗함 aquatic insect 수생 곤충 prosper 번성하다 oxygen-charged 산소가 가득한 absence 부재, 없음 measure 척도, 기준 quality 질, 품질

6. 물삿갓벌레의 존재는 무엇을 가리키는 것 같은가?
(a) 물의 산소 수준이 낮다.
(b) 물이 다른 생물체에게 부적합하다.
(c) 물이 부인할 여지없이 오염되어 있다.
(d) 물이 오염되지 않은 상태이다.

해설 물삿갓벌레가 맑고 산소가 가득한 물에서 번성한다는 (these aquatic insects prosper in clean, oxygen-charged water) 말이 쓰여 있어, 이 곤충이 사는 물은 오염되지 않은 깨끗한 상태인 것으로 판단할 수 있으므로 (d)가 정답이다.

Paraphrasing clean, oxygen-charged 맑고 산소가 가득한 → not contaminated 오염되지 않은

어휘 unsuitable 부적합한, 알맞지 않은 organism 생물(체) undeniably 부인할 여지없이 pollute ~을 오염시키다(= contaminate)

> 사슴벌레는 수컷과 암컷 사이에서 뚜렷이 다른 외양 차이를 보인다. 둘 모두 먹을 것을 물고 자르는 데 이용되는 턱뼈인 하악골을 지니고 있기는 하지만, 수컷은 짝짓기 기간 중에 우위를 확고히 하기 위한 싸움에 필요한 더 크고 곡선형의 하악골을 지니고 있다. 암컷은 더 작고 곧은 하악골을 보이는데, 알을 낳을 준비를 하기 위해 땅을 파는 데 필요한 기능을 한다.

어휘 exhibit (특징, 감정 등) ~을 보이다, ~을 드러내다 distinct 뚜렷이 다른 appearance 외양, 외모 mandible 하악골, 아래턱뼈 jaw bone 턱뼈 curved 곡선의, 굽은 combat 싸움, 전투 mating 짝짓기 assert ~을 확고히 하다, ~을 주장하다 dominance 우위, 지배 functional 기능하는 dig 파다, 파헤치다 soil 땅, 토양 prepare for ~을 준비하다 lay eggs 알을 낳다

7. 기사 내용에 따르면, 암컷 사슴벌레는 왜 더 작고 곧은 하악골을 지니고 있는 것 같은가?
(a) 새끼를 땅으로 옮기고 싶어 하기 때문에
(b) 수컷이 먹이를 제공하게 하는 것을 선호하기 때문에
(c) 번식에 필요한 보금자리를 마련해야 하기 때문에
(d) 새끼들을 보호하고 싶어 하기 때문에

[해설] 암컷이 지닌 더 작고 곧은 형태의 하악골이 알을 낳을 준비를 하기 위한 땅을 파는 데 필요한 기능을 한다고(Females exhibit smaller and straight mandibles which are functional for digging in soil to prepare for laying eggs) 설명하고 있다. 이는 번식 및 보금자리 마련과 관련된 기능을 뜻하므로 (c)가 정답이다.

[Paraphrasing] laying eggs 알을 낳는 것 → reproduction 번식

[어휘] carry ~을 옮기다, ~을 나르다 offspring 새끼, 자손 prefer to V ~하는 것을 선호하다 have A + 동사원형 A에게 ~하게 하다 nest 보금자리, 둥지 reproduction 번식

레이첼 스미스 씨께,
저는 마인드풀 무브먼트 스튜디오의 필라테스 강사로서의 제 역할에서 물러날 예정이라는 사실을 알려 드리고 싶었습니다. 귀하와 함께 하면서, 귀하의 피트니스 목표를 달성하고 전반적인 건강을 향상시키도록 도움을 드리게 되어 기뻤습니다. 새로운 담당 강사이신 에밀리 씨께서 귀하에게 훌륭한 지원을 제공해 주실 것이라고 보장해 드리는데, 이는 제가 직접 이분을 개인적으로 교육했기 때문입니다. 향후의 세션을 위해 주저하지 마시고 이분께 연락하시기 바랍니다.
안녕히 계십시오.
수잔 가드너

[어휘] let A know that A에게 ~라고 알리다 step away from ~에서 물러나다 instructor 강사 help A + 동사원형 ~하도록 A를 돕다 achieve ~을 달성하다, ~을 성취하다 improve ~을 향상시키다, ~을 개선하다 overall 전반적인 well-being 건강, 행복 assure A that A에게 ~임을 보장하다, A에게 ~임을 장담하다 provide A with B A에게 B를 제공하다 support 지원, 지지, 후원 train ~을 교육하다 oneself (부사처럼 쓰여) 직접 hesitate to V ~하기를 주저하다 reach out to ~에게 연락하다 session (특정 활동을 위한) 시간

8. 에밀리 씨가 고객들에게 훌륭한 지원을 제공할 것이라고 수잔 씨가 생각하는 이유는 무엇일 것 같은가?
(a) 적절한 자격증을 취득했기 때문에

(b) 자신과 동일한 수업 방식을 활용하기 때문에
(c) 그 분야에서 오랫동안 일해 왔기 때문에
(d) 고객들에게 더욱 세심하게 대하기 때문에

[해설] 에밀리 씨가 훌륭한 지원을 제공해 줄 것이라고 말하면서 수잔 씨 자신이 직접 에밀리 씨를 교육한 사실을(I have personally trained her myself) 이유로 언급하고 있다. 따라서 수잔 씨가 그동안 해 온 것과 동일한 수업 방식을 에밀리 씨가 배워 활용할 것으로 볼 수 있으므로 (b)가 정답이다.

[오답분석] (a) 수잔 씨의 교육을 통해 에밀리 씨가 필요한 기술을 습득했을 것이라는 사실은 유추 가능하지만 여러 자격증들(certificates)을 취득했는지 여부는 전혀 알 수 없으므로 오답이다.

[어휘] acquire ~을 얻다, ~을 획득하다 appropriate 적절한, 알맞은 certificate 자격증, 수료증 field 분야 attentive to ~에게 세심한, ~에게 주의를 기울이는

5

동의어 문제

1 (c)	2 (d)	3 (a)	4 (b)
5 (b)	6 (a)	7 (d)	8 (d)
9 (d)	10 (c)	11 (c)	12 (b)
13 (c)	14 (b)	15 (d)	16 (b)

> 교육의 중요성을 인식한, 마크는 서비스 취약 지역의 학생들을 가르치고 능력을 갖춰 주는 데 평생을 바치는 의식적인 선택을 했다.

1. 해당 단락의 문맥에서 dedicate이 의미하는 것은 무엇인가?
(a) 배정하다, 할당하다
(b) (시간, 금전적으로) 감당하다, ~에 대한 여유가 있다
(c) 헌신하다, 전념하다
(d) 늘리다, 펴다, 뻗다

[해설] dedicate 뒤에 자신의 삶을 가리키는 his life와 '서비스 취약 지역의 학생들을 가르치고 능력을 갖춰주는 일'을 뜻하는 to 전치사구가 쓰여 있다. 따라서 dedicate 이하 부분이 '~하는 데 평생을 바치다'와 같은 의미가 구성되어야 가장 자연스러운데, 자신의 삶을 바치는 일은 그만큼 헌신하는 것과 같으므로 '헌신하다' 등을 뜻하는 (c) commit이 정답이다.

[어휘] **recognize** ~을 인식하다, ~을 알아보다 **make a choice** 선택하다 **conscious** 의식적인, 의식하고 있는 **dedicate A to ~** A를 ~하는 데 바치다. A를 ~하는 데 헌신하다 **empower** ~에게 능력을 주다, ~에게 권한을 주다 **underserved community** 서비스 취약 지역, 빈민 지역

> 샌드라가 주연을 맡아 최고의 연기를 선보이면서, 흠잡을 데 없는 연기력으로 시청자들을 사로잡았다.

2. 해당 단락의 문맥에서 prime이 의미하는 것은 무엇인가?
(a) 최근의
(b) 새로운
(c) 전형적인, 일반적인
(d) 훌륭한, 아주 좋은

[해설] 형용사 prime은 바로 뒤에 위치한 명사구 performance in the lead role을 수식해 주연으로서 어떤 연기를 선보였는지를 나타낸다. 그 뒤에 흠잡을 데 없는 연기력으로 시청자들을 사로잡았다는 말이 쓰여 있어 아주 뛰어난 연기를 한 것으로 생각할 수 있으므로 '훌륭한' 등을 뜻하는 (d) great이 정답이다.

[어휘] **deliver** (연설 등) ~을 하다, ~을 전달하다 **prime** 최고의, 주요한, 제1의 **performance** 연기, 공연, 능력, 성능, 성과 **lead role** 주연 **captivate** ~을 사로잡다 **audience** 시청자들, 관객들, 청중 **impeccable** 흠 잡을 데 없는

> 어려운 상황에 직면했음에도 불구하고, 마리 퀴리의 방사능에 관한 획기적인 연구는 과학 분야에서 중요한 발전으로 이어지는 기틀을 마련해 주었다.

3. 해당 단락의 문맥에서 challenging이 의미하는 것은 무엇인가?
(a) 힘든, 어려운
(b) 싸우는, 전투의
(c) 용감한
(d) 주저하는, 망설이는

[해설] 마리 퀴리의 훌륭한 연구 결과 및 그에 따른 의의를 말하는 내용이 쓰여 있는 것으로 볼 때, '~에도 불구하고'라는 뜻으로 그와 대비되는 의미를 나타내는 Despite 전치사구에 속한 challenging circumstances는 부정적인 상황이나 사정 등을 가리키는 것으로 판단할 수 있다. 따라서 challenging이 '어려운, 힘든' 등을 나타내는 것으로 생각할 수 있으므로 동일한 의미로 쓰이는 형용사 (a) difficult가 정답이다.

[어휘] **face** v. ~에 직면하다 **challenging** 어려운, 힘든 **circumstance** 상황, 사정, 환경 **groundbreaking** 획기적인 **radioactivity** 방사능 **pave the way for** ~을 위한 기틀을 마련하다, ~을 위한 토대를 닦다 **significant** 중요한, 상당한 **advancement** 발전, 진보 **field** 분야

> 마하트마 간디의 비폭력 저항에 대한 변함없는 헌신은 그의 삶 전체에 걸쳐 지속되었으며, 영국 식민 통치로부터의 독립을 위한 인도의 투쟁에 있어 중요한 역할을 했다.

4. 해당 단락의 문맥에서 persisted가 의미하는 것은 무엇인가?

(a) 재개되었다, 갱신되었다

(b) 계속되었다, 지속되었다

(c) 증가되었다, 늘어났다

(d) 전달했다, 옮겼다

[해설] persisted 앞에는 '비폭력 저항에 대한 변함없는 헌신'을 뜻하는 명사구 주어가, 뒤에는 '그의 삶 전체에 걸쳐'를 뜻하는 throughout 전치사구가 각각 쓰여 있다. 따라서 그러한 헌신이 평생 이어졌다는 의미로 생각할 수 있으므로 '계속되다, 지속되다'를 뜻하는 동사 continue의 과거형 (b) continued가 정답이다.

[어휘] unwavering 변함없는, 확고한 commitment 헌신, 전념, 약속 nonviolent 비폭력의 resistance 저항, 반대 persist 지속되다, 계속되다 play a significant role in ~에 있어 중요한 역할을 하다 struggle 투쟁, 발버둥, 몸부림 independence 독립 colonial 식민의, 식민지 시대의 rule 통치

> 1945년에 있었던 유엔의 설립은 외교와 대화를 통해 국제 협력을 공고히 하고 향후 세계의 갈등을 예방하는 것을 목표로 삼았다.

5. 해당 단락의 문맥에서 cement가 의미하는 것은 무엇인가?

(a) 감독하다, 지휘하다, 연출하다, (길을) 안내하다

(b) 강화하다, 더 튼튼하게 하다

(c) 부착하다, 첨부하다

(d) 연합하다, 통합하다

[해설] cement international cooperation은 유엔의 설립 목표 중 하나로서 국제 협력 관계의 긍정적인 변화와 관련된 의미를 나타내야 한다. 따라서 국제 협력의 촉진이나 발전 등과 관련된 의미가 구성되어야 자연스러운데, 이는 그러한 협력 관계를 강화하는 일에 해당되므로 '강화하다' 등을 뜻하는 (b) strengthen이 정답이다.

[어휘] establishment 설립, 확립 aim to V ~하는 것을 목표로 삼다 cement ~을 공고히 하다, ~을 강화하다 cooperation 협력, 협조 prevent ~을 예방하다, ~을 막다 conflict 갈등, 충돌 diplomacy 외교

> 그 젊은 미술가의 그림들은 빈센트 반 고흐의 생동감 있고 표현적인 붓질을 연상시켰는데, 그녀가 그의 예술적 천재성을 모방하려 했기 때문이었다.

6. 해당 단락의 문맥에서 emulate이 의미하는 것은 무엇인가?

(a) 모방하다, 흉내 내다

(b) 말하다, 진술하다

(c) 장려하다, 권장하다

(d) 도전하다, 이의를 제기하다

[해설] 빈센트 반 고흐의 그림을 연상시킨다는 말이 쓰여 있는 것으로 볼 때, 고흐와 비슷한 예술적 능력을 보이려 한 것으로 생각할 수 있다. 이는 모방하는 행위에 해당되므로 '모방하다, 흉내 내다'를 뜻하는 (a) imitate이 정답이다.

[어휘] reminiscent of ~을 연상시키는 vibrant 생동감 있는, 활기찬 expressive 표현적인 brushstroke 붓질, 붓 놀림 seek to V ~하려 하다, ~하기를 추구하다 emulate ~을 모방하다

> 테레사 수녀의 인도주의적인 노력은 최빈곤층 사람들에게 봉사하고 무수한 사람들의 삶에 희망을 전해 주었던 이타적인 헌신으로 찬사를 받았다.

7. 해당 단락의 문맥에서 lauded가 의미하는 것은 무엇인가?

(a) 선호된, 우선시된

(b) 비난된, 비판된

(c) 바라는, 희망하는

(d) 칭찬받은, 찬사를 받은

[해설] 문장의 동사 were lauded 앞에는 테레사 수녀의 인도주의적인 노력을 뜻하는 주어가, 뒤에는 그녀의 이타적인 헌신을 뜻하는 내용이 각각 쓰여 있다. 따라서 테레사 수녀가 그러한 헌신에 대해 '찬사나 존경, 훌륭한 평가 등을 받았다'와 같은 의미가 구성되어야 자연스러우므로 '찬사를 보내다, 칭찬하다'를 뜻하는 (d) praise의 과거분사형 (d) praised가 정답이다.

[어휘] humanitarian 인도주의적인 effort 노력, 활동 laud ~에 찬사를 보내다, ~을 칭찬하다 selfless 이타적인 dedication 헌신, 전념 serve ~에게 봉사하다 the poorest of the poor 최빈곤층 사람들 countless 무수한, 수없이 많은

> 자신의 경력 전체에 걸쳐, 아가사 크리스티는 다작으로 작품을 집필해 지금까지도 지속적으로 독자들을 사로잡는 수많은 베스트셀러 미스터리 소설을 만들어냈다.

8. 해당 단락의 문맥에서 prolifically가 의미하는 것은 무엇인가?

(a) 믿을 수 있게, 확실히
(b) 자신 있게, 확신을 갖고
(c) 철저히, 꼼꼼히, 완전히
(d) 자주, 빈번히

해설 부사 prolifically는 바로 앞에 위치한 동사 wrote을 수식해 아가사 크리스티가 글을 쓴 방식과 관련된 의미를 나타낸다. 지금까지도 독자들을 사로잡는 수많은 베스트셀러 소설을 만들어냈다는 말이 쓰여 있어 다수의 작품을 집필한 것으로 볼 수 있는데, 이는 자주 소설을 집필한 것과 같으므로 '자주' 등을 뜻하는 (d) frequently가 정답이다.

어휘 prolifically 다작으로, 많이 produce ~을 만들어내다, ~을 생산하다 numerous 수많은, 다수의 continue to V 지속적으로 ~하다 captivate ~을 사로잡다 to this day 지금까지, 오늘날까지

> 인도의 타지마할이 지닌 정교한 건축 양식은 수없이 많은 장인과 건축가들, 그리고 인부들의 우수한 기술과 세심한 장인 정신에 대한 증거이다.

9. 해당 단락의 문맥에서 elaborate이 의미하는 것은 무엇인가?

(a) 견고한, 튼튼한
(b) 존재하는, 참석한, 현재의
(c) 우아한, 품격 있는
(d) 복잡한

해설 elaborate은 명사구 architecture of the Taj Mahal을 수식해 그 건축 양식의 특징과 관련된 의미를 나타낸다. 수없이 많은 장인과 건축가들, 그리고 인부들의 우수한 기술과 세심한 장인 정신에 대한 증거라는 말이 뒤에 이어져 있는데, 많은 사람들이 합심하면 그만큼 정교하게 건축물을 만들 수 있고, 이는 복잡한 건축 양식과 같은 의미로 생각할 수 있으므로 '복잡한'을 뜻하는 (d) complex가 정답이다.

어휘 elaborate 정교한 architecture 건축 (양식) testament 증거 exceptional 우수한, 특출한 skill 기술, 능력 meticulous 세심한, 꼼꼼한 craftsmanship 장인 정

신, 훌륭한 솜씨 artisan 장인 architect 건축가 laborer 인부, 노동자

> 봄이 찾아오면, 체리 나무가 꽃봉오리의 겨울 외투를 벗어 던지면서, 주위에 아름다움과 향기를 가져다주는 섬세한 꽃들을 드러낸다.

10. 해당 단락의 문맥에서 sheds가 의미하는 것은 무엇인가?

(a) 보여주다, 나타내다
(b) 나르다, 옮기다, 휴대하다
(c) 잃다, 상실하다
(d) 닫다, 폐쇄하다, 끝내다

해설 revealing이 이끄는 내용에 아름다움과 향기를 전하는 섬세한 꽃들을 드러낸다는 말이 쓰여 있어 sheds its winter coat of buds가 '꽃봉오리의 겨울 외투를 벗다'와 같은 비유적인 의미로 꽃봉오리가 피어나는 모습을 나타낸다는 것을 알 수 있다. 여기서 꽃봉오리의 겨울 외투는 겉껍질 부분을 가리키는데, 그 외투를 벗는 것은 겉껍질 부분을 잃게 되는 것과 같으므로 '잃다' 등을 뜻하는 (c) loses가 정답이다.

어휘 arrive (때가) 찾아오다, 도래하다 shed (잎, 옷 등) ~을 벗다, ~을 없애다, ~을 떨어뜨리다 reveal ~을 드러내다, ~을 밝혀내다 delicate 여린, 연약한, 섬세한, 정교한 blossom 꽃, 개화 fragrance 향기, 향 surroundings 주위, 주변 (환경)

> 그 치료제의 효과성은 환자들 사이에서 엇갈리는 결과를 낳았는데, 일부는 증상 완화를 알린 반면, 다른 이들은 개선 효과를 거의 경험하지 못하다시피 했다.

11. 해당 단락의 문맥에서 mixed가 의미하는 것은 무엇인가?

(a) 조합된, 결합된
(b) 공동의, 합동의
(c) 일관성 없는, 모순된
(d) 논리적인, 타당한

해설 문장 중간에 위치한 콤마 뒤에 일부는 증상 완화를 알린 반면에 다른 사람들은 개선을 거의 경험하지 못한 사실을 말하는 with 전치사구가 쓰여 있다. 따라서 mixed results가 이렇게 서로 상반되는 결과를 나타내는 것으로 생각할 수 있는데, 이는 일관되지 못한 결과와 같은 의미에 해당되는 것으로 볼 수 있으므로 '일관성 없는' 등을 뜻하는 (c) inconsistent가 정답이다.

어휘 effectiveness 효과(성) treatment 치료(제), 처치 mixed 엇갈리는, 뒤섞인, 혼합된 result 결과(물) patient 환

자 **with A -ing** A가 ~하면서, A가 ~하는 채로 **symptom** 증상 **relief** 완화, 안도(감) **while** ~인 반면, ~하는 동안 **experience** ~을 경험하다, ~을 겪다 **little to no** 거의 ~하지 못하는 **improvement** 개선, 향상

> 그 식료품점은 건강에 좋은 식품 선택에 대한 수요 증가를 충족하기 위해 새로운 유기농 농산물 제품 라인을 갖춰 놓기로 결정했다.

12. 해당 단락의 문맥에서 stock이 의미하는 것은 무엇인가?
(a) 싣다, 적재하다
(b) 취급하다, 갖추고 있다
(c) 저축하다, 절약하다, 아끼다
(d) 덮다, 다루다, 보도하다

[해설] to 부정사 to meet 이하 부분에 언급된 '건강에 더 좋은 식품 선택에 대한 수요 증가를 충족하기 위해'라는 목적을 달성하려면 새로운 유기농 농산물 제품 라인(the organic produce line)을 판매해야 한다. 이는 식료품점에서 그러한 제품을 갖추고 있어야 가능한 일이므로 '~을 갖추다'와 유사한 의미를 지닌 동사로서 '(상점이) ~을 취급하다' 등을 뜻하는 (b) carry가 정답이다.

[어휘] **grocery store** 식료품점 **decide to V** ~하기로 결정하다 **stock** (재고로) ~을 갖춰 놓다, ~을 채워 놓다 **produce** n. 농산물 **meet** (조건, 요구 등) ~을 충족하다 **increasing** 증가하는, 늘어나는 **demand** 수요, 요구

> 시청 회의 시간 중에, 지역 사회 구성원들은 제안된 개발 프로젝트와 관련된 각자의 우려 사항을 제기할 기회를 얻었다.

13. 해당 단락의 문맥에서 raise가 의미하는 것은 무엇인가?
(a) 들어 올리다, 끌어올리다
(b) 증가시키다, 늘리다, 인상하다
(c) 공유하다, 나누다, 함께 하다
(d) 처리하다, 다루다, 연설하다

[해설] raise는 시청에서 열린 회의에서 지역 사회 구성원들이 우려 사항과 관련하여 할 수 있는 일을 가리켜야 하므로 '제기하다, 말하다' 등을 의미하는 것으로 볼 수 있다. 이는 특정 문제와 관련된 발언을 통해 서로 정보를 공유하는 일과 같으므로 '공유하다' 등을 뜻하는 (c) share가 정답이다.

[어휘] **community** 지역 사회, 지역 공동체 **have the**

opportunity to V ~할 수 있는 기회를 얻다 **raise** (문제 등) ~을 제기하다, ~을 언급하다, (사물) ~을 들어올리다, (자금 등) ~을 모으다, (아이 등) ~을 키우다 **concern** 우려, 걱정 **proposed** 제안된 **development** 개발, 발전

> 1776년의 어느 맑게 갠 밤에 조지 워싱턴과 그의 부대는 미국 독립 전쟁 중에 영국군에 대한 기습 공격을 시작하기 위해 얼어붙은 델라웨어 강을 건너 유명해졌다.

14. 해당 단락의 문맥에서 clear가 의미하는 것은 무엇인가?
(a) 분명한, 소박한, 무늬 없는, 보통의
(b) 맑은, 구름 한 점 없는
(c) 깨끗한, 깔끔한
(d) 특별한, 특수한

[해설] 조지 워싱턴의 부대가 기습 공격을 시작하기 위해 델라웨어 강을 건넜다는 말이 쓰여 있어 clear night이 기습 공격을 위한 신속한 이동을 가능하게 하는 기상 상태를 나타낸다는 것을 알 수 있다. 따라서 시야 확보가 용이한 '맑은 밤'을 의미하는 것으로 볼 수 있으므로 '맑은, 구름 한 점 없는'을 뜻하는 (b) cloudless가 정답이다.

[어휘] **troop** 부대, 군대, 병력 **famously** 유명하게 **cross** ~을 건너다, ~을 가로지르다 **launch** ~을 시작하다, ~에 착수하다 **surprise attack** 기습 공격

> 그 패션 디자이너는 네온 색상과 관습에 얽매이지 않는 조합들을 특징으로 하는 화려한 의상 컬렉션을 선보이면서, 시각적으로 두드러진 런웨이 쇼를 만들어냈다.

15. 해당 단락의 문맥에서 garish가 의미하는 것은 무엇인가?
(a) 망가진, 고장 난, 깨진
(b) 싼, 저렴한
(c) 현대의, 현대적인
(d) 밝은, 선명한, 빛나는

[해설] garish outfits를 뒤에서 수식하는 분사 featuring 이하 부분에 네온 색상이 특징이라는 말과 함께 시각적으로 두드러진 쇼를 만들어냈다는 말이 쓰여 있다. 따라서 '의상'을 뜻하는 outfits을 수식하는 garish가 화려하거나 시각적으로 자극적인 상태를 나타내는 것으로 생각할 수 있으므로 유사한 의미를 지닌 형용사로서 '밝은, 선명한' 등을 뜻하는 (d) bright이 정답이다.

[어휘] **showcase** ~을 선보이다 **garish** 화려한, 원색적인, 밝은 **outfit** 의상, 옷 **feature** ~을 특징으로 하다

unconventional 관습에 얽매이지 않는 **combination**
조합, 결합 **create** ~을 만들어내다 **visually** 시각적으로
striking 두드러진, 주목할 만한, 놀라운

그 노련한 형사는 크게 존경받고 있던 지역 사업가의 불
가사의한 실종 사건을 둘러싼 상황을 설명하기 위해 호
텔의 대연회장에서 기자 회견을 개최했다.

---

16. 해당 단락의 문맥에서 elucidate이 의미하는 것은 무엇인
가?
(a) 고정하다, 지정하다, 바로잡다, 고치다
(b) 명확하게 하다, 분명히 말하다
(c) 끝마치다, 마무리 짓다
(d) 촉진하다, 홍보하다, 승진시키다

[해설] to 부정사 to elucidate은 노련한 형사가 불가사의한 실
종 사건을 둘러싼 상황과 관련해 기자 회견을 개최한 목적을 나
타내며, 기자 회견은 정보 공유를 목적으로 하므로 elucidate이
'말하다, 알리다' 등과 같은 의미를 지닌 것으로 볼 수 있다. 따라
서 유사한 의미를 지닌 동사로서 '명확하게 하다, 분명히 말하다'
등을 뜻하는 (b) clarify가 정답이다.

[어휘] **seasoned** 노련한, 경험 많은 **detective** 형사, 탐
정 **hold** ~을 개최하다 **press conference** 기자 회견
elucidate ~을 설명하다 **situation** 상황 **surrounding**
~을 둘러싼 **mysterious** 불가사의한, 이해할 수 없는
disappearance 실종, 사라짐 **highly regarded** 크게 존경
받는, 높이 평가 받는 **local** 지역의, 현지의

Chapter 2

1

인물의 일대기

| Part 1 | 전략 적용 예시

해석

스티븐 호킹

스티븐 호킹은 블랙홀 및 우주의 기원에 관한 업적으로
가장 잘 알려진 영국 물리학자였다. 그는 또한 베스트셀
러 작가이자 인기 있는 과학 해설 전문가로서, 복잡한 개
념들을 일반 대중이 접근하기 쉽게 만들어 주었다.
호킹은 1942년 1월 8일에 잉글랜드의 옥스포드에서 태
어났다. 그는 일찍이 과학과 수학에 적성을 보였으며, 부
모님께서 과학 도서와 교육용 완구를 사 주는 것으로 그
의 관심을 장려해 주셨다. 그는 17세의 나이에 옥스포드
에 있는 단과 대학에 입학 허가를 받았으며, 그곳에서 물
리학을 공부했다. 호킹은 케임브리지 대학에서 학업을 지
속했는데, 그곳에서 블랙홀 및 우주의 기원에 관한 연구
를 계속했다. 1963년에 그는 희귀 유형의 운동 신경 질환
을 진단받았는데, 이로 인해 휠체어 신세를 지게 되었으
며, 컴퓨터화된 음성 합성 장치의 도움 없이는 말할 수 없
는 상태가 되었다. 그 장애에도 불구하고, 그는 연구를 계
속해 우주에 대한 우리의 이해에 획기적으로 공헌했다.
물리학에 대한 호킹의 가장 중요한 공헌들 중 하나는 블
랙홀에 관한 연구였다. 1970년대에 호킹 복사라는 이론을
제시했는데, 이는 블랙홀이 완전히 검은색이 아니며 방사
선을 방출할 수 있다는 점을 보여주었다. 이 발견은 물리
학의 몇몇 기본 법칙에 이의를 제기하는 것이었으며, 우
주의 작용에 관한 새로운 통찰력으로 이어졌다.
호킹의 인기 있는 과학 저서는 복잡한 개념들을 많은 독
자들이 접근하기 쉽게 만들어 주었다. 베스트셀러 도서인
"시간의 역사"는 복잡한 물리학 및 우주론의 개념들을 매
력적이고 이해하기 쉬운 방식으로 설명해 주었다. 이 도
서는 하나의 문화적 현상이 되었으며, 과거 그 어느 때보
다 더 많은 독자들에게 과학적 개념들을 전해 주었다.
과학적 연구뿐만 아니라, 호킹은 장애인 권리에 대한 열
정적인 옹호자였다. 그는 장애를 지닌 사람들을 위한 교
육 및 의료 서비스의 이용 같은 문제들에 대해서도 공개
적으로 의견을 밝혔으며, 이러한 어려움을 겪고 있는 많
은 사람들에게 영감의 원천으로서 역할을 했다. 신체적
제약에도 불구하고, 그는 2018년에 사망할 때까지 지속
적으로 일하면서 자신의 생각을 전했다.
호킹의 유산은 계속해서 전 세계의 사람들에게 영감을
주고 있다. 블랙홀 및 우주의 기원에 관한 그의 연구는 우

주에 대한 우리의 이해에 아주 큰 영향을 미쳐왔다. 스티븐 호킹은 우리 시대의 가장 위대한 지성인들 중 한 사람으로 기억될 것이며, 과학 및 사회에 대한 그의 공헌은 다가올 여러 세대를 거쳐 계속해서 기념될 것이다.

어휘 physicist 물리학자 origin 기원, 유래 communicator 전달자 complex 복잡한 accessible to ~가 접근할 수 있는, ~가 이용할 수 있는 the general public 일반 대중 aptitude 적성 encourage ~을 장려하다, ~을 권장하다 interest 관심 be admitted to ~에 입학 허가를 받다 physics 물리학 pursue ~을 계속하다, ~을 추구하다 be diagnosed with ~을 진단 받다 rare 희귀한, 드문 motor neuron disease 운동 신경 질환 wheelchair-bound 휠체어 신세를 지는 unable to V ~할 수 없는 aid 도움, 지원 voice synthesizer 음성 합성 장치 disability 장애 make a contribution to ~에 공헌하다, ~에 기여하다 groundbreaking 획기적인 radiation 복사, 방사선 entirely 완전히 emit ~을 방출하다 challenge v. ~에 이의를 제기하다 fundamental 기본적인, 근본적인 lead to ~로 이어지다 insight 통찰력 behavior 작용, 움직임 audience 독자들, 청중, 시청자들 explain ~을 설명하다 cosmology 우주론 in a way that ~하는 방식으로 engaging 매력적인 phenomenon 현상 passionate 열정적인 advocate 지지자, 옹호자 serve as ~로서 역할을 하다 inspiration 영감(을 주는 것) limitation 제약, 제한 legacy 유산 inspire ~에게 영감을 주다 have a profound impact on ~에 아주 큰 영향을 미치다 mind 지성인 celebrate ~을 기념하다, ~을 축하하다

1. 스티븐 호킹은 무엇으로 가장 잘 알려져 있는가?
(a) 인기 있는 공상 과학 소설을 출간한 것
(b) 블랙홀의 존재를 입증한 것
(c) 시간 여행에 대한 새 이론을 제시한 것
(d) 우주가 어떻게 존재하게 되었는지 설명한 것

어휘 demonstrate ~을 입증하다 presence 존재 theory 이론 come into being 존재하게 되다

2. 스티븐 호킹은 자신의 질병으로 인해 어떤 어려움에 직면했는가?
(a) 잘 볼 수 없었다.
(b) 스스로 말할 수 있는 능력을 잃어버렸다.
(c) 오직 짧은 거리만 걸어 다닐 수 있었다.
(d) 더 이상 자신의 연구에 집중할 수 없었다.

어휘 face v. ~에 직면하다 due to ~로 인해, ~ 때문에

medical condition 질병 be unable to V ~할 수 없다 ability to V ~할 수 있는 능력 on one's own 스스로, 혼자 no longer 더 이상 ~ 않다 focus on ~에 집중하다, ~에 초점을 맞추다

3. 호킹은 블랙홀과 관련해 어떤 이론을 제시했는가?
(a) 은하들의 충돌에서 비롯되었다는 점
(b) 물리학의 법칙을 따른다는 점
(c) 일종의 에너지를 방출할 수 있다는 점
(d) 우주의 중심에 존재하고 있다는 점

어휘 collision 충돌 follow ~을 따르다 release ~을 방출하다 exist 존재하다

4. 4번째 단락에 따르면, 호킹의 저서는 어떻게 물리학 분야에 영향을 미쳤는가?
(a) 기존의 물리학 법칙에 이의를 제기했다.
(b) 점성술의 개념을 쉽게 이해할 수 있게 만들어 주었다.
(c) 많은 독자들에게 고급 주제를 제공해 주었다.
(d) 고급 물리학 연구에 필요한 돈을 마련해 주었다.

어휘 impact ~에 영향을 미치다 field 분야 established 기존의, 확실히 자리 잡은 astrology 점성술 present ~을 제공하다, ~을 제시하다 advanced 고급의, 진보한 raise money 돈을 마련하다, 모금하다

5. 과학 연구 외에, 호킹은 다른 어떤 주제에 대해 열정적이었는가?
(a) 신체적 어려움을 지닌 사람들을 지지하는 일
(b) 핵무기의 위협을 없애는 일
(c) 아이들을 위한 교육 비용을 감소시키는 일
(d) 전 세계의 화합과 협력을 촉진하는 일

어휘 advocate for ~을 지지하다 remove ~을 없애다, ~을 제거하다 threat 위협 decrease ~을 감소시키다, ~을 줄이다 promote ~을 촉진하다, ~을 증진하다 cooperation 협력, 협동

| 1단계 | **Paraphrasing 연습**
1. (a) 잡지의 편집장 → 출판을 이끌다
2. (a) 놀라운 피아노 기술을 보여주다 → 숙련된 피아니스트가 되다
3. (b) 충분한 인기를 얻다 → 더 큰 명성을 획득하다
4. (b) ~에 등록하도록 요청받다 → ~에 등록하도록 권유받다
5. (b) 멕시코 대통령의 집 → 매우 중요한 주거지
6. (a) 자선을 위해 시간을 보내다 → 가난하고 궁핍한 사람들을 돕다
7. (c) 견습생 – 실습생

8. (b) 그림을 그리다 - 예술을 창작하다

9. (d) 악마 - 초자연적인 존재

10. (a) 타고난 능력을 지니다 - 재능 있는

| 2단계 | Paraphrasing 연습

1. 제인 파크스는 환경 운동을 발전시키는 데 중요한 역할을 한 유명한 책인 "에코 레볼루션"을 쓴 것으로 가장 잘 알려져 있다.

(a) 제인 파크스는 환경 문제에 대한 인식을 증진시킨 것으로 가장 잘 알려져 있다.

(b) 제인 파크스는 지구에 관한 유명한 소설책을 쓴 것으로 가장 유명하다.

2. 가족의 넓은 농장에서 보낸 그녀의 어린 시절은 자연에 대한 책과 잡지를 읽는 것으로 가득 찼고, 그것은 자연 세계에 대한 그녀의 경이와 감사를 보여주었다.

(a) 어렸을 때 그녀는 책을 읽는데 많은 시간을 보냈고, 이것은 그녀가 환경 운동가로서의 경력을 추구하도록 이끌었다.

(b) 전원적인 환경에서 자라면서, 그녀는 자연에 대한 그녀의 매혹을 반영하는 책에 빠져들었다.

3. 환경오염과 지역 야생동물의 감소 사이의 상관관계를 지적한 오랜 친구의 편지를 읽은 후, 그는 이 책을 구상하는 데 영감을 받았다.

(a) 그는 자연에 관한 다큐멘터리 영화에서 오염이 지역 야생동물에 미치는 영향에 대한 책을 쓴 것에 대한 아이디어를 얻었다.

(b) 오염이 지역 야생동물에 미치는 영향에 대해 글을 쓴다는 생각은 가까운 친구와의 서신 왕래에서 비롯되었다.

연습문제   p.52

1 (c)	2 (c)	3 (b)	4 (a)
5 (c)	6 (b)	7 (a)	8 (d)
9 (c)	10 (c)	11 (c)	12 (b)
13 (d)	14 (d)	15 (c)	16 (c)

마이클 잭슨은 아프리카계 미국인 예술가이자 연예인, 그리고 사업가였다. 그는 자신의 음반 판매 1위 앨범 "스릴러"로 가장 잘 알려져 있으며, 이 앨범은 세계적으로 6,500만 장이 넘게 판매되었다. 그는 문워크와 로봇 춤 같이 잘 알려진 그의 댄스 동작들로 인해 팝의 제왕이라는 칭호를 얻게 되었다.

어휘 **be best known for** ~로 가장 잘 알려져 있다 **around the globe** 세계적으로 **well-known** 잘 알려진 **move** 동작 **A earn B C** A로 인해 B가 C를 얻다

1. 마이클 잭슨은 무엇으로 가장 유명한가?

(a) 전 세계적으로 대중음악 앨범들에 영향을 미친 것

(b) 가장 부유한 음악가들 중의 한 명이 된 것

(c) 세계적으로 성공을 거둔 음악 작품을 발매한 것

(d) 여러 댄스 장면에서 로봇처럼 걸은 것

해설 세계적으로 6,500만 장이 넘게 판매된 "스릴러"라는 음반 판매 1위 앨범으로 가장 잘 알려져 있다는(He is best known for his number one-selling album "Thriller", which sold over 65 million copies around the globe) 말이 쓰여 있는데, 이는 세계적으로 성공한 음악 작품을 의미하므로 (c)가 정답이다.

Paraphrasing sold over 65 million copies around the globe 세계적으로 6,500만 장이 넘게 판매되었다 → a globally successful 세계적으로 성공을 거둔

어휘 **influence** ~에 영향을 미치다 **worldwide** 전 세계적으로, 전 세계에서 **release** ~을 발매하다, ~을 출시하다 **globally** 세계적으로 **work** (음악, 글, 그림 등의) 작품

루이 파스퇴르는 프랑스의 화학자이자 미생물학자로서, 예방 접종과 미생물 발효 분야에서 획기적인 발견을 한 사람이었다. 그의 연구는 질병을 예방하고 이해하는 데 도움을 주었으며, 그의 백신은 수백만 명의 생명을 살린 공을 인정받고 있다. 파스퇴르는 저온 살균법으로 가장 잘 알려져 있는데, 이는 유해 생물체를 제거하기 위해 약한 열로 포장 및 비포장 식품을 처리하는 과정이다.

어휘 **chemist** 화학자 **microbiologist** 미생물학자 **make a discovery** 발견하다 **groundbreaking** 획기적인 **field** 분야 **vaccination** 예방 접종 **microbial** 미생물의, 세균의 **fermentation** 발효 (작용) **prevent** ~을 예방하다, ~을 막다 **disease** 질병 **be credited with** ~에 대한 공을 인정받다 **millions of** 수백만의 **be best known for** ~로 가장 잘 알려져 있다 **pasteurization** 저온 살균(법) **process** n. (처리) 과정 v. ~을 처리하다 **treat** ~을 처리하다, ~을 다루다 **eliminate** ~을 제거하다, ~을 없애다 **harmful** 유해한 **organism** 생물체

2. 루이 파스퇴르는 무엇으로 가장 잘 알려져 있는가?

(a) 여러 질병을 이해하도록 수백만 명의 사람을 도운 것

(b) 포장 식품에 필요한 백신을 발견한 것

(c) 위생을 위해 식품을 가열하는 기술을 고안한 것

(d) 포장 및 비포장 식품 속의 발효를 처리한 것

[해설] 유해 생물체를 제거하기 위해 약한 열로 포장 및 비포장 식품을 처리하는 저온 살균법으로 가장 잘 알려져 있다고(Pasteur is best known for pasteurization, which is a process of treating packaged and non-packaged foods with mild heat to eliminate harmful organisms) 언급되어 있다. 이는 위생을 위해 식품을 가열하는 것을 의미하므로 (c)가 정답이다.

[Paraphrasing] to eliminate harmful organisms 유해 생물체를 제거하기 위해 → for hygiene 위생을 위해

[어휘] discover ~을 발견하다 devise ~을 고안하다, ~을 창안하다 hygiene 위생

줄리어스 시저는 로마의 정치인이자 장군으로서, 로마 공화국 시대에(기원전 509년~27년) 활동했다. 그는 현재의 프랑스를 구성하는 지방인 갈리아에서 펼친 군사 작전으로, 그리고 로마 공화국의 종말과 로마 제국의 건립으로 이어진 내전에서 맡은 중추적인 역할로 가장 잘 알려져 있다.

[어휘] statesman 정치인 general 장군 active 활동 중인, 현역의 be famous for ~로 유명하다 military campaign 군사 작전 region 지방, 지역 comprise 구성하다 pivotal role 중추적인 역할 civil war 내전 lead to ~로 이어지다 rise 발생, 기원, 출현

3. 줄리어스 시저는 무엇으로 가장 유명한가?
(a) 성공적이었던 군사 작전 및 갈리아를 넘어선 전설적인 승리
(b) 로마 공화국의 멸망을 초래하는 데 있어 맡은 역할
(c) 웅변 능력 및 영향력 있는 연설
(d) 외세를 상대로 한 외교적 묘책과 조약

[해설] 로마 공화국의 멸망과 로마 제국의 건립으로 이어진 내전에서 맡은 중추적인 역할로(his pivotal role in the civil war that led to the end of the Roman Republic, and the rise of the Roman Empire) 가장 잘 알려져 있다는 말이 쓰여 있으므로 이러한 역할을 언급한 (b)가 정답이다.

[오답분석] (a) 갈리아 지방에서의 군사 작전은 본문에 언급되어 있지만, 해당 지역을 넘어선(beyond) 승리라고 했으므로 사실과 다르다.

[어휘] be noted for ~로 유명하다 legendary 전설적인 bring about ~을 초래하다, ~을 유발하다 oratory 웅변(술) influential 영향력 있는 diplomatic 외교의 maneuver 묘책, 계책 treaty 조약

윌마 루돌프는 미국의 여성 단거리 육상 선수이자 올림픽 챔피언이었다. 루돌프는 1960년대에 전 세계에서 가장 빠른 여성이 된 것으로, 그리고 단일 올림픽 경기 대회에서 세 개의 금메달을 딴 것으로 가장 잘 알려져 있다. 그녀는 미국의 여성 육상계를 향상시키는 데 도움을 주었으며, 흑인과 여성 운동선수들의 롤 모델이 되었다.

[어휘] sprinter 단거리 육상 선수 be best known for ~로 가장 잘 알려져 있다 win (상 등) ~을 따다, ~을 받다 improve ~을 향상시키다, ~을 개선하다 track 육상 경기 athlete 운동선수

4. 윌마 루돌프는 무엇으로 가장 유명한가?
(a) 올림픽 경기 대회에서 다수의 메달을 획득한 것
(b) 육상계에서 여성의 권리를 증진한 것
(c) 1960년대에 가장 빠른 단거리 육상 선수가 된 것
(d) 흑인과 여성 운동선수들에게 모범을 보인 것

[해설] 단일 올림픽 경기 대회에서 세 개의 금메달을 딴 것으로(for winning three gold medals in a single Olympic Games) 가장 잘 알려져 있다고 언급되어 있으므로 이러한 메달 획득의 성과를 의미하는 (a)가 정답이다.

[오답분석] (c) 1960년대에 가장 빠른 여성이었다는 사실이 남녀를 통틀어 가장 빠른 육상 선수라는 것을 의미하는 것은 아니므로 오답이다.

[어휘] acquire ~을 획득하다, ~을 얻다 multiple 다수의, 다양한 promote ~을 증진하다, ~을 촉진하다 athletic tracks 육상 경기 set an example for ~에게 모범을 보이다

로버트 랭거는 미국의 화학 공학자이자, 과학자, 기업가, 그리고 발명가이다. 그는 매사추세츠 공과 대학의 연구소 교수 12명 중 한 명이다. 그는 1,500편이 넘는 과학 논문을 저술했으며, 다른 많은 곳들 중에서도, 백신을 생산하는 생명 공학 회사 "모더나"를 설립한 것으로 가장 잘 알려져 있다. 그는 업적을 인정받아 다수의 주요 상을 수상한 바 있다.

[어휘] chemical 화학의 entrepreneur 기업가 inventor 발명가 author v. ~을 저술하다 scientific paper 과학 논문 be best known for ~로 가장 잘 알려져 있다 found ~을 설립하다 biotechnology 생명 공학 award A B A에게 B를 수여하다 numerous 다수의, 수많은 leading 주요한, 손꼽히는, 선도적인 in recognition of ~을 인정받아

5. 로버트 랭거는 무엇으로 가장 잘 알려져 있는가?
(a) 생명 공학 회사들에서 이룬 업적에 대해 여러 상을 받은 것
(b) 화학 공학에 관한 과학 논문을 펴낸 것
(c) 다른 단체들을 비롯해 생명 공학 기업까지 설립한 것
(d) MIT 연구소 교수진의 일원이 된 것

해설 다른 여러 곳들을 비롯해 백신을 생산하는 생명 공학 회사 "모더나"를 설립한 것으로 가장 잘 알려져 있다는(is best known for founding the biotechnology company "Moderna" where vaccines are produced, among many others) 말이 쓰여 있으므로 (c)가 정답이다.

Paraphrasing founding the biotechnology company 생명 공학 회사를 설립한 것 → establishing the biotech enterprise 생명 공학 기업을 설립한 것

어휘 **receive** ~을 받다 **concerning** ~에 관한 **establish** ~을 설립하다, ~을 확립하다 **enterprise** 기업 **as well as** ~을 비롯해 …도, ~뿐만 아니라 …도 **organization** 단체, 기관

마리 퀴리는 1867년 11월 7일에 폴란드의 바르샤바에서 태어났다. 그녀는 집에서 조기 교육을 받았는데, 아버지가 수학과 물리학에 관해 가르쳤다. 젊은 여성으로서, 퀴리는 파리의 소르본 대학에서 고등 교육을 이어 나갔으며, 결국 물리학과 수학에서 학위를 취득했다. 소르본 대학에서 그녀가 얻은 지식과 능력은 나중에 방사능 및 핵물리학 분야에서 이룬 선구적인 업적에 있어 아주 귀중한 것으로 드러나게 된다.

어휘 **receive** ~을 받다 **physics** 물리학 **pursue** ~을 계속하다, ~을 수행하다, ~을 추구하다 **eventually** 결국, 마침내 **earn** ~을 얻다 **degree** 학위 **gain** ~을 얻다, ~을 획득하다 **prove + 형용사** ~한 것으로 드러나다 **invaluable** 아주 귀중한, 매우 가치 있는 **pioneering** 선구적인 **field** 분야 **radioactivity** 방사능 **nuclear** 핵의, 원자력의

6. 마리는 어떻게 물리학과 수학의 기초를 배웠을 것 같은가?
(a) 파리에서 광범위한 지식을 습득함으로써
(b) 두 학문 분야에 대한 아버지의 가르침에 의해
(c) 집에서 물리학과 수학 관련 실험들을 실시함으로써
(d) 오직 필요할 경우에만 학교에서 수업을 들음으로써

해설 아버지가 집에서 수학과 물리학에 관해 가르쳤다는(her father taught her about mathematics and physics) 사실이 언급되어 있으므로 아버지의 이러한 교육 방식을 언급한 (b)

가 정답이다.

Paraphrasing her father taught her 아버지가 가르쳤다 → her father's guidance 아버지의 가르침

어휘 **extensive** 광범위한, 폭넓은 **guidance** 가르침, 지도 **conduct** ~을 실시하다, ~을 수행하다 **experiment** 실험 **when necessary** 필요할 경우에

제인 오스틴은 1775년 12월 16일에, 잉글랜드의 스티브턴에서 태어났다. 오스틴은 나중에 바스로 이사했으며, 이곳에서 많은 사교적, 문화적 기회를 즐겼다. 그녀는 성직자이자 교사였던 아버지 조지 오스틴에 의해 전통적인 과목과 현대적인 과목들을 포함해 관습에 얽매이지 않는 교육을 받았다. 어렸을 때부터, 오스틴은 자신과 가족의 즐거움을 위해 영감을 주는 시와 소설을 썼다. 그녀의 초기 작품들은 현재 "초기 작품집"으로 일컬어지는 세 권의 노트로 편집되어 있다.

어휘 **indulge in** ~을 즐기다, ~에 빠져들다 **opportunity** 기회 **provide A with B** A에게 B를 제공하다 **unconventional** 관습에 얽매이지 않는 **including** ~을 포함해 **subject** 과목 **clergyman** 성직자 **schoolmaster** 교사 **inspirational** 영감을 주는 **amusement** 즐거움, 재미 **work** (글, 그림, 음악 등의) 작품 **compile A into B** A를 B로 편집하다, A를 정리해 B로 만들다 **referred to as** ~로 일컬어지는 **juvenilia** 초기 작품집

7. 무엇이 오스틴이 지닌 소설가로서의 재능에 영향을 미쳤을 것 같은가?
(a) 아버지에 의해 특별한 교육을 받았다.
(b) 바스에서 자신의 글을 발표할 기회가 많았다.
(c) 유명 소설가로부터 가르침을 받았다.
(d) 고급 작문 기술을 이용할 수 있었다.

해설 아버지에 의해 관습에 얽매이지 않는 교육을 받으면서 (She was provided with an unconventional education ~ by her father George Austen) 어렸을 때부터 작품을 쓴 사실이 제시되어 있으므로 (a)가 정답이다.

Paraphrasing an unconventional education ~ by her father 아버지에 의한 관습에 얽매이지 않는 교육 → unique education by her father 아버지에 의한 특별한 교육

어휘 **influence** ~에 영향을 미치다 **unique** 특별한, 독특한 **present** ~을 발표하다, ~을 제공하다, ~을 제시하다 **renowned** 유명한 **have access to** ~을 이용할 수 있다, ~을 접하다 **advanced** 고급의, 진보한

소피아는 1801년 7월 12일에 이탈리아 시골 지역의 한 작은 마을에서 태어났다. 그녀의 아버지 지오바니는 유명한 철학자였으며, 소피아가 십대였을 때 집에서 그녀를 교육했다. 소피아는 여러 고대 언어 및 철학을 포함해 까다로운 교육을 받았다. 13살이 되었을 때, 소피아는 호머에서부터 베르길리우스에 이르는 주요 작가들의 작품에 익숙했다.

어휘 rural 시골의 renowned 유명한 philosopher 철학자 homeschool ~을 집에서 교육하다 receive ~을 받다 demanding 까다로운 including ~을 포함해 ancient 고대의 philosophy 철학 reach ~에 도달하다, ~에 이르다 be familiar with ~에 익숙하다, ~을 잘 알다

8. 지오바니가 어떻게 소피아의 교육에 영향을 미쳤는가?
(a) 현대 과학자들에 관해 가르침으로써
(b) 종교 문서의 가치를 알려줌으로써
(c) 문학에 대한 창의적 사고력을 발전시킴으로써
(d) 중요한 사상가들의 작품들을 소개해줌으로써

해설 아버지인 지오바니가 집에서 교육한(Her father, Giovanni ~ homeschooled Sophia) 사실과 함께 소피아가 13살 때 이미 호머에서부터 베르길리우스에 이르는 주요 작가들의 작품에 익숙했다는(Sophia was familiar with the works of major writers, from Homer to Virgil) 말이 쓰여 있다. 이를 통해 아버지가 그러한 중요한 인물들을 소개하고 그들과 관련해 가르쳤다는 사실을 알 수 있으므로 (d)가 정답이다.

오답분석 (c) 몇몇 작가들의 이름이 언급되고 있지만, 문학에 대한 창의력을 발전시켰다는 것은 본문 내용만으로 알 수 없다.

어휘 influence ~에 영향을 미치다 value 가치 religious 종교의 script 문서, 글 foster ~을 발전시키다, ~을 조성하다 creative 창의적인 introduce A to B A에게 B를 소개하다 work (글, 그림, 음악 등의) 작품 prominent 중요한, 유명한

이자벨 아자니는 파리의 부유한 가정에서 태어났다. 어렸을 때, 그녀는 연기와 노래에 대해 타고난 재능을 지니고 있었다. 그녀는 여러 공연 예술 학교에서 교육을 받으면서, 자신의 기술을 완벽하게 하고 인정도 받았다. 아자니는 클래식 음악을 통해 연기 실력을 발전시키고 싶어 했으며, 베토벤의 음악에 영감을 받았는데, 그 음악에 담긴 강렬한 감정은 아자니의 표현적인 연기 방식에 영향을 미쳤다.

어휘 natural 타고난, 천부적인 train 교육 받다 performing arts 공연 예술 perfect v. ~을 완벽하게 하다 craft 기술 gain recognition 인정받다 develop ~을 발전시키다 inspire ~에게 영감을 주다 shape v. ~에 영향을 미치다, ~을 형성하도록 영향을 주다 expressive 표현적인 approach (접근) 방식, 방법

9. 베토벤의 음악이 어떻게 아자니에게 영향을 미쳤는가?
(a) 노래를 배우기 시작하도록 부추겼다.
(b) 직접 음악을 작곡하도록 영감을 주었다.
(c) 감정적인 깊이를 추구하는 데 동기 부여가 되었다.
(d) 그림에 대한 관심을 불러일으켰다.

해설 베토벤의 음악에 담긴 강렬한 감정이 아자니의 표현적인 연기 방식에 영향을 미친(Beethoven, whose powerful emotions in music shaped Adjani's expressive acting approach) 사실이 언급되어 있는데, 이는 연기를 통한 감정 표현의 깊이를 더하는 데 도움이 되었다는 뜻이므로 이러한 의미로 쓰인 (c)가 정답이다.

Paraphrasing powerful emotions in music shaped Adjani's expressive acting approach 음악에 담긴 강렬한 감정이 아자니의 표현적인 연기 방식에 영향을 미쳤다 → motivated her to seek emotional depth 감정적인 깊이를 추구하는 데 동기 부여가 되었다

어휘 encourage A to V A에게 ~하도록 부추기다, A에게 ~하도록 권장하다 take up ~을 배우기 시작하다 inspire A to V A에게 ~하도록 영감을 주다 motivate A to V A에게 ~하도록 동기를 부여하다 seek ~을 추구하다 emotional 감정적인, 정서적인 stimulate ~을 자극하다 interest in ~에 대한 관심

존은 1895년 5월 12일에 광대한 숲 근처의 한 작은 마을에서 태어났다. 어렸을 때, 그는 모험심이 강한 아이였으며, 시골 지역을 자주 돌아다니면서, 자신의 집을 둘러싼 여러 개울과 들판, 그리고 숲을 탐험했다. 그는 특히 여행 중에 마주쳤던 야생 동물에 이끌렸으며, 여러 새와 동물

들을 관찰하고 스케치하면서 몇 시간씩 보내곤 했다. 이러한 경험이 나중에 그의 여러 문학 작품에 크게 영향을 미치게 된다.

어휘 vast 광대한, 어마어마한 adventurous 모험심이 강한, 모험을 즐기는 soul 영혼, 사람 roam (이리저리) 돌아다니다 countryside 시골 지역 explore ~을 탐험하다 stream 개울, 시내 surround ~을 둘러싸다 be drawn to ~에 이끌리다 especially 특히 encounter ~와 맞닥뜨리다, ~에 직면하다 spend A -ing ~하면서 A의 시간을 보내다 observe ~을 관찰하다 greatly 크게, 대단히, 매우 influence ~에 영향을 미치다 literary 문학의

10. 무엇이 존의 글에 대한 영감의 원천으로서 역할을 했는가?
(a) 야외 스포츠에 대한 사랑
(b) 숲으로 떠났던 잦은 가족 여행
(c) 도시 밖의 지역에서 보낸 어린 시절
(d) 주기적인 야생 동물 박물관 방문

해설 시골 지역을 돌아다니면서 여러 동물을 관찰하고 스케치한(often roamed the countryside ~ spend hours observing and sketching the birds and animals) 경험이 작품에 크게 영향을 미쳤다고 쓰여 있으므로 도시가 아닌 지역에서 보낸 어린 시절을 의미하는 (c)가 정답이다.

오답분석 (b) 숲(woods)을 탐험했다는 내용이 본문에 있어 혼동이 될 수 있지만 가족과 함께 한 사실에 대한 언급은 없으므로 오답이다.

어휘 source 원천, 근원 inspiration 영감 frequent 잦은, 빈번한 regular 주기적인, 규칙적인

구스타프 클림트는 1862년에 오스트리아, 바움가르텐의 금 판화가 가정에서 태어났다. 그는 일찍이 그림에 재능을 보였으며, 빈 응용 미술 학교에서 학업을 이어갔다. 경력 초기에, 클림트는 벽화도 그리고 다양한 공공 프로젝트에서 협업하기도 했지만, 결국 미술계 기득권층의 보수적인 태도에 좌절하게 되었다. 이로 인해 그는 학문적인 예술에서 탈피해 새로운 양식과 아이디어를 포용하는 것을 추구하는 미술가 집단이었던 '빈 분리파'에 참여하기에 이르렀다.

어휘 engraver 판화가 show an early talent for ~에 일찍이 재능을 보이다 go on to V 계속해서 ~하다 eventually 결국, 마침내 frustrated 좌절한, 불만스러운 conservative 보수적인 attitude 태도 establishment 기득권층 A lead

B to V A로 인해 B가 ~하기에 이르다 involved with ~에 참여하는, ~와 연관된 seek to V ~하기를 추구하다, ~하기를 시도하다 break away from ~에서 탈피하다, ~에서 벗어나다 embrace ~을 포용하다, ~을 받아들이다

11. 클림트의 '빈 분리파' 참여가 그의 작품에 어떻게 영향을 미쳤는가?
(a) 그가 그림에 초점을 맞추도록 하였다.
(b) 공공 프로젝트에 참여하도록 그에게 영감을 주었다.
(c) 혁신적인 양식과 개념을 통해 실험하도록 부추겼다.
(d) 미술계 기득권층의 보수적인 태도에 그를 좌절시켰다.

해설 '빈 분리파'가 학문적인 예술에서 탈피해 새로운 양식과 아이디어를 포용하기를 추구하는 집단으로(a group of artists who sought to break away from academic art and embrace new styles and ideas) 언급되어 있으므로 이러한 실험적인 예술 표현 방식에 해당되는 (c)가 정답이다.

Paraphrasing break away from academic art and embrace new styles and ideas 학문적인 예술에서 탈피해 새로운 양식과 아이디어를 포용하다 → experiment with innovative styles and concepts 혁신적인 양식과 개념을 통해 실험하다

어휘 influence ~에 영향을 미치다 focus on ~에 초점을 맞추다, ~에 집중하다 inspire A to V ~하도록 A에게 영감을 주다 encourage A to V A에게 ~하도록 부추기다, A에게 ~하도록 권장하다 experiment v. 실험하다 innovative 혁신적인 frustrate ~을 좌절시키다

스티븐은 항상 호러와 서스펜스 장르를 좋아하는 팬이었으며, H.P. 러브크래프트와 에드가 앨런 포우 같은 자신이 가장 좋아하는 작가들로부터 크게 영향을 받았다. 그는 글을 쓰기 시작하게 되었고, 자신의 첫 번째 소설 '캐리'를 집필했는데, 이는 1974년에 출간되어 빠르게 베스트셀러가 되었다. 이 소설은 한 여고생의 이야기를 따라가는데, 그 여고생은 자신을 괴롭히는 이들에게 복수하기 위해 염력을 이용한다.

어휘 genre 장르 greatly 크게, 대단히, 매우 influence ~에게 영향을 미치다 author 작가, 저자 be driven to V ~하게 되다 put pen to paper 글을 쓰기 시작하다 release ~을 출시하다, ~을 발매하다 follow ~을 따라가다, ~을 따르다 telekinetic powers 염력 take revenge on ~에게 복수하다 tormentor 괴롭히는 사람

12. 스티븐은 왜 호러와 서스펜스 소설을 쓰기로 결정했는가?
(a) 염력에 매료되었다.
(b) 존경하는 작가들로부터 영감을 받았다.
(c) 업계의 저명한 작가들로부터 가르침을 받았다.
(d) 초자연적 존재에 매료되었다.

[해설] 호러와 서스펜스 장르를 좋아하는 팬으로서 자신이 가장 좋아하는 작가들로부터 크게 영향을 받은(a fan of the horror and suspense genre and was greatly influenced by his favorite authors) 사실이 제시되어 있는데, 이는 그러한 작가들로부터 영감을 받은 것을 의미하므로 (b)가 정답이다.

[Paraphrasing] was greatly influenced by his favorite authors 가장 좋아하는 작가들로부터 크게 영향을 받았다 → was inspired by the writers he admired 존경하는 작가들로부터 영감을 받았다

[어휘] **choose to V** ~하기로 결정하다, ~하기로 선택하다 **be fascinated by** ~에 매료되다(= have a fascination with) **inspire** ~에게 영감을 주다 **admire** ~을 존경하다, ~에 감탄하다 **guidance** 가르침, 지도 **established** 저명한, 존경 받는 **industry** 업계 **supernatural** 초자연적 존재

새라는 매일 아동 도서를 만들면서 많은 시간을 보냈다. 어느 날, 그녀는 먼 친척으로부터 편지를 받았는데, 빌리라는 이름의 이 어린 소년은 아버지가 최근에 사망한 뒤로 힘거운 시간을 겪고 있었다. 새라는 빌리에게 강한 유대감을 느껴 위스커와 헤이즐이라는 이름을 지닌 다람쥐 두 마리의 마법 같은 모험에 관한 이야기를 써주기로 결심했는데, 이것이 그를 자아 발견과 행복의 여행으로 이끌게 되었다. 이 이야기는 나중에 '위스커와 헤이즐의 모험'이라는 제목으로 출간되었다.

[어휘] **spend A -ing** ~하면서 A의 시간을 보내다 **craft** ~을 만들어내다 **receive** ~을 받다 **relative** n. 친척 **go through** ~을 겪다, ~을 거치다 **recent** 최근의 **passing** 사망 **feel connection to** ~에게 유대감을 느끼다 **decide to V** ~하기로 결정하다 **squirrel** 다람쥐 **journey** (긴) 여행 **self-discovery** 자아 발견

13. 새라가 왜 다람쥐 두 마리의 모험 이야기를 쓰기로 결정했을 것 같은가?
(a) 자신감을 향상시키기 위해
(b) 병에 걸린 소년을 위로하기 위해
(c) 출판사의 방침에 따르기 위해
(d) 슬픔에 젖은 친척을 격려하기 위해

[해설] 먼 친척인 빌리가 아버지의 사망으로 인해 힘거운 시간을 겪고 있어서(a distant relative, a young boy named Billy, who was going through a tough time after the recent passing of his father) 다람쥐 두 마리의 모험 이야기를 써주기로 결심했다는 말이 쓰여 있다. 이는 슬퍼하는 친척을 격려하기 위한 방법으로 볼 수 있으므로 (d)가 정답이다.

[Paraphrasing] a distant relative 먼 친척 / was going through a tough time after the recent passing of his father 아버지의 사망 후에 힘거운 시간을 겪고 있었다 → grieving family member 슬픔에 젖은 친척

[오답분석] (b) 보기에 쓰여진 ill은 신체적인 병이 있는 것을 의미하므로 본문에 언급된 힘거운 시간을 보낸 것과는 전혀 다른 뜻이다.

[어휘] **enhance** ~을 향상시키다, ~을 강화하다 **self-confidence** 자신감 **comfort** ~을 위로하다 **fall ill** 병에 걸리다 **submit to** ~에 따르다, ~에 복종하다 **cheer up** ~을 격려하다, ~의 기운을 북돋우다 **grieving** 매우 슬퍼하는, 비통해하는

조앤이 전도유망한 법대생이었을 때, 1920년에 갑작스러운 내전 발발로 인해 학업을 지속할 수 없었다. 그녀는 군대에 징집되어 법률 관련 부대에 배치되었으며, 그곳에서 분쟁으로 인해 피해를 입은 병사 및 민간인들에게 법률 상담을 제공해 주었다. 군대에서 보낸 시간 중에 그녀는 루이스라는 이름의 카리스마 있는 전쟁 영웅을 만났는데, 그는 전장에서 얻은 부상으로 인해 치료받고 있었다. 그의 철학은 정의와 도덕에 대한 조앤의 관점에 크게 영향을 미쳤다.

[어휘] **promising** 전도유망한 **be unable to V** ~할 수 없다 **continue** ~을 지속하다 **due to** ~로 인해, ~ 때문에 **sudden** 갑작스러운 **eruption** (전쟁 등의) 발발, 발생 **civil war** 내전 **be conscripted into** ~에 징집되다 **be assigned to** ~에 배치되다, ~로 배정되다 **legal** 법률의 **provide** ~을 제공하다 **civilian** 민간인 **affect** ~에 영향을 미치다 **conflict** 물리적 충돌, 갈등 **charismatic** 카리스마 있는 **treat** ~을 치료하다 **injury** 부상 **philosophy** 철학 **shape** v. ~에 영향을 미치다, ~을 형성하도록 영향을 주다 **perspective** 관점 **justice** 정의 **morality** 도덕

14. 조앤은 왜 법학 공부를 끝마칠 수 없었는가?
(a) 군대에 입대하고 싶어 했기 때문에
(b) 민간인들과 갈등 관계에 있었기 때문에
(c) 신체적으로 부상을 당했기 때문에

(d) 군대에 징집되었기 때문에

[해설] 갑작스러운 내전 발발로 인해 학업을 지속할 수 없었다는 말과 함께 군대에 징집된(She was conscripted into the military) 사실이 언급되어 있으므로 (d)가 정답이다.

[Paraphrasing] She was conscripted into the military 군대에 징집되었다 → she was drafted into the army 군대에 징집되었다

[어휘] complete ~을 끝마치다, ~을 완료하다 physically 신체적으로, 육체적으로 injured 부상당한 be drafted into ~에 징집되다

> 롤링의 해리 포터 시리즈는 전 세계적으로 수백만 독자들의 사랑을 받고 있다. 다양한 캐릭터들로 가득하면서 디테일이 풍부한 마법의 세계를 만들어내는 그녀의 능력은 널리 극찬을 받아왔다. 롤링은 후속적으로 일어날 사건들에 관한 미묘한 힌트를 주는 방식으로 시리즈 전체에 걸쳐 계속 독자들의 마음을 크게 사로잡고 있다.

[어휘] be beloved by ~의 사랑을 받다 millions of 수백만의 worldwide 전 세계적으로, 전 세계에서 ability to V ~할 수 있는 능력 create ~을 만들어내다 richly-detailed 대단히 자세한 filled with ~로 가득한 diverse 다양한 widely 널리, 폭넓게 praise ~을 칭찬하다 keep A 형용사 A를 계속 ~한 상태로 유지하다 engaged 마음이 사로잡힌, 관여한 drop hints 힌트를 주다 subtle 미묘한 subsequently 후속적으로, 그 후에

15. 기사 내용에 따르면, 롤링이 어떻게 해리 포터 시리즈를 읽기에 매력적인 것으로 만들었는가?
(a) 창의적인 소설 양식으로 집필함으로써
(b) 후속적인 사건들을 독자들이 추측하기 쉽게 만듦으로써
(c) 앞으로의 예상과 관련해 독자들에게 추측하도록 만듦으로써
(d) 아주 다양한 주목할 만한 캐릭터들을 선보임으로써

[해설] 후속적으로 일어날 사건들에 관한 미묘한 힌트를 주는 방식을 활용한(by dropping subtle hints about events that will happen subsequently) 사실이 언급되어 있는데, 이는 독자들에게 추측하도록 만든 것이므로 (c)가 정답이다.

[오답분석] (b) 미묘한(subtle) 힌트를 준다는 내용으로 미루어 독자들의 내용 예측이 쉽지 않을 수 있다는 것을 알 수 있으므로 오답이 된다.

[어휘] engaging 매력적인 creative 창의적인 fiction 소

설 subsequent 후속적인, 그 후의 what to V 무엇을 ~할지 expect ~을 예상하다 showcase ~을 선보이다 a diverse set of 아주 다양한 notable 주목할 만한, 중요한

> 메리 셸리의 프랑켄슈타인은 고전 호러 소설로 여겨지고 있으며, 오늘날에도 여전히 널리 읽히면서 미디어에서 각색되고 있다. 이 이야기의 과학적 발견에 대한 윤리적, 도덕적 영향 및 신의 역할을 하는 위험성에 대한 묘사는 현대의 독자들에게도 계속해서 반향을 불러일으키고 있다. 더욱이, 야망의 의미와 역할에 대한 탐색 같이, 인간의 상태에 대한 이 소설의 주제는 여전히 유의미하며 시사하는 바가 크다.

[어휘] be considered A A로 여겨지다 widely 널리, 폭넓게 adapt ~을 각색하다 ethical 윤리적인 moral 도덕적인 implication 영향, 함축 discovery 발견(물) depiction 묘사 play God 신 놀음을 하다, 신의 역할을 하다 continue to V 계속 ~하다 resonate 반향을 불러일으키다 theme 주제 condition 상태 ambition 야망, 야심 relevant 유의미한, 관련 있는 thought-provoking 시사하는 바가 큰, 많은 것을 생각하게 하는

16. 프랑켄슈타인이 왜 현대의 독자들에게 여전히 매력적인 것 같은가?
(a) 과학 실험에 대한 현실적인 팁을 제공한다.
(b) 영웅적이면서 감탄할 만한 인물을 특징으로 한다.
(c) 많은 이들에게 널리 공감대를 형성하는 주제를 묘사한다.
(d) 고전 문학 작품들에 대한 아주 흥미로운 통찰력을 제공한다.

[해설] 현대의 독자들에게도 계속해서 반향을 불러일으키고 있다는(continue to resonate with modern readers) 말이 쓰여 있는데, 이는 여전히 많은 사람들의 공감을 불러일으킨다는 뜻이므로 (c)가 정답이다.

[Paraphrasing] continue to resonate with modern readers 현대의 독자들에게도 계속해서 반향을 불러일으키다 → widely relatable to many 많은 이들에게 널리 공감대를 형성하는

[어휘] appeal to ~에게 매력적이다, ~의 마음을 끌다 contemporary 현대의, 동시대의 audiences 독자들, 청중, 시청자들 experiment 실험 feature ~을 특징으로 하다 heroic 영웅의 admirable 감탄할 만한 depict ~을 묘사하다 relatable 공감대를 형성하는 intriguing 아주 흥미로운 insight 통찰력 literary 문학의

1 (b)	**2** (a)	**3** (c)	**4** (d)
5 (c)	**6** (c)	**7** (d)	

해석

어니스트 섀클턴

어니스트 섀클턴은 유명 영국인 탐험가로서, 남극 지역으로 여러 차례 선구적인 탐험을 떠났다. ❶ 어니스트 섀클턴은 불운한 '제국 남극 횡단 탐험' 중의 리더십으로 가장 잘 기억되고 있으며, 이 탐험에서 그와 그의 대원들은 역경에 직면한 상황에서 믿을 수 없는 회복력을 보여주었다.

그는 1874년 2월 15일에 아일랜드 킬데어 주의 킬키어에서 태어났으며, 10명의 아이들 중 둘째였다. 섀클턴의 가족은 런던의 시드넘으로 이사했는데, 당시에 그는 10살이었다. 힘들었던 어린 시절에도 불구하고, 그는 학업적으로 우수했으며, 덜위치 대학 입학 허가를 받았다. 하지만 ❷ 그는 상선 해군에 합류하기 위해 16살에 학교를 그만두면서, 브라질로 떠나는 부정기 화물선에서 일하게 되었다.

바다에서 몇 년을 보낸 후에, 섀클턴은 극지방 탐험에 관심을 갖게 되었고, 1901년에 남극으로 떠나는 로버트 팔콘 스캇의 발견 탐험대에 합류했다. 이 탐험 중에, 섀클턴은 능숙한 리더이자 탐험가로서 ❻ 두각을 나타냈다. ❸ 1909년에 그는 남극으로 떠나는 자신만의 탐험대를 이끌었는데, 남극에서 97마일 이내에 접근했으며, 이는 당시의 기록에 해당되었다.

그의 가장 유명한 탐험은 '제국 남극 횡단 탐험'이었으며, 바다에서 바다로 ❹(a) 대륙을 횡단하는 것이 목표였다. 이 여행은 어려움 투성이였다. ❹(b) ❹(c) 그 탐험대의 배 인듀어런스호가 빙산에 의해 난파되면서 대원들이 엘리펀트섬에서 오도가도 못하게 되었다. 섀클턴과 소규모 무리의 대원들은 구조를 요청하려 사우스 조지아섬에 이르기 위해 800마일 넘게 항해했다. 고된 여행 끝에, 이들은 고래잡이 기지에 도착했으며, 구조대를 꾸렸다. 네 번의 실패한 시도에도 불구하고, 이들은 마침내 엘리펀트섬에서 4개월 넘게 발이 묶여 있었던 대원들을 구조했다. 섀클턴의 리더십과 결단력은 절대로 흔들리지 않았으며, 대원들을 구하기 위해 기꺼이 자신의 목숨을 걸었다.

이 탐험 후에도, 섀클턴은 지속적으로 탐험하면서 탐험대를 이끌었다. ❺ 그는 이러한 공로를 인정받아 에드워드 7세 왕으로부터 기사 작위를 받았으며, '더 하트 오브 더 앤탁틱 앤 사우스'을 포함해, 남극에서의 경험에 관한 책을 여러 권 썼다. 1921년에 섀클턴은 마지막이 될 탐험을 위해 남극을 다시 찾았다. 이 탐험은 그 대륙을 횡단하는 첫 번째 탐험이 될 예정이었지만, 섀클턴의 건강이 악화되기 시작해, 1922년 1월 5일에 탑승해 있던 배 퀘스트호에서 심장마비에 ❼ 걸렸다. 그는 불과 47세밖에 되지 않았다.

섀클턴의 사망은 탐험계에서 커다란 손실이었지만, 그의 유산은 계속되었다. 그는 오늘날까지도 탐험가들과 모험가들에게 영감을 주는 존재로 여전히 남아 있다.

어휘 renowned 유명한 explorer 탐험가 pioneering 선구적인, 개척적인 expedition 탐험(대) Antarctic a. 남극의 n. 남극 be best remembered for ~로 가장 잘 알려져 있다 ill-fated 불운한 demonstrate ~을 보여주다 incredible 믿을 수 없는 resilience 회복력 in the face of ~에 직면한 adversity 역경 excel 우수하다, 뛰어나다 gain acceptance to ~에 입학 허가를 받다 tramp steamer 부정기 화물선 polar 극지방의 exploration 탐험, 탐사 distinguish oneself 두각을 나타내다, 두드러지다 aim to V ~하는 것을 목표로 하다 continent 대륙 be fraught with ~ 투성이다, ~로 가득하다 leave A + 형용사 A를 ~한 상태로 만들다 stranded 오도 가도 못하는, 발이 묶인 arduous 고된 make it to ~로 가다, ~에 도착하다 whaling station 고래잡이 기지 organize ~을 조직하다, ~을 마련하다 rescue mission 구조대 failed 실패한 attempt 시도 determination 결단력 waver 흔들리다, 약해지다 be willing to V 기꺼이 ~하다 risk one's own life 자신의 목숨을 걸다 continue to V 지속적으로 ~하다 knight v. ~에게 기사 작위를 수여하다 in recognition of ~을 인정해 achievement 공로, 업적 including ~을 포함해 be to V ~할 예정이다, ~해야 하다 deteriorate 악화되다 suffer (질병, 고통, 슬픔 등) ~을 겪다, ~을 당하다 legacy 유산 live on 계속 존재하다 inspiration 영감(을 주는 것) to this day 오늘날까지도

1. 어니스트 섀클턴은 무엇으로 가장 유명한가?
(a) 남극 지역에서 새로운 종을 발견한 것
(b) 극한의 환경에서 여행을 이끈 것
(c) 영국의 탐험 단체를 설립한 것
(d) 전시의 어려움 속에서 회복력을 보여준 것

해설 첫 단락에 어니스트 섀클턴이 불운한 '제국 남극 횡단 탐험' 중의 리더십으로 가장 잘 알려져 있다고(Ernest Shackleton is best remembered for his leadership during the ill-fated Imperial Trans-Antarctic Expedition) 쓰여 있으므로 남극이라는 극한의 환경 속에 진행된 여행을 이끈 일을 의미하는 (b)가 정답이다.

오답분석 (d) 어려운 상황에서 회복력(resilience)을 보여줬다는 내용이 있긴 하지만 전쟁 중이었다는 설명은 없으므로 사실과 다른 오답이다.

어휘 discover ~을 발견하다 species (동식물

의) 종 **extreme** 극한의, 극도의 **found** ~을 설립하다 **organization** 단체, 기관 **exhibit** (특징 등) ~을 보이다, ~을 드러내다

2. 2번째 단락에 따르면, 섀클턴은 왜 16세의 나이에 학교를 그만두었는가?
(a) 상선 해군에서의 경력을 추구하기 위해
(b) 브라질에서 교육을 지속하기 위해
(c) 고급 원양 여객선에서 일하기 위해
(d) 덜위치 대학에서 한 탐험가를 돕기 위해

[해설] 문제에서 언급된 두 번째 단락에 상선 해군에 합류하기 위해 16살에 학교를 그만두고 일을 시작한 사실이(he left school at the age of sixteen to join the merchant navy, working on a tramp steamer) 언급되어 있으므로 (a)가 정답이다.

[Paraphrasing] join the merchant navy, working on a tramp steamer 상선 해군에 합류해 부정기 화물선에서 일하다 → pursue a career in the merchant navy 상선 해군에서의 경력을 추구하다

[어휘] **pursue** ~을 추구하다, ~을 계속하다 **ocean liner** 원양 여객선 **assist** ~을 돕다

3. 1909년에 있었던 섀클턴의 탐험과 관련해 무엇이 주목할 만했는가?
(a) 바다에서 바다로 남극을 가로질러 이동했다.
(b) 기록적인 시간에 완수되었다.
(c) 다른 어떤 탐험대보다 남극에 더 가깝게 갔다.
(d) 남극에서 새로운 야생 동물 종을 발견했다.

[해설] 1909년의 탐험이 언급되는 세 번째 단락에 1909년에 남극으로 탐험을 떠나 남극에서 97마일 이내에 접근한 사실과 함께 이것이 당시의 기록이었다는(which came within 97 miles of the South Pole, a record at the time) 말이 쓰여 있다. 이는 다른 탐험대보다 남극에 더 가까이 접근했다는 뜻이므로 (c)가 정답이다.

[오답분석] (b) 본문의 a record at the time은 남극에 가장 가까이 접근하여 당시에 거리와 관련된 기록을 세웠다는 의미인 반면 (b)의 내용은 시간적으로 빠른 기록을 세웠다는 전혀 다른 의미가 되어 오답이다.

[어휘] **remarkable** 주목할 만한, 놀라운 **complete** ~을 완수하다, ~을 완료하다

4. 다음 중 어느 것이 '제국 남극 횡단 탐험'과 관련해 사실이 아닌가?

(a) 탐험대가 남극을 가로질러 이동하는 것이 목표였다.
(b) 배가 빙산에 의해 극심하게 손상되었다.
(c) 대원들이 외딴 곳에 고립되었다.
(d) 섀클턴은 집에 돌아온 직후 사망했다.

[해설] '제국 남극 횡단 탐험'을 자세히 설명하는 네 번째 단락에서, which aimed to cross the continent라고 쓰여 있는 부분을 통해 대륙 횡단 목표를 언급한 (a)를, Their ship, Endurance, was crushed by ice 부분에서 빙산에 의한 배 손상을 의미하는 (b)를, 그리고 left the crew stranded on Elephant Island 부분에서 대원들의 고립 상황을 말한 (c)를 각각 확인할 수 있다. 하지만 섀클턴이 사망한 시점은 집에 돌아온 직후가 아니라 1922년 1월 5일에 탑승해 있던 배 퀘스트호에서 심장마비로 사망했다고 했으므로 (d)가 정답이다.

[어휘] **severely** 극심하게, 심각하게 **damaged** 손상된, 피해를 입은 **isolated** 고립된 **remote** 외딴, 멀리 떨어진

5. 섀클턴은 자신의 일생에서 어떻게 용기와 결단력에 대해 영예를 얻었는가?
(a) 여러 권의 책이 그에 관해 쓰여졌다.
(b) 한 남극 탐험대가 자신들의 배 이름을 퀘스트호라고 지었다.
(c) 왕으로부터 기사 작위를 받았다.
(d) 그의 대원들이 다시 남극을 찾아가도록 영감을 받았다.

[해설] 마지막 단락에 왕으로부터 업적을 인정받아 기사 작위를 받은(He was knighted by King Edward VII in recognition of his achievements) 사실이 쓰여 있으므로 이를 언급한 (c)가 정답이다.

[Paraphrasing] was knighted by King Edward VII 에드워드 7세 왕으로부터 기사 작위를 받았다 → received a knighthood from the king 왕으로부터 기사 작위를 받았다

[어휘] **be honored for** ~에 대해 영예를 얻다 **name A B** A를 B라고 이름 짓다 **receive** ~을 받다 **knighthood** 기사 작위 **be inspired to V** ~하도록 영감을 받다

6. 해당 단락의 문맥에서, distinguished가 의미하는 것은 무엇인가?
(a) 결정했다, 밝혀냈다
(b) 번성했다
(c) 구별 지었다
(d) 인식했다

[해설] 동사 distinguished 뒤에 주어 Shackleton 자신을 가리키는 목적어 himself와 함께 그가 뛰어난 리더이자 탐험가였음을 나타내는 말이 쓰여 있다. 따라서 섀클턴을 다른 사람들과

구별 짓는 특징을 나타내는 문장임을 알 수 있으므로 '구별 짓다'를 뜻하는 또 다른 동사 separate의 과거형 (c) separated가 정답이다. 참고로, distinguish oneself는 '두각을 나타내다' 등을 뜻하는 하나의 표현 덩어리로 기억해 두는 것이 좋다.

7. 해당 단락의 문맥에서, suffered가 의미하는 것은 무엇인가?
(a) 영향을 미쳤다
(b) 거절했다, 하락했다, 쇠퇴했다
(c) 노출했다
(d) 겪었다

해설 suffered 뒤에 위치한 목적어 a heart attack이 심장 마비를 의미하므로 심장 마비에 걸린 사실을 말하는 문장임을 알 수 있다. 이는 그러한 증상을 겪은 것과 같으므로 '겪다, 경험하다'를 뜻하는 동사 experience의 과거형 (d) experienced가 정답이다.

8 (b)	**9** (a)	**10** (c)	**11** (b)
12 (c)	**13** (c)	**14** (d)	

해석

얀 반 아이크

얀 반 아이크는 북유럽 르네상스 시대에 살았던 플랑드르파 화가로서 1390년경에 벨기에의 마을 마세이크에서 태어났다. **8** 그는 자신이 개척에 도움을 준 혁신적인 유화 기법 및 사람과 사물에 대한 사실적인 묘사로 가장 잘 알려져 있다. 반 아이크의 작품은 북유럽 지역의 미술 발전에 크게 영향을 미쳤으며, 전 세계의 미술 애호가들에 의해 지속적으로 칭송 받고 있다.

9 반 아이크는 자신의 형이자 마찬가지로 화가였던 후버트의 야심찬 **13** 견습생으로서 미술 경력을 시작했다. 형의 사망 후에, 그가 형의 작업실을 물려받아 네덜란드의 백작, 바바리아의 존을 담당하는 궁정 화가가 되었다. 1425년에 그는 부르고뉴 공작인 필립 선공을 담당하는 궁정 화가로 선임되어, 1441년에 사망할 때까지 남아 있었다.

반 아이크의 가장 유명한 작품은 1432년에 완성된 '헨트 제단화'와 1434년에 완성된 '아르놀피니 부부의 초상'이다. '헨트 제단화'는 대형 폴립티크로서, 중세 시대 유럽의 가장 중요한 작품 중 하나로 여겨지고 있다. '아르놀피니 부부의 초상'은 한 부유한 상인과 그의 아내를 그린 부부 초상화로서, **10** 세부 요소에 대한 세심한 주의력과 작품에 활용된 상징주의로 유명하다.

반 아이크의 유성 물감 활용은 미술 역사에 있어 중요한 발전이었는데, 그의 그림에 있어 더 훌륭한 깊이감과 광도를 가능하게 해 주었기 때문이었다. **11** 그는 전에 유럽의 그림에서 보이지 않았던 수준의 사실주의를 이루기 위해 명암, 색감, 그리고 질감도 활용했다. 그의 혁신적인 기법은 요하네스 베르메르와 라파엘 전파 같은 후대의 미술가들에게 크게 **14** 영향을 미쳤다.

반 아이크는 다재다능한 사람으로서 그림에서만 뛰어났던 것이 아니라, 상당한 외교 수완도 지니고 있었다. **12** 그는 다양한 실무에 대해 부르고뉴 공작을 대신하는 일도 맡았으며, 그의 지성과 뛰어난 판단력, 그리고 외국 지도자들과 성공적으로 협의하는 능력으로 존경받았다.

반 아이크의 유산은 오늘날에도 미술계에서 여전히 느껴진다. 그의 혁신적인 기법과 세부 요소에 기울인 주의력은 후대의 미술가들에게 영감을 주었으며, 그의 작품은 지속적으로 전 세계 미술 애호가에게 칭송받고 연구되고 있다. 그는 역사상 가장 위대한 화가들 중의 한 명으로 여겨지고 있다.

8. 얀 반 아이크는 무엇으로 가장 유명했는가?
(a) 벨기에의 엘리트 계층을 위해 미술 작품을 만든 것
(b) 인간의 모습에 대한 실물 같은 초상화를 만든 것
(c) 신화 속의 환상적인 대상을 묘사한 것
(d) 유화에 생동감 넘치는 색상을 활용한 것

해설 첫 번째 단락에 혁신적인 유화 기법 및 사람과 사물에 대한 사실적인 묘사로 가장 잘 알려져 있다는(He is best known for his innovative oil painting technique, ~ and his realistic depictions of people and objects) 말이 쓰여 있다. 이 중에서 '사람에 대한 사실적인 묘사'와 같은 의미를 지니는 (b)가 정답이다.

오답분석 (d) 본문에 유화(oil paintings)에 대한 언급이 있긴 하지만, 생동감 넘치는 색상(vibrant colors)을 사용했다는 것은 본문 내용으로 알 수 없으므로 오답이다.

어휘 be noted for ~로 유명하다 create ~을 만들어내다 lifelike 실물 같은 portrayal 초상화 figure 모습, 인물 depict ~을 묘사하다 fantastical 환상적인 mythology 신화 vibrant 생동감 넘치는, 활기찬

9. 기사 내용에 따르면, 반 아이크는 어떻게 화가로서의 경력을 시작했는가?
(a) 가족 한 사람에게서 배움으로써
(b) 부르고뉴 공작에게 소개됨으로써
(c) 그림 작업실을 물려받음으로써
(d) 명성 있는 미술 학교에 다님으로써

해설 화가로서의 경력 시작과 관련된 정보가 제시된 두 번째 단락에 형이자 화가였던 후버트의 견습생으로서 미술 경력을 시작했다고(Van Eyck began his artistic career as the aspiring apprentice to his older brother Hubert) 언급되어 있다. 형의 견습생으로 경력을 시작했다는 말은 가족에게서 배우기 시작했다는 뜻이므로 (a)가 정답이다.

Paraphrasing apprentice to his older brother 형의 견습생 → learning from a relative 가족 한 사람에게서 배움

어휘 relative n. 가족 한 사람, 친척 introduce ~을 소개하다 inherit ~을 물려받다 attend ~에 다니다, ~에 참석하다 prestigious 명성 있는, 권위 있는

10. '아르놀피니 부부의 초상'과 관련해 주목할 만한 것은 무엇인가?
(a) 이례적으로 큰 폴립티크를 활용했다.
(b) 중요한 역사적 사건을 기념했다.
(c) 놀라울 정도의 정교함으로 그려졌다.
(d) 종교적 상징주의의 복잡한 활용을 특징으로 한다.

해설 '아르놀피니 부부의 초상'과 관련해 설명하는 세 번째 단락에 세부 요소에 대해 세심하게 주의를 기울인(its meticulous attention to detail) 사실이 언급되어 있다. 세부 요소에 많은 주의를 기울였다는 말은 그만큼 정교하게 그렸다는 뜻이므로 이러한 의미로 쓰인 (c)가 정답이다.

Paraphrasing meticulous attention to detail 세부 요소에 대한 세심한 주의력 → remarkable precision 놀라울 정도의 정교함

어휘 notable 주목할 만한 unusually 이례적으로 commemorate ~을 기념하다 remarkable 주목할 만한, 놀라운 precision 정확(성) feature ~을 특징으로 하다 intricate 복잡한 religious 종교의

11. 반 아이크는 어떻게 자신의 그림에서 사실주의를 이뤄냈는가?
(a) 유성 물감을 만들어내는 새로운 방법을 활용했다.
(b) 자신의 작품에 빛의 효과와 질감 표현을 실행했다.
(c) 초상화 대신 자연 풍경을 그렸다.
(d) 색을 거의 사용하지 않고 그림을 구성했다.

[해설] 네 번째 단락에 명암과 색감, 그리고 질감을 활용해 사실주의를 이뤄냈다고 쓰여 있으므로(He also used light and shadow, color, and texture to achieve a level of realism) 이러한 기법을 뜻하는 (b)가 정답이다.

[Paraphrasing] used light and shadow, color, and texture 명암과 색감, 그리고 질감을 활용했다 → implemented light and texture 빛의 효과와 질감 표현을 실행했다

[어휘] method 방법 implement ~을 실행하다, ~을 시행하다 instead of ~ 대신 compose ~을 구성하다

12. 반 아이크는 어떻게 달리 부르고뉴 공작을 섬겼는가?
(a) 그 공작의 궁정에서 다른 화가들을 가르쳤다.
(b) 그 공작의 권위를 강화하는 초상화를 그렸다.
(c) 국제적인 협의 중에 그 공작을 대신했다.
(d) 전쟁 기간 중에 그 공작의 군사 보좌관 역할을 했다.

[해설] 다섯 번째 단락에 다양한 실무에 대해 부르고뉴 공작을 대신한 사실과 함께 외국 지도자들과 성공적으로 협의한(He was tasked with representing the Duke of Burgundy on various assignments, ~ negotiate successfully with foreign leaders) 사실이 쓰여 있다. 따라서 반 아이크가 부르고뉴 공작을 대신해 다른 나라의 지도자들과 협의한 것으로 볼 수 있으므로 이러한 의미로 쓰인 (c)가 정답이다.

[오답분석] (d) 외교적인 업무를 맡았다는 내용은 있지만 전쟁 기간 중(during times of war)이란 언급은 없으므로 오답이다.

[어휘] bolster ~을 강화하다, ~을 북돋우다 prestige 권위 negotiation 협의, 협상 serve as ~의 역할을 하다

13. 해당 단락의 문맥에서, apprentice가 의미하는 것은 무엇인가?
(a) 재능 있는 사람
(b) 구경꾼, 관중
(c) 연습생, 훈련생
(d) 전문가

[해설] apprentice to his older brother라고 쓰여 있어 반 아이크가 미술 경력을 시작할 때 화가였던 형과 당시에 어떤 관계였는지를 나타낸다는 것을 알 수 있다. 또한, '유망한'을 뜻하는 형용사 aspiring과도 의미가 어울려야 하며, 다음 문장에 형이 작업실을 소유한 사실이 언급되어 있어 형에게서 그림을 배운 유망한 견습생이었던 것으로 판단할 수 있으므로 유사한 명사로서 '연습생' 등을 의미하는 (c) trainee가 정답이다.

14. 해당 단락의 문맥에서, influenced가 의미하는 것은 무엇인가?
(a) 설득했다
(b) 통제했다, 조절했다
(c) 자극했다, 불러일으켰다
(d) 영향을 미쳤다

[해설] influenced 뒤에 후대의 미술가들을 의미하는 later artists가 목적어로 쓰여 있어 그 미술가들에게 영향을 미친 사실을 말하는 문장임을 알 수 있다. 따라서 '영향을 미치다'를 뜻하는 또 다른 동사 affect의 과거형 (d) affected가 정답이다.

2

기사

| Part 2 | 전략 적용 예시

해석

아넬로시무스 엑시미우스 거미의 특이한 무리 사냥 습성

대부분의 거미가 혼자 사냥하는 경향이 있지만, 프랑스령 가이아나의 아넬로시무스 엑시미우스라고 부르는 특정 거미 종은 다른 습성을 보인다. 이 아주 작은 거미는 최대 1,000마리의 거미를 수용할 수 있는 공동체를 이뤄 생활하며, 폭이 최대 20피트에 걸쳐 이어질 수 있는 거미집을 짓는다. 이 거미들은 흔히 자신들보다 훨씬 더 큰 먹이를 걸려들게 하기 위해 협력하면서, 무리 사냥이라고 알려진 작전을 활용하는데, 이는 거미 종 사이에서는 흔치 않은 전략이다.

동물이 무리 사냥에 참여하는 경우, 일반적으로 먹이를 잡기 위해 동료 무리 구성원들과 함께 힘을 합치는 일을 포함하는 지정된 역할이 있다. 예를 들어, 사자는 특정 무리 구성원들에게 "센터" 혹은 "날개" 역할을 하도록 정해준다. 날개 역할을 배정받은 구성원들이 측면에서 먹이를 뒤쫓는 동안, 센터 역할에 해당되는 구성원들은 중앙에서 먹이를 뒤쫓는다. 날개 구성원들은 양 측면으로부터 먹이를 잡기 위해 협력하면서, 그 먹이를 맹추격 중인 센터 구성원들의 이동 경로상에 놓이도록 만든다.

툴루즈 대학의 연구가들은 아넬로시무스 엑시미우스 거미들이 무리를 지어 사냥할 때 특정 역할이 있는지 조사하는 것을 목표로 삼았다. 이 연구가들은 발버둥치는 곤충의 진동을 모방할 수 있는 작은 장치를 고안해, 그 거미들의 거미집에 올려 두었다. 추가로, 이들은 그 거미들의 반응을 관찰하기 위해 그 장치 근처에 살아있는 먹이도 갖다 놓았다.

그 장치가 진동하기 시작하자마자, 거미들은 그것을 감지해 먹이 주변으로 떼를 지어 몰려들어 함께 먹어버렸다. 이 연구가들은 그 모든 거미들이 어떤 분명한 역할 분화도 없이 먹이를 향해 동시에 이동했다는 사실을 알고 놀라워했다. 이 관찰은, 개별화된 역할과 함께 조직화된 사냥 습성을 보이는 사자와 달리, 그 거미들에게는 무리를 이뤄 사냥할 때 엄격한 위계 질서가 존재하지 않을 수 있다는 점을 시사했다.

게다가, 이 연구는 거미들이 먹이를 향해 나아가는 동안 조화를 이뤄 자신들의 움직임을 전체적으로 잠시 멈췄다가 재개한다는 점도 밝혀냈다. 이 연구의 저자 라파엘 진슨의 말에 따르면, 그 거미들의 특이한 일시 멈춤 및 이동

재개 행동은 개별 거미 한 마리에 의해 조직되지도 않았고 거미 집단 사이에서 소통을 주고받은 것도 아니었다. 오히려, 아주 많은 거미들이 동시에 먹이를 향해 나아가고 있었기 때문에 먹이의 더 약한 진동이 거미들에 의해 만들어진 진동에 의해 가려졌다. 그 결과, 거미들은 목표물을 추적하기 위해 자주 멈춰야 했다.

어휘 unusual 특이한, 흔치 않은 pack hunting 무리 사냥 behavior 습성, 행동 tend to V ~하는 경향이 있다 solitary 혼자 하는 particular 특정한 species (동식물의) 종 exhibit (특징 등) ~을 보이다, ~을 드러내다 hold ~을 수용하다 up to 최대 ~의 span ~에 걸쳐 이어지다 collaborate 협력하다, 협업하다 ensnare ~을 걸려들게 하다 prey 먹이 tactic 작전, 전술 known as ~라고 알려진 strategy 전략 participate in ~에 참여하다 designated 지정된 involve ~을 수반하다, ~을 포함하다 fellow 동료의 seize ~을 잡다 appoint ~을 정하다, ~을 임명하다 serve as ~의 역할을 하다 assigned to ~을 배정 받은, ~을 할당 받은 pursue ~을 뒤쫓다(= track) cause A to V A에게 ~하게 만들다, A에게 ~하도록 초래하다 fall into ~에 놓이다 be hot on one's tail ~을 맹추격하다 aim to V ~하는 것을 목표로 하다 investigate ~을 조사하다 specific 특정한, 구체적인 simulate ~을 모방하다 vibration 진동 struggling 발버둥치는 insect 곤충 introduce ~을 들여놓다 observe ~을 관찰하다 detect ~을 감지하다 swarm 떼를 지어 다니다 consume ~을 먹다 simultaneously 동시에 differentiation 분화, 차별화 coordinated 조직화된, 편성된 individualized 개별화된 strict 엄격한 hierarchy 위계질서, 서열 collectively 전체적으로 resume ~을 재개하다 in sync 조화를 이뤄 head towards ~을 향해 가다 halting 일시 멈춤 orchestrate ~을 조직하다 colony 집단 progress 나아가다, 진행하다 be masked by ~에 의해 가려지다 take a break 잠시 멈추다, 잠시 쉬다 track down ~을 추적하다

1. 기사가 주로 무엇에 관한 것인가?
(a) 프랑스령 가이아나의 지리와 기후
(b) 한 거미 종의 흔치 않은 식습관
(c) 서로 다른 거미들의 진동 활용에 대한 비교
(d) 한 거미 종의 독특한 사냥 방식

어휘 geography 지리(학) comparison 비교 unique 독특한, 고유의

2. 2번째 단락에 따르면, 날개 역할을 하는 사자가 어떻게 사냥에 기여하는가?

(a) 무리의 리더 역할을 함으로써
(b) 왼쪽 또는 오른쪽에서 먹이를 뒤쫓음으로써
(c) 앞에서 먹이를 놀라게 함으로써
(d) 중앙에서 먹이를 뒤쫓음으로써

어휘 **contribute to** ～에 기여하다, ～에 도움이 되다 **chase** ～을 뒤쫓다

3. 해당 연구가들은 어떻게 거미를 연구했는가?
(a) 사냥 중인 거미들의 속도를 추적했다.
(b) 온도 변화에 대한 거미들의 반응을 연구했다.
(c) 거미집에 진동을 촉발해 거미들의 반응에 주목했다.
(d) 거미집에 서로 다른 물품들을 배치해 사냥을 부추겼다.

어휘 **while -ing** ～하는 동안 **temperature** 온도, 기온 **trigger** ～을 촉발하다 **note** ～에 주목하다 **place** ～을 배치하다, ～을 놓다 **instigate** ～을 부추기다, ～을 선동하다

4. 거미의 사냥 방식과 관련해 무엇이 연구가들을 놀라게 했는가?
(a) 사자들처럼 명확히 규정된 역할이 없었다.
(b) 어떤 진동도 만들지 않고 완전한 적막 속에 사냥했다.
(c) 해당 장치에서 나오는 진동을 감지할 수 없었다.
(d) 선두 거미가 먼저 공격하기를 기다렸다.

어휘 **defined** 규정된 **complete** 완전한 **silence** 적막, 고요 **be unable to V** ～할 수 없다 **detect** ～을 감지하다 **attach** 공격하다

5. 연구 내용에 따르면, 해당 거미들은 왜 사냥 중에 움직임을 멈추는 것 같은가?
(a) 각 거미에게 특정 역할을 수행하게 하기 위해
(b) 먹이가 어디로 이동할 것인지 지켜보기 위해
(c) 먹이에 의해 만들어지는 진동을 확인하기 위해
(d) 먹이를 속여 거미집에 가두기 위해

어휘 **allow A to V** A에게 ～할 수 있게 해 주다, A에게 ～하도록 허용하다 **fulfill** ～을 수행하다 **identify** ～을 확인하다, ～을 식별하다 **trick** ～을 속이다 **get stuck in** ～에 갇히게 되다, ～에서 꼼짝 못하게 되다

| 1단계 | Paraphrasing 연습
1. (a) 우울증을 표출하다 → 정신적인 건강 문제
2. (b) 전화기와 태블릿 → 전자 기기
3. (a) 설탕이 든 젤리를 탐지하다 → 단 물질을 찾다
4. (b) 거미의 능력 → 생명체의 능력

5. (b) 여러 대의 항공기가 사라졌다. → 많은 탈것이 사라졌다.
6. (a) 보통 먹는 음식 → 기본적인 식단
7. (b) 삼키다 – 먹다
8. (d) 생활 환경 – 환경
9. (a) 물품을 운반하다 – 물건을 수송하다
10. (c) 알아차리기 힘들다 – 찾기 어려운

| 2단계 | Paraphrasing 연습
1. 실험 참가자들은 의사복으로 확인된 실험복을 입었을 때 세부 사항에 주의를 기울이는 능력이 향상된 것을 보여주었다.
(a) 실험에 참여한 사람들은 그들의 옷이 의사와 연관되었을 때 세부 사항에 대한 집중이 증가하는 것을 보였다.
(b) 실험복이 벗겨지자, 실험 참가자들은 구체적인 세부 사항에 대한 관심이 높아졌다.
2. 애크미 사 직원들의 생산성은 사무실 환경이나 현재 업무량에 관계없이 높은 수준을 유지했다.
(a) 직원들의 효율성은 여러 회사에 걸쳐 일관되었다.
(b) 직원들의 성과 수준은 직장 환경에 덜 영향을 받았다.
3. 분석을 위해 연구원들은 5개 도시의 건강 관리 클리닉에서 의사들에게 진찰을 받은 300명의 당뇨병과 관련된 증상들의 자가 보고를 조사했다.
(a) 이 연구의 데이터는 환자의 병원 기록을 분석하여 얻은 것이다.
(b) 연구원들은 도시 자선 단체의 환자들을 조사하여 데이터를 얻었다.

연습문제 p.70

1 (b)	**2** (d)	**3** (d)	**4** (a)
5 (d)	**6** (b)	**7** (d)	**8** (c)
9 (a)	**10** (d)	**11** (a)	**12** (d)
13 (c)	**14** (b)	**15** (c)	**16** (b)

고대의 도기, 선사 시대의 우유 이용을 보여주다

고고학자들이 튀르키예의 아나톨리아 중부 지역에서 유지방을 담고 있던 여러 도기를 발견했으며, 그 유지방은 오로지 젖소에서 나온 것으로 밝혀졌다. 이 도기들은 과학자들로 구성된 팀에 의해 잔여물에 존재해 있던 특정 지방 유형을 확인하기 위해 지방질 분석 과정을 활용해 분석되었다. 그 도기들은 기원전 6,000년 무렵으로 거슬러 올라가는 것이며, 우유의 이용에 대한 가장 오래된 증거가 되었다.

어휘 ancient 고대의 ceramic pot 도기 prehistoric 선사 시대의 archaeologist 고고학자 discover ~을 발견하다 region 지역, 지방 contain ~을 담고 있다, ~을 포함하다 determine ~을 밝혀내다 exclusively 오로지, 독점적으로 analyze ~을 분석하다 lipid 지방질 analysis 분석 (과정) identify ~을 확인하다, ~을 식별하다 specific 특정한, 구체적인 present 존재하는, 있는 residue 잔여물 date back to (기원 등이) ~로 거슬러 올라가다 evidence 증거(물)

1. 기사의 주제는 무엇인가?
(a) 선사 시대 농법의 중요성
(b) 유제품 물질 이용의 가장 오래된 기록
(c) 도기 제품의 역사
(d) 가장 오래된 젖소 유해

해설 지문에서 설명하는 도기들이 우유의 이용에 대한 가장 오래된 증거에 해당된다는(making them the earliest evidence of the use of cow's milk) 말이 쓰여 있는데, 이는 우유, 즉 유제품 물질을 이용한 것에 대한 가장 오래된 기록을 의미하는 것으로 볼 수 있으므로 (b)가 정답이다.

오답분석 (d) 가장 오래된(earliest)이란 동일한 단어를 사용하여 혼동이 될 수 있지만, 본문에 언급된 우유의 이용 증거(evidence of the use of cow's milk)와는 전혀 다른 내용이므로 오답이다.

어휘 significance 중요성, 의의 farming 농업, 농사 dairy 유제품의, 낙농업의 substance 물질, 물체 remains 유해

문어는 코코넛 껍데기를 모아 이동식 집으로 활용함으로써 포식자들로부터 스스로를 보호하는 것으로 관찰되었다. 이 문어들은 반쪽짜리 코코넛 껍데기 두 개를 고른 다음, 해저에 함께 포개 놓아 보금자리를 만들었다. 해당 연구가들은 이 코코넛 껍데기가 문어의 움직임을 억제하고 냄새를 감춰주는 역할을 하면서, 포식자들이 위치를 찾는 것을 더 어렵게 만든다고 생각한다.

어휘 octopus 문어 be observed -ing ~하는 것으로 관찰되다 protect ~을 보호하다 predator 포식자 collect ~을 모으다, ~을 수집하다 shell 껍데기 mobile 이동용의 select ~을 고르다, ~을 선택하다 stack ~을 포개놓다, ~을 쌓다 ocean floor 해저 create ~을 만들어내다 shelter 보금자리, 쉼터 serve to V ~하는 역할을 하다 muffle ~을 억제하다, ~을 약하게 하다 hide ~을 감추다 make it A for B to V B가 ~하는 것을 A하게 만들다 locate ~의 위치를 찾다

2. 기사 내용에 따르면, 문어가 어떻게 포식자들로부터 스스로를 보호한 것 같은가?
(a) 해저에 붙어 위장함으로써
(b) 위협적인 크기와 형태로 포식자를 단념시킴으로써
(c) 보금자리를 만들어 포식자를 위협함으로써
(d) 자신의 움직임과 냄새를 감춤으로써

해설 코코넛 껍데기가 문어의 움직임을 억제하고 냄새를 감춰주는 역할을 해서(coconut shells served to muffle the octopuses' movements and hide their scent) 포식자들이 문어를 찾기 더 어렵게 만들어준다는 내용이 제시되어 있으므로 (d)가 정답이다.

Paraphrasing muffle the octopuses' movements and hide their scent 문어의 움직임을 억제하고 냄새를 감춰줌 → masking their motion and fragrance 움직임과 냄새를 감춤

어휘 camouflage ~을 위장하다 against ~에 붙어, ~에 기대어 deter ~을 단념시키다 intimidating 위협적인, 겁을 주는 threaten ~을 위협하다 mask v. ~을 감추다, ~을 가리다 fragrance 냄새, 향(기)

UC 버클리의 과학자들이 실시한 최근의 한 연구에서 벌새가 인간의 눈에 보이는 색깔들을 볼 수 있는 능력을 지니고 있는 것으로 밝혀졌다. 이를 연구하기 위해 연구가들은 색광이 장착된 기계에서 나오는 설탕 물을 마시도록 벌새를 훈련시켰는데, 이 색광은 이 새가 성공적으로 방문할 때마다 켜졌다. 색상 신호를 제시하기 위해 연구가들은 맞춤 제작되어 컴퓨터로 조절되는 LED 광원을 이용했으며, 이는 자외선의 색들을 포함해 다양한 색을 만들어낼 수 있었다. 그 빛은 벌새가 마시는 설탕 물의 종류에 따라 색을 변경했으며, 연구가들은 벌새가 심지어 약간의 색의 변화도 구별할 수 있다는 사실을 밝혀냈다.

어휘 recent 최근의 conduct ~을 실시하다, ~을 수행하다 hummingbird 벌새 ability to V ~할 수 있는 능력 invisible 보이지 않는 turn on 켜다 make a visit 방문하다 present ~을 제공하다, ~을 제시하다 cue 신호 custom-made 맞춤 제작된, 주문 제작된 computer-controlled 컴퓨터로 조절되는 light source 광원 a range of 다양한 including ~을 포함해 ultraviolet 자외선의 based on ~에 따라, ~을 바탕으로 distinguish 구별하다 slight 약간의 variation 변화, 변형

3. 다음 중 어느 것이 연구에 활용된 장비와 관련해 사실이 아닌가?
(a) 벌새에게 설탕물을 전달하는 데 활용되었다.

(b) 설탕 물의 종류에 따라 변화되는 색광을 발산했다.
(c) 다양한 색을 구별하도록 벌새를 훈련시키는 데 활용되었다.
(d) 벌새의 뇌 활동을 관찰할 수 있었다.

해설 기계에서 나오는 설탕 물을 마시도록(to drink sugar water from a machine) 벌새를 훈련시킨 사실과 이를 통해 색 변화를 구별할 수 있다는 점을(distinguish between even slight variations in color) 밝혀낸 사실을 언급하는 부분에서 (a)와 (c)를, 설탕 물의 종류에 따라 색을 변경한 점을(The light changed color based on the type of sugar water) 말하는 부분에서 (b)를 확인할 수 있다. 하지만 벌새의 뇌 활동 관찰과 관련된 정보는 제시되어 있지 않으므로 (d)가 정답이다.

어휘 **equipment** 장비 **emit** (빛, 열 등) ~을 발산하다, ~을 내뿜다 **differentiate** 구별하다 **varying** 변화하는, 다양한 **be able to V** ~할 수 있다 **monitor** v. ~을 관찰하다

20세기 초에, 손목시계는 사치품으로 여겨졌으며, 오직 부유한 사람들만 이용할 수 있었다. 하지만 조립 라인 기술의 발명으로 인해, 시계 제조사들은 더 큰 규모로 손목시계를 대량 생산할 수 있었으며, 이는 제조 비용을 상당히 감소시켰다. 이는 손목시계 생산 붐으로 이어졌으며, 곧 모든 계층의 사람들에게 있어 필수적인 액세서리가 되었다.

어휘 **be considered A** A로 여겨지다 **accessible** 이용할 수 있는, 접근할 수 있는 **the wealthy** 부유한 사람들 **however** 하지만, 그러나 **invention** 발명 **assembly-line** 조립 라인의 **be able to V** ~할 수 있다 **mass-produce** ~을 대량 생산하다 **on a larger scale** 더 큰 규모로 **significantly** 상당히, 많이 **manufacturing** 제조 **lead to** ~로 이어지다 **boom** 붐, 호황, 대유행 **essential** 필수적인 **class** 계층

4. 손목시계가 왜 사람들에게 필수적인 액세서리가 되었을 것 같은가?
(a) 손목시계의 이용 가능성 증가로 인해 더욱 저렴해졌기 때문에
(b) 패션 업계가 손목시계를 대중화시켰기 때문에
(c) 사회 규범이 시간 관리를 필수적인 것으로 만들었기 때문에
(d) 기술 발전이 손목시계를 더 정확하게 만들어 주었기 때문에

해설 조립 라인 기술의 발명으로 인해 손목시계를 대량 생산할 수 있게 되고 제조 비용을 상당히 감소시킨 것이(to mass-produce wristwatches on a larger scale, which significantly reduced the cost of manufacturing) 많은

사람들에게 필수적인 액세서리가 된 계기로 쓰여 있으므로 이러한 이용 가능성 증가 및 비용 관련 변화를 언급한 (a)가 정답이다.

Paraphrasing mass-produce 대량 생산 / reduced the cost of manufacturing 제조 비용 감소 → increased availability 이용 가능성 증가 / more affordable 더욱 저렴함

어휘 **increased** 증가된, 늘어난 **availability** 이용 가능성 **affordable** 저렴한, 적정한 가격의 **industry** 업계 **popularize** ~을 대중화시키다 **norm** 규범 **timekeeping** 시간 관리 **necessary** 필수적인, 필요한 **advancement** 발전, 진보 **accurate** 정확한

스위스 바젤 대학의 연구원들로 구성된 팀이 수면 패턴에 관한 종합적인 연구를 실시했으며, 3년의 기간에 걸쳐 33명의 자원 봉사자들이 참여했다. 이 연구를 위해 자원 봉사자들이 잠들어 있는 동안 뇌파 활동 및 수면 유도 호르몬인 멜라토닌의 수준에 대한 관찰을 통해 데이터가 수집되었다. 연구원들은 또한 참가자들이 잠드는 데 소요된 시간과 숙면 지속 시간도 추적했으며, 해당 자원 봉사자들이 다음날 얼마나 피로가 풀린 느낌이 들었는지에 관한 보고서도 받았다.

어휘 **conduct** ~을 실시하다, ~을 수행하다 **comprehensive** 종합적인, 포괄적인 **span** ~의 기간에 걸치다 **involve** ~을 참여시키다, ~을 관여시키다 **volunteer** 자원 봉사자 **collect** ~을 수집하다, ~을 모으다 **monitoring** 관찰 **brain wave** 뇌파 **induce** ~을 유도하다 **track** ~을 추적하다 **participant** 참가자 **fall asleep** 잠들다 **duration** 지속 시간 **obtain** ~을 얻다, ~을 획득하다 **rested** 피로가 풀린 **following** 다음의

5. 글쓴이가 이 단락을 쓴 목적은 무엇인가?
(a) 다양한 유형의 데이터를 수집하는 이점을 설명하는 것
(b) 해당 팀이 이용한 연구 방법들을 평가하는 것
(c) 해당 연구가 참가자들에게 미치는 영향을 이야기하는 것
(d) 해당 데이터가 어떻게 수집되었는지 설명하는 것

해설 수면 패턴에 관한 연구를 위해 참가자들의 뇌파 활동 및 멜라토닌 수준에 대한 관찰을(the monitoring of brain wave activity and levels of melatonin) 통한 데이터 수집, 잠드는 데 소요된 시간과 숙면 시간에 대한 추적(The researchers also tracked the time ~), 그리고 참가자들의 보고서를 받은 일(obtained reports) 등이 언급되어 있다. 이는 모두 연구용 데이터 수집 방법을 설명하는 내용이므로 (d)가 정답이다.

오답분석 (b) 해당 팀의 연구 방법을 단순히 설명만 할 뿐 이를 평

가하는 내용은 없으므로 오답이다.

어휘 **explain** ~을 설명하다 **benefit** 이점, 혜택 **collect** ~을 수집하다, ~을 모으다(= gather) **assess** ~을 평가하다 **method** 방법 **employ** ~을 이용하다 **effect** 영향, 효과

연구팀은 "별이 빛나는 밤에" 그림의 진위를 검증하는 데 있어 상당한 어려움을 겪었는데, 예술 작품이 일반적으로 해당 예술가의 서명을 통해 진품임이 증명되기 때문이다. 대신, 이들은 그 작품의 양식을 살펴보면서 동시대의 다른 작품들과 비교하는 것뿐만 아니라, 그것을 만드는 데 이용된 재료까지 분석함으로써 그 그림의 정통성을 대략적으로 확립할 수 있었다.

어휘 **face** ~에 직면하다 **significant** 중요한, 상당한 **verify** ~을 검증하다 **authenticity** 진품임, 진짜임 **typically** 일반적으로, 전형적으로 **authenticate** ~이 진짜임을 증명하다 **instead** 대신 **be able to V** ~할 수 있다 **roughly** 대략적으로 **establish** ~을 확립하다 **legitimacy** 정통성, 정당성, 타당성 **examine** ~을 살펴보다, ~을 조사하다 **compare A to B** A를 B와 비교하다 **work** (그림, 글, 음악 등의) 작품 **era** 시대 **as well as** ~뿐만 아니라 …도 **analyze** ~을 분석하다 **material** 재료, 물품, 자료 **create** ~을 만들어내다

6. 연구가들이 해당 예술품의 진위를 검증할 때 왜 문제와 맞닥뜨리게 되었을 것 같은가?
(a) 그림이 진위를 입증하기에 너무 오래되었다.
(b) 화가에 의해 남겨진 어떤 확인용 표시도 찾을 수 없었다.
(c) 그림을 그린 미술가가 알려지지 않았다.
(d) 그림이 전에 가품으로 입증되었다.

해설 해당 예술가의 서명을 통해(through the signature of the artist) 진품임을 증명하는 대신 작품 양식의 비교 및 재료 분석 등의 방법을 통해 증명한 사실이 언급되어 있다. 이는 지문에 언급된 미술 작품을 그린 화가가 남긴 서명 등과 같은 표시가 없었다는 점을 나타내는 말이므로 (b)가 정답이다.

Paraphrasing the signature of the artist 예술가의 서명 → identifying mark left by the painter 화가에 의해 남겨진 확인용 표시

어휘 **r u n   i n t o** ~와 맞닥뜨리다, ~와 마주치다 **complication** 문제 **identifying** 확인, 식별 **mark** 표시 **previously** 이전에, 과거에 **fake** 가짜

연구에 따르면 돼지가 대단히 지능적이고 사회적인 동물이며, 개의 인지 능력에 필적하는 능력을 지니고 있는 것으로 나타났다. 비록 돼지의 지능을 보여주는 많은 과학적인 증거가 있지만, 돼지가 더럽고 지능적이지 못한 생물이라는 근거 없는 믿음이 많은 사람들 사이에서 지속되고 있다.

어휘 **intelligent** 지능적인(↔ unintelligent) **cognitive ability** 인지 능력 **rival** v. ~에 필적하다, ~에 비할 만하다 **evidence** 증거(물) **indicate** ~을 보여주다, ~을 나타내다 **myth** 근거 없는 믿음, 신화 **filthy** 더러운 **creature** 생물(체) **persist** 지속되다, 계속되다

7. 돼지가 더럽고 지능적이지 못하다는 생각이 왜 만연해 있는 것 같은가?
(a) 사람들이 과학적 연구가 신뢰할 수 없다고 생각하기 때문에
(b) 사람들이 돼지가 반려동물이 될 수 없다고 생각하기 때문에
(c) 사람들이 TV 동물 프로그램에 관한 잘못된 정보에 노출되었기 때문에
(d) 사람들이 그 지능에 대한 증거에 익숙하지 않기 때문에

해설 과학적 증거가 많이 존재함에도 불구하고(Although there is much scientific evidence indicating their intelligence) 돼지가 더럽고 지능적이지 못한 생물이라는 근거 없는 믿음이 많은 사람들 사이에서 지속되고 있다는 말이 쓰여 있다. 따라서 사람들이 그러한 과학적 증거를 잘 알지 못한다는 의미로 볼 수 있으므로 이러한 의미로 쓰인 (d)가 정답이다.

Paraphrasing scientific evidence indicating their intelligence 지능을 보여주는 과학적 증거 → evidence of their intelligence 지능에 대한 증거

어휘 **unreliable** 신뢰할 수 없는 **be exposed to** ~에 노출되다 **be familiar with** ~에 익숙하다, ~을 잘 알다

1940년에 마틴은 도난당한 고대 그리스 꽃병 하나를 로마의 한 골동품 수집가에게 팔아 치우려 시도했다가 체포되었다. 불법적인 행위로 인해 체포된 마틴은 자신이 저지른 범죄의 결과에 직면했다. 역설적이게도, 귀중한 유물에 대한 절도가 전에는 알려져 있지 않았던 작품에 대한 명성 및 가치 상승으로 이어졌으며, 이는 현재 테살로니키의 보물로 알려져 있다.

어휘 **arrest** ~을 체포하다 **attempt to V** ~하려 시도하다 **ancient** 고대의 **antique** 골동품의 **collector** 수집가

upon -ing ~할 때, ~하자마자 unlawful 불법적인 face v. ~에 직면하다 consequence 결과 ironically 역설적이게도 theft 절도 prized 귀중한 artifact 유물 lead to ~로 이어지다 increased 증가된, 늘어난 fame 명성 value 가치 previously 이전에, 과거에 obscure 알려지지 않은, 모호한 known as ~로 알려진

8. 1940년에 마틴에게 무슨 일이 있었는가?
(a) 그리스 꽃병을 팔려고 시도하던 중에 쫓기게 되었다.
(b) 그리스 꽃병의 모조품을 판매해 유죄 판결을 받았다.
(c) 그리스 꽃병을 팔려고 시도하다가 붙잡혔다.
(d) 그리스 꽃병을 로마로 옮기던 중에 체포되었다.

해설 1940년에 고대 그리스 꽃병을 로마의 한 골동품 수집가에게 팔아 치우려 시도했다가 체포되었다는(In 1940, Martin was arrested as he attempted to peddle a stolen ancient Greek vase to an antique collector 말이 쓰여 있으므로 이러한 사실을 언급한 (c)가 정답이다.

오답분석 (d) 마틴이 꽃병 판매를 시도하려다 체포된 사실은 언급되어 있지만, 본인이 직접 로마로 가져가던 중에 붙잡혔다는 내용은 사실과 다르므로 오답이다.

어휘 follow ~을 뒤쫓다 while -ing ~하는 중에, ~하는 동안 be found guilty of ~로 유죄 판결을 받다 imitation 모조품 be caught -ing ~하다가 붙잡히다

생물학자들로 구성된 팀이 희귀 식물 종이 자랐던 지역을 확인하기 위해 위성 사진을 연구했다. 하지만 이들은 곧 그 지역이 시간이 흐름에 따라 급격한 생태계 변화를 겪었다는 사실을 알게 되었다. 이들에겐 오직 몇몇 잠재적인 탐사 장소만 남아 있었기 때문에 그 귀중한 식물을 찾을 가능성이 줄어들었다. 그럼에도 불구하고, 이 연구원들은 첫 목적지에 대해 계속 진행하기로 결정했는데, 이곳은 작고 고립된 개방 공간이었다. 도착하자마자, 이들은 체계적으로 그 지역을 조사하기 위해 횡단면 샘플 추출 방식을 활용했다. 이들은 유난히 운이 좋았다. 몇 시간 만에, 번성하고 있는 희귀 식물 개체군을 발견할 수 있었다.

어휘 biologist 생물학자 satellite 위성 identify ~을 확인하다, ~을 식별하다 region 지역, 지방 rare 희귀한, 드문 species (동식물의) 종 undergo ~을 겪다, ~을 거치다 drastic 급격한 ecological 생태계의 potential 잠재적인 site 장소, 부지 exploration 탐사, 탐험 reduce ~을 줄이다, ~을 감소시키다 odds 가능성 precious 귀중한 nevertheless 그럼에도 불구하고 decide to V ~하기

로 결정하다 proceed with ~을 계속 진행하다 initial 처음의, 초기의 destination 목적지, 도착지 isolated 고립된, 외딴 upon ~하자마자, ~할 때 arrival 도착 transect sampling 횡단면 샘플 추출 systematically 체계적으로 survey v. ~을 조사하다 exceptionally 유난히, 이례적으로 in a matter of hours 몇 시간 만에 be able to V ~할 수 있다 discover ~을 발견하다 thriving 번성하는 population (동식물의) 개체군

9. 연구가들이 해당 발견 프로젝트 중에 어떻게 운이 좋았는가?
(a) 방문한 첫 번째 장소에서 해당 식물 종을 찾았다.
(b) 해당 지역에서 식물 종을 탐색하기 위한 허가를 받았다.
(c) 위성 사진을 이용해 다양한 식물 종의 위치를 찾았다.
(d) 정부로부터 재정 지원을 받았다.

해설 첫 목적지에 대해 계속 진행하기로 결정한(the researchers decided to proceed with the initial destination) 사실과 도착 후 몇 시간 만에 해당 식물 개체군을 발견한(In a matter of hours, they were able to discover a thriving population of the rare plant) 사실이 제시되어 있으므로 이를 하나로 요약한 (a)가 정답이다.

Paraphrasing the initial destination 첫 목적지 / discover a thriving population of the rare plant 번성하고 있는 희귀 식물 개체군을 발견하다 → located the plant species at the first site they visited 방문한 첫 번째 장소에서 해당 식물 종의 위치를 찾았다

어휘 locate ~의 위치를 찾다 acquire a license 허가를 받다 financial 재정의, 재무의 assistance 지원, 도움

최근 들어, 대단히 흥미로운 행동 패턴이 설치류 연구가들 사이에서 관찰되었다. 그 결과는 쥐에게서 아주 유사하게 나타나는 현상을 보여준 앞선 연구 내용을 보완해주는 것이며, 이들도 마찬가지로 자신의 영역 전체에 걸쳐 다수의 장소에 먹이를 저장했다. 이로 인해 여러 과학자들은 '분산 저장'이라고 알려진 아주 독특한 행위가 많은 포유류에서 공통적으로 보여지는 흔한 방식이라는 점을 제시하기에 이르렀다.

어휘 fascinating 대단히 흥미로운, 매력적인 behavioral 행동의, 행동에 관한 observe ~을 관찰하다 rodent 설치류 outcome 결과 reinforce ~을 보완하다, ~을 강화하다 parallel 아주 유사한 phenomenon 현상 store ~을 저장하다, ~을 보관하다 numerous 다수의, 수많은 territory 영역, 영토 A lead B to V A로 인해 B가 ~하기

에 이르다 **propose that** ~임을 제시하다, ~임을 제안하다 **unique** 독특한, 고유한 **behavior** 행동 **known as** ~라고 알려진 **scatter hoarding** 분산 저장 **method** 방식, 방법 **mammal** 포유류

10. 서로 다른 여러 장소에 먹이를 숨기는 것이 흔한 행동 패턴일 수 있다는 사실을 연구가들이 어떻게 알게 되었는가?
(a) 굶주린 동물들에 관한 앞선 연구를 바탕으로
(b) 섭식 장애가 있는 환자들에 관한 앞선 연구를 바탕으로
(c) 겨울철 먹이 저장에 관한 앞선 연구를 바탕으로
(d) 작은 동물들에 관한 앞선 연구를 바탕으로

해설 설치류 행동 패턴 연구에 따른 결과가 쥐에게서 아주 유사하게 나타나는 현상을 보여준 앞선 연구 내용을 보완해 주는 것이라고(The outcomes reinforce earlier research that showed a parallel phenomenon in mice) 쓰여 있어 그러한 작은 동물에 관한 앞선 연구를 언급한 (d)가 정답이다.

Paraphrasing earlier research 앞선 연구 / mice 쥐들 → prior research on small animals 작은 동물들에 관한 앞선 연구

어휘 **based on** ~을 바탕으로, ~을 기반으로 **prior** 앞선, 사전의 **patient** 환자 **eating disorder** 섭식 장애 **storage** 저장, 보관

아버필드 대학의 연구원들은 반딧불이가 반짝이는 생체 발광 패턴을 동시에 발생시키는지에 관해 조사하고자 했다. 외부의 불빛 신호에 대한 반딧불이의 반응을 연구하기 위해 과학자들은 프로그램 입력 가능한 LED 시스템을 개발해 반딧불이의 자연 서식지 내에 놓아두었다. LED가 반딧불이의 반짝이는 패턴을 모방했을 때, 연구원들은 그 곤충이 인공 광원에 대한 반응으로 어떻게 자신들의 반짝임을 조절했는지 관찰했다.

어휘 **be eager to V** ~하기를 간절히 바라다 **investigate** ~을 조사하다 **as to** ~에 관해 **whether** ~인지 (아닌지) **firefly** 반딧불이, 개똥벌레 **synchronize** ~을 동시에 발생시키다 **bioluminescent** 생체 발광의 **response** 반응, 대응 **external** 외부의 **cue** 신호 **develop** ~을 개발하다 **programmable** 프로그램 입력 가능한 **position** ~을 놓아두다, ~을 위치시키다 **habitat** 서식지 **mimic** ~을 모방하다 **observe** ~을 관찰하다 **insect** 곤충 **adjust** ~을 조절하다, ~을 조정하다 **artificial** 인공적인 **source** 원천, 근원

11. 연구원들은 외부 불빛 신호에 대한 반딧불이의 반응을 어

떻게 조사했는가?
(a) 서식지 내에서 반짝이는 불빛에 대한 반딧불이의 반응을 기록함으로써
(b) 서식지 외부에 있는 LED 장치에 대한 반딧불이의 반응을 연구함으로써
(c) 서식지 내의 다른 종에 대한 반딧불이의 반응을 기록함으로써
(d) 서식지 내의 다양한 자극에 대한 반딧불이의 반응을 연구함으로써

해설 LED 시스템을 개발해 반딧불이들의 서식지 내에 놓아둔 점(LED system and positioned it within the fireflies' natural habitat), 그리고 LED가 반짝이는 패턴을 모방했을 때 그에 대한 반응으로 어떻게 반딧불이가 반짝임을 조절했는지 관찰한 점이(the researchers observed how the insects adjusted their own flashing in response to the artificial light source) 제시되어 있다. 따라서 서식지 내에서 반짝이는 불빛에 대한 반딧불이들의 반응을 기록한 것으로 볼 수 있으므로 (a)가 정답이다.

오답분석 (b) LED에 대한 반응을 연구했다는 내용은 맞지만 서식지 외부(outside their habitat)에 놓았다는 것은 서식지 내에(within the ~ habitat) 두었다는 본문의 내용과 모순되는 오답이다.

어휘 **reaction** 반응 **device** 장치, 기기 **species** (동식물의) 종 **stimulation** 자극

1900년대 초에 프랭크 로이드 라이트라는 이름의 미국 건축가가 '프레리 스쿨'이라는 건물 설계 방식을 만들어 냈다. 그의 아이디어는 당시에 일반적인 생각과 아주 달랐으며, 현대 건축에 영향을 미쳤다. 라이트의 독특한 특징들 중 한 가지는 건물을 주변의 자연 환경과 조화되도록 만들었다는 점이었다. 라이트의 디자인 이전에는 건물은 흔히 많은 세부 요소로 장식되고 높아 보이는 데 초점이 맞춰져 있었지만, 라이트의 디자인은 더 단순했으며, 수직적인 것이 아닌 수평적인 선들을 강조했다.

어휘 **architect** 건축가 **create** ~을 만들어내다 **way** 방식, 방법 **common** 흔한 **at the time** 당시에 **influence** ~에 영향을 미치다 **architecture** 건축 **unique** 독특한, 고유한 **feature** 특징 **blend in with** ~와 조화되다 **decorate** ~을 장식하다 **details** 세부 요소 **be focused on** ~에 초점이 맞춰지다 **emphasize** ~을 강조하다 **horizontal** 수평의 **instead of** ~가 아니라, ~ 대신 **vertical** 수직의

12. 라이트의 건축 양식이 왜 혁신적인 것으로 여겨졌는가?
(a) 관습에 얽매이지 않는 방식으로 전통적인 자재를 활용했기 때문에
(b) 새로운 방식으로 건물의 실내 공간을 보여주었기 때문에
(c) 고급 건축 기술의 활용을 수반했기 때문에
(d) 건축 디자인에 있어 복잡함을 덜 드러냈기 때문에

[해설] 당시의 경향과 달리, 라이트의 디자인이 더 단순했다는 (Wright's design was simpler) 말이 쓰여 있으므로 이러한 특징에 해당되는 (d)가 정답이다.

[Paraphrasing] simpler 더 단순한 → displayed less complexity 복잡함을 덜 드러냈다

[어휘] be considered A A한 것으로 여겨지다 revolutionary 혁신적인 traditional 전통적인 material 자재, 재료, 물품 unconventional 관습에 얽매이지 않는 involve ~을 수반하다, ~을 포함하다 advanced 고급의, 진보한 display ~을 드러내다, ~을 내보이다 complexity 복잡함

> 1870년에 있었던 한 연구에서 잘못 표기된 소수점으로 인해 시금치가 풍부한 철분 공급원인 것으로 널리 여겨지고 있다. 이 연구는 시금치가 3.5밀리그램이라는 정확한 표기 대신 100그램당 35밀리그램의 철분을 함유하고 있는 것으로 잘못 보고했다. 이 오류는 1930대나 되어서야 발견되었지만, 만화 캐릭터 '뽀빠이'로 인해 시금치가 한층 더 대중화되면서 근거 없는 믿음이 수십 년 동안 지속되었다. 실제로는, 시금치에는 평균적인 철분 성분이 들어 있으며, 이는 다른 여러 녹색 채소와 비슷하다.

[어휘] It is widely believed that ~라고 널리 여겨지다 spinach 시금치 source 공급원, 원천 due to ~로 인해, ~때문에 misplaced 잘못 놓여진 decimal point 소수점 contain ~을 함유하다, ~을 포함하다 instead of ~대신, ~가 아니라 correct 정확한, 옳은 not A until B B나 되어야 A하다 discover ~을 발견하다 myth 근거 없는 믿음, 신화 persist 지속되다 decade 10년 popularize ~을 대중화하다 content 성분, 내용물 comparable to ~와 비슷한, ~에 맞먹는

13. 1870년에 있었던 연구에서 왜 시금치에 철분 성분이 높은 것으로 잘못 여겨졌는가?
(a) 더 많은 양의 시금치가 저울에 올려졌기 때문에
(b) 인기 있는 캐릭터가 철분의 힘을 강조했기 때문에
(c) 보고된 수치가 실제 결과와 달랐기 때문에

(d) 당시에 이용된 저울이 부정확했기 때문에

[해설] 잘못 표기된 소수점이 원인이었던 것으로(due to a misplaced decimal point) 언급하면서 시금치가 3.5밀리그램이 아닌 100그램당 35밀리그램의 철분을 함유하고 있는 것으로 잘못 보고한(The study mistakenly reported that spinach contained 35 milligrams of iron per 100 grams, instead of the correct 3.5 milligrams) 사실이 쓰여 있다. 이는 실제 결과와 다른 정보가 알려졌음을 의미하는 말이므로 (c)가 정답이다.

[Paraphrasing] misplaced decimal point 잘못 표기된 소수점 → the reported number differed 보고된 수치가 달랐다

[어휘] place ~을 놓다 scale 저울 emphasize ~을 강조하다 differ from ~와 다르다 result 결과 inaccurate 부정확한

> 다른 가루 유형들에 비해, 아몬드 가루는 요리사들 사이에서 좀처럼 이용되지 않는다. 아몬드 가루는 글루텐이 들어 있지 않으며, 액체 흡수 시간 및 온도와 관련해 밀가루와 다른 특징을 지니고 있다. 이로 인해 조리법 및 굽는 시간을 재조정하는 데 있어 더 많은 시간과 노력이 필요하다. 게다가, 아몬드 가루는 일반적으로 전통적인 밀가루보다 더 비싼데, 이로 인해 업체 및 가정용으로 덜 매력적이다.

[어휘] compared to ~에 비해, ~와 비교해 flour 가루 rarely 좀처럼 ~ 않다 free ~이 없는 characteristic 특징 regarding ~와 관련해 liquid 액체 absorption 흡수 temperature 온도, 기온 require ~을 필요로 하다 readjust ~을 재조정하다 recipe 조리법 in addition 게다가, 추가로 generally 일반적으로 traditional 전통적인 attractive 매력적인

14. 지문 내용에 따르면, 아몬드 가루가 왜 밀가루에 비해 제빵에 있어 덜 인기 있는가?
(a) 가루를 만드는 데 돈이 소비되어야 하기 때문에
(b) 준비에 추가 작업이 필요하기 때문에
(c) 더 많은 글루텐에 돈이 소비되어야 하기 때문에
(d) 더 많은 양의 가루가 각 요리에 필요하기 때문에

[해설] 조리법 및 굽는 시간을 재조정하는 데 있어 더 많은 시간과 노력이 필요하다는(This requires more time and effort in readjusting recipes and baking times) 말이 쓰여 있는데, 이는 준비 과정에 더 많은 시간과 추가 작업이 필요하다는 뜻으로 볼 수 있으므로 (b)가 정답이다.

어휘 additional 추가적인 required 필요한, 필수의 preparation 준비

동물의 건강 상태를 연구하는 수의학자 마이클 후버가 음악에 대한 노출이 병원에 있는 개들에게 미치는 영향을 실험했다. 그의 팀은 새로 들어온 개들을 클래식 음악에 노출시킨 반면, 다른 그룹은 헤비메탈 음악에 노출되었다. 결과에 따르면 클래식 음악에 노출된 개들은 더 오랜 시간 동안 불안한 상태로 계속 남아 있었던 다른 그룹과 비교할 때 새로운 환경에 대해 더 빠른 적응력을 보이며 더 낮은 스트레스 수준을 보인 것으로 나타났다.

어휘 veterinary scientist 수의학자 experiment v. ~을 실험하다 effect of A on B A가 B에 미치는 영향 exposure 노출 expose A to B A를 B에 노출시키다 newly arrived 새로 들어온 result 결과 display ~을 보이다, ~을 드러내다 (= exhibit) adaptation 적응(력) surroundings 환경, 주변 when compared to ~와 비교할 때 remain 계속 ~한 상태로 남아 있다 anxious 불안한

15. 연구원들은 어떻게 자신들의 연구 결과물을 수집했는가?
(a) 개들이 정신적 외상 후에 어떻게 음악에 반응했는지 조사함으로써
(b) 개들의 다양한 짖는 소리를 녹음함으로써
(c) 개들이 익숙하지 않은 환경에서 어떻게 음악에 반응했는지 관찰함으로써
(d) 질병에서 회복하는 동안 음악을 즐기도록 개들을 도움으로써

해설 새로 들어온 개들을 클래식 음악에 노출시킨(His team exposed the newly arrived dogs to classical music) 방식이 언급되어 있는데, 이는 익숙하지 않은 환경에서 그 음악에 대한 반응을 살피기 위한 것이므로 이러한 방법을 의미하는 (c)가 정답이다.

Paraphrasing newly arrived 새로 들어온 → unfamiliar environment 익숙하지 않은 환경

어휘 collect ~을 수집하다, ~을 모으다 findings 결과 (물) examine ~을 조사하다 respond to ~에 반응하다 trauma 정신적 외상 barking 짖는 observe ~을 관찰하다 unfamiliar 익숙하지 않은 assist ~을 돕다 while -ing ~

하는 동안 recover from ~에서 회복하다 disease 질병

'회복력 연구' 저자들은 처음에 개인의 성장이 대단히 충격적인 사건 뒤에 나타날 수 있다는 점에 대해 회의적이었다. 하지만 이들은 개인의 위기가 흔히 깊이 있는 변화로 이어진다는 사실을 발견했다. 삶의 어려움에 직면한다는 것은 압도적인 일일 수 있지만, 고난이 내면의 역량을 촉진해, 회복력과 성취감을 길러줄 수 있음을 깨닫게 된다는 점에서 위안이 된다.

어휘 resilience 회복력, 탄성 author 저자, 작가 initially 처음에 skeptical 회의적인 follow ~뒤에 일어나다 traumatic 대단히 충격적인, 정신적 외상의 discover (that) ~임을 발견하다 crisis 위기 lead to ~로 이어지다 profound 깊이 있는, 심오한 transformation 변화, 변신 face v. ~에 직면하다 challenge 어려움, 힘든 일 overwhelming 압도적인 comfort 위안, 위로 realize that ~임을 깨닫다 hardship 고난, 어려움 boost ~을 촉진하다, ~을 증진하다 inner 내면의, 내부의 resource 역량, 능력, 자질 foster ~을 발전시키다, ~을 조성하다 fulfillment 이행, 수행, 완수

16. 해당 연구에서 무엇이 핵심 요점일 수 있는가?
(a) 사람이 겪는 어려움이 예상보다 더 크게 충격적일 수 있다는 점
(b) 사람이 겪는 역경이 예상보다 더 유익할 수 있다는 점
(c) 사람이 겪는 어려움이 예상보다 더 해로울 수 있다는 점
(d) 사람이 겪는 역경이 예상보다 더 극복하기 쉬울 수 있다는 점

해설 삶의 어려움에 직면하는 것이 압도적인 일이기는 해도 그 어려움이 회복력과 이행 능력을 발전시킬 수 있다는(hardships can boost one's inner resources, fostering resilience and fulfillment) 말이 쓰여 있다. 즉 그러한 어려움이 생각보다 좋은 방향으로 작용할 수 있음을 나타내는 것이므로 이러한 의미로 쓰인 (b)가 정답이다.

Paraphrasing boost one's inner resources, fostering resilience and fulfillment 내면의 역량을 촉진해 회복력과 성취감을 길러주다 → may be more beneficial 더 유익할 수 있다

어휘 takeaway 핵심 요점, 중요한 점 than expected 예상보다 adversity 역경 beneficial 유익한, 이로운 damaging 해로운, 피해를 끼치는 overcome ~을 극복하다

---

1 (d)	**2** (a)	**3** (c)	**4** (b)
5 (c)	**6** (a)	**7** (b)	

해석

13일의 금요일이 불행한 날이라는 믿음

미신과 두려움으로 둘러싸인 날짜, 13일의 금요일은 역사 전반에 걸쳐 다양한 문화적 표현에 영감을 주어왔다. ❶ <u>이 악명 높은 날은 불운과 연관되어 왔으며, 많은 사람들은 여전히 불행을 가져온다는 믿음을 지니고 있다.</u> 실제로, 13일의 금요일에 대한 두려움을 나타내는 '파라스케비데카트리아포비아'라는 특정 명칭도 존재한다.

13이라는 숫자는 많은 문화권에서 불행과 결부되어 왔으며, 수 세기 동안 불길한 숫자로 여겨져 왔다. ❷ <u>서구 문화권에서는, 12가 흔히 완전하고 조화로운 숫자로 여겨지고 있는데, 다른 여러 가지들 중에서도, 1년이 12개월로 되어 있고, 12개의 별자리가 존재하며, 헤라클레스의 12과업이 있기 때문이다.</u> 하지만 13이라는 숫자는 흔히 숫자 12의 질서와 완전함을 ❻ <u>방해하는</u> 비정상적인 것이자 불균형적이고 부조화된 숫자로 여겨지고 있다.

고대에는 숫자 13이 불길한 사건 및 일들과 연관되어 있었다. 예를 들어, ❸ <u>북유럽 신화에서 로키 신은 저녁 만찬 행사의 13번째 손님이었으며, 발더 신의 죽음을 초래했다.</u> 마찬가지로, 기독교에서는 나중에 예수를 배신하는 유다를 포함해, 13명의 사람들이 '최후의 만찬'에 참석했다. 숫자 13은 템플 기사단과도 연관되어 있었는데, 이는 신념을 지닌 중세의 비밀 무장 조직으로서 프랑스의 왕 필립 4세에 의해 용납될 수 없는 것으로 여겨졌던 관례에 관여한 혐의에 직면했으며, 왕은 이 기사단을 1307년 10월 13일, 금요일에 해산시켰다. 다른 것들 중에서도, 이러한 사건들이 숫자 13과 불행 및 불운 사이의 연관성에 대한 원인이 되어왔다.

13일의 금요일이라는 전설의 역사에 있어 중요한 순간은 ❹(a) ❹(d) <u>1907년에 토머스 윌리엄 로슨의 소설 '13일의 금요일'이 출간되면서 나타났다.</u> ❹(c) <u>이 책은 13일의 금요일에 대한 사람들의 미신을 이용해 월스트리트에 혼란을 초래하고 그것으로부터 이득을 취하는 뉴욕 시의 한 증권 중개인에 관한 내용이다.</u> 이 소설은 불운과 불행의 날로서 13일의 금요일이 지닌 명성을 ❼ <u>공고히 하는</u> 데 도움을 주었다. 13일의 금요일이 불운을 가져온다는 믿음에 대한 유래가 불명확하기는 하지만, 이 미신은 계속해서 많은 사람들 사이에서 지속되고 있다. ❺ <u>이 믿음은 사람들의 인식에 영향을 미쳐 그것이 끼칠 수 있는 심리적 영향으로 인해 부정적인 사건을 겪을 가능성을 높일 수 있다.</u> 그 결과, 어떤 사람들은 심지어 불운한 날이라는 믿음으로 인해, 13일의 금요일에는 여행을 하거나 중요한 결정을 내리는 일을 피하기도 한다.

어휘 misfortune 불행, 불운 superstition 미신 dread 두려움 inspire ~에 영감을 주다 a variety of 다양한 expression 표현, 표출 notorious 악명 높은 be associated with ~와 연관되다 specific 특정한, 구체적인 paraskevidekatriaphobia 파라스케비데카트리아포비아(13일의 금요일 공포증) be linked to ~와 결부되다, ~와 관련되다 be regarded as ~로 여겨지다(= be seen as, be viewed as) complete 완전한 harmonious 조화로운 zodiac sign 별자리 abnormality 비정상(적인 것) unbalanced 불균형적인 disharmonious 부조화된 disrupt ~을 방해하다, ~에 지장을 주다 ancient 고대의 ominous 불길한 occurrence 일, 발생 Norse mythology 북유럽 신화 cause ~을 초래하다, ~을 유발하다 Christianity 기독교 attend ~에 참석하다 including ~을 포함해 betray ~을 배신하다 medieval 중세의 order 비밀 조직 face ~에 직면하다 accusation 혐의, 비난, 기소 engage in ~에 관여하다 practice 관례, 관행 be deemed + 형용사 ~하는 것으로 여겨지다 unacceptable 용납될 수 없는 disband ~을 해산하다 contribute to ~에 대한 원인이다, ~에 기여하다 association of A with B A와 B 사이의 연관성 occur 나타나다, 발생하다 stockbroker 증권 중개인 chaos 혼란, 혼돈 profit from ~로부터 이득을 얻다 cement v. ~을 공고히 하다 reputation 명성, 평판 origin 유래, 기원 continue to V 계속 ~하다 persist 지속되다 influence ~에 영향을 미치다 perception 인식 likelihood 가능성 negative 부정적인 due to ~로 인해, ~ 때문에 psychological 심리적인 effect 영향, 효과, 결과 avoid -ing ~하는 것을 피하다 make a decision 결정을 내리다 out of ~ 때문에, ~로부터

1. 기사는 주로 무엇에 관한 것인가?
(a) 휴일 중의 다양한 문화적 표현에 관한 정보
(b) 한 숫자가 어떻게 불운과 연관되었는지에 관한 정보
(c) 서로 다른 사회에 존재하는 미신의 특성에 관한 정보
(d) 한 특정한 날이 어떻게 악명 높은 날이 되었는지에 관한 정보

해설 제목 및 첫 단락에 13일의 금요일이 악명 높은 날로서 불운과 연관되어 있다는 믿음을 사람들이 지니고 있다고(This notorious day has been associated with bad luck, and many people still hold the belief that it brings misfortune) 언급하고 있다. 따라서 13일의 금요일을 어떻게 불길한 날로 믿게 되었는지에 관한 글이라는 것을 알 수 있으므로 (d)가 정답이다.

오답분석 (b) 13이란 숫자가 왜 불운과 연관이 있는지 설명이 되고 있긴 하지만, 본문 전체의 내용은 숫자 13에만 국한되는 것이 아니라 '13일의 금요일'이라는 특정한 날에 대한 설명이므로 본문

내용 전체를 설명하지 못하는 오답이 된다.

어휘 **nature** 특성 **particular** 특정한, 특별한 **infamous** 악명 높은

2. 기사 내용에 따르면, 서구 사회는 숫자 12를 어떻게 인식해 왔는가?
(a) 조화와 완전함을 대표한다.
(b) 12개월에 걸친 시간의 흐름을 대표한다.
(c) 변화와 개선을 대표한다.
(d) 헤라클레스의 12과업 중에 직면한 어려움을 대표한다.

해설 숫자 12와 관련해 설명하는 두 번째 단락에, 서구 문화권에서는 12가 흔히 완전하고 조화로운 숫자로 여겨지고 있다는(In Western cultures, 12 is often seen as a complete and harmonious number) 말이 쓰여 있으므로 이러한 인식을 언급한 (a)가 정답이다.

Paraphrasing is often seen as a complete and harmonious number 완전하고 조화로운 숫자로 여겨지고 있다 → represents unity and wholeness 조화와 완전함을 대표한다

어휘 **perceive** ~을 인식하다 **represent** ~을 대표하다, ~을 대신하다 **unity** 조화, 통일(성) **wholeness** 완전함 **renewal** 개선, 회복, 재개, 갱신

3. 북유럽의 한 신과 숫자 13 사이에 어떤 연관성이 존재하는가?
(a) 발더가 13일의 금요일에 죽임을 당했다.
(b) 헤라클레스가 13가지 훌륭한 위업을 행했다.
(c) 로키가 신성한 모임의 13번째 손님이었다.
(d) 템플 기사단이 13명의 북유럽 신을 숭배했다.

해설 북유럽 신화와 관련해 언급하는 세 번째 단락에, 북유럽 신화에서 로키 신이 저녁 만찬 행사의 13번째 손님이었다고 알리고 있으므로 (c)가 정답이다.

Paraphrasing at a dinner party 저녁 만찬 행사에서 → at a divine gathering 신성한 모임에서

어휘 **exist** 존재하다 **commit** ~을 행하다 **feat** 위업 **divine** 신성한 **gathering** 모임 **worship** ~을 숭배하다

4. 다음 중 어느 것이 소설 '13일의 금요일'과 관련해 사실이 아닌가?
(a) 1907년에 일반인들이 구입할 수 있게 되었다.
(b) 13일의 금요일에 대한 사람들의 두려움을 누그러뜨렸다.
(c) 재계의 미신이라는 주제를 탐구했다.

(d) 토머스 윌리엄 로슨에 의해 쓰여졌다.

해설 소설 '13일의 금요일'이 언급되는 네 번째 단락에서, 출간 시기와 작가를 언급하는 in 1907, with the publication of the novel Friday, the Thirteenth by Thomas William Lawson 부분을 통해 (a)와 (d)를 확인할 수 있고, The book is about a New York City stockbroker who uses people's superstitions about Friday the 13th to cause chaos on Wall Street and profit from it이라는 문장을 통해 재계의 미신이 주제임을 말하는 (c)의 내용도 확인할 수 있다. 하지만 13일의 금요일에 대한 사람들의 두려움을 누그러뜨린 것과 관련된 정보는 제시되어 있지 않으므로 (b)가 정답이다.

어휘 **available** 구입 가능한, 이용 가능한 **the public** 일반인들 **soften** ~을 누그러뜨리다, ~을 부드럽게 만들다 **explore** ~을 탐구하다 **financial world** 재계

5. 13일의 금요일을 둘러싼 미신이 왜 지속되고 있는 것 같은가?
(a) 끔찍한 사건들이 전 세계에서 그 날에 계속 일어나고 있다.
(b) 과학 연구가 그 날의 역사적으로 좋지 못한 명성을 뒷받침하고 있다.
(c) 그 미신에 대한 믿음이 사람들의 경험에 영향을 미칠 수 있다.
(d) 대부분의 사람들이 그 날 일하거나 여행하기를 거부한다.

해설 마지막 단락에 13일의 금요일에 대한 믿음이 사람들의 인식에 영향을 미쳐 그 심리적 영향으로 인해 부정적인 사건을 겪을 가능성을 높일 수 있다고(This belief may influence their perception and increase the likelihood of experiencing negative events due to the psychological effect it may have) 언급되어 있다. 이는 사람들의 경험에 부정적인 영향을 미칠 수 있음을 의미하는 말이므로 (c)가 정답이다.

오답분석 (a) 부정적 사건의 발생 확률이 높은 것은 심리적인 영향 때문이라는(due to the psychological effect) 본문의 설명이 있다. 따라서 끔찍한 사건들이 계속 일어난다는 보기의 내용은 미신에 대한 '결과'이며 미신이 계속되는 '이유'를 묻는 질문에 대한 답이 될 수 없으므로 오답이다.

어휘 **terrible** 끔찍한 **refuse to V** ~하기를 거부하다, ~하기를 거절하다

6. 해당 단락의 문맥에서, disrupts가 의미하는 것은 무엇인가?
(a) 방해하다
(b) 침입하다, 침범하다

(c) 멈추다, 중단하다

(d) 당황스럽게 만들다, 곤란하게 만들다

[해설] disrupts가 속한 that절 앞에 위치한 주절에는 13이라는 숫자가 비정상적인 것이자 불균형적이고 부조화된 숫자로 여겨지고 있다는 말이, disrupts 뒤에는 질서와 완전함을 의미하는 명사들이 목적어로 쓰여 있다. 따라서 부정적인 숫자로 여겨지는 13이 '질서와 완전함을 방해하다'와 같은 의미가 되어야 가장 자연스러우므로 '방해하다'를 뜻하는 (a) hampers가 정답이다.

7. 해당 단락의 문맥에서, cement가 의미하는 것은 무엇인가?

(a) 단단히 잠그다, 꽉 고정하다

(b) 강화하다, 더 튼튼하게 하다

(c) 확립하다, 설립하다

(d) 부착하다, 붙이다, 첨부하다

[해설] 해당 문장에서 소설 '13일의 금요일'이 그 날의 명성에 어떤 영향을 미치는 데 도움이 되었는지를 나타내기 위해 cement가 쓰였다. 앞선 문장에 언급된 소설의 줄거리로 볼 때, 13일의 금요일과 관련된 미신이 그 부정적인 명성을 더욱 확고하게 해 주었다는 의미가 되어야 자연스러운데, 이는 그러한 명성을 강화하는 것과 같으므로 '강화하다' 등을 뜻하는 (b) strengthen이 정답이다.

8 (d)	**9** (b)	**10** (a)	**11** (c)
12 (a)	**13** (a)	**14** (b)	

해석 ─

피자는 어떻게 세계적으로 상징적인 음식이 되었는가

피자는 납작한 빵에 토마토소스와 치즈, 그리고 다양한 다른 재료를 올린 음식으로서 수 세기 동안 전 세계의 사람들이 즐겨왔다. **8** 역사적으로, 그리스와 이집트, 그리고 로마를 포함한 많은 다른 문명 사회에서 인기 많은 이 음식을 자신들만의 고유한 버전으로 만들어왔다. 하지만 피자가 이탈리아에서 인기를 **13** 얻어 오늘날 즐기는 현대적인 버전을 닮기 시작한 것은 1800년대 후반이나 되어서였다. 우리가 아는 첫 번째 피자는 이탈리아의 나폴리에서 만들어졌다. 이 피자는 간단한 요리로서, 토마토소스와 치즈, 그리고 바질을 올린 얇고 납작한 빵 표면으로 구성되었다. **9** 이 요리는 저렴함과 단순성을 높이 평가한 노동자 계층 사람들 사이에서 빠르게 인기를 얻었다. 1900년대 초반에 이 요리는 이탈리아 전역에서 확산되기 시작했으며, 마침내 이탈리아 이민자들을 통해 미국으로까지 퍼져 나갔다.

미국의 첫 피자 전문점은 롬바르디스로서, 1905년에 뉴욕 시에 문을 열었다. 더 많은 이탈리아 이민자들이 미국에 도착함에 따라, 피자의 인기는 지속적으로 늘어났으며, 빠르게 미국 요리의 주식이 되었다. 2차 세계 대전 중에는 **10** 이탈리아에 주둔했던 미국인 병사들이 피자에 맛을 들이기 시작했으며, 집으로 돌아갈 때, 그 요리에 대해 새롭게 생긴 애착을 안고 갔다. 그 결과, 피자는 세계의 여러 다른 지역으로 확산되기 시작해, 호주와 영국, 그리고 일본 같은 곳에서도 인기를 얻기 시작했다.

오늘날, 피자는 전 세계에서 가장 인기 있는 음식 중 하나이다. **11ⓐ 11ⓑ** 전통적인 페퍼로니에서부터 해산물과 파인애플 같이 더욱 이국적인 옵션의 범위에 이르는 토핑들과 함께, 많은 다른 **14** 종류로 나오고 있다. 이탈리아에서 피자는 **11ⓓ** 그 요리에 많은 지역적 다양성과 함께, 국가 요리의 주식으로 여전히 남아 있다. 미국에서는 피자가 상징적인 음식이 되었으며, 시카고 스타일의 두꺼운 피자와 뉴욕 스타일의 빵 껍질이 얇은 피자와 같이 많은 도시에 고유의 스타일이 있다.

최근 몇 년 사이에 피자는 수많은 과학 연구의 주제가 되어 왔는데, 연구가들이 왜 이 요리가 그렇게 보편적으로 사랑을 받고 있는지 이해하려 하고 있기 때문이다. 일부 연구는 **12** 피자에 들어 있는 탄수화물과 지방, 그리고 치즈의 조합이 뇌의 보상 체계를 촉발시켜, 즐거움과 만족감으로 이어진다는 점을 시사한 바 있다. 그 이유와 상관없이, 피자가 지속적으로 앞으로의 세대들에게도 사랑받는 음식이 될 것이라는 사실은 분명하다.

어휘 iconic 상징적인 worldwide 전 세계적으로 topped with ~을 올린 a variety of 다양한 ingredient 재료, 성분 civilization 문명 (사회) including ~을 포함해 create ~을 만들어내다 unique 고유의, 독특한 beloved 인기 많은, 사랑 받는 it wasn't until A that B B한 것은 A나 되어서였다 gain popularity 인기를 얻다 resemble ~을 닮다 iteration 새 버전, 신판 consist of ~로 구성되다 crust 빵 표면, 빵 껍질 working-class 노동자 계층의 appreciate (진가 등) ~을 알아보다, ~을 인식하다 affordability 저렴함, 가격 적정성 simplicity 간소함, 단순함 spread 확산되다, 퍼지다 make one's way to ~로 퍼져나가다, ~로 진출하다 immigrant 이민자 pizzeria 피자 전문점 continue to V 지속적으로 ~하다 staple 주식 cuisine 요리 stationed in ~에 주둔한, ~에 배치된 develop a taste for ~에 맛을 들이다 newfound 새롭게 발견한 variety 종류, 여러 가지, 다양성 range from A to B A에서 B의 범위에 이르다 exotic 이국적인 regional 지역의, 지방의 variation 변형(된 것) deep-dish (파이 등이) 두꺼운 subject 주제, 대상 numerous 수많은, 다수의 universally 보편적으로 combination 조합, 결합 carbohydrate 탄수화물 fat 지방 trigger ~을 촉발시키다 reward 보상 lead to ~로 이어지다 regardless of ~와 상관없이 generation 세대

8. 기사에서 무엇이 주로 이야기되고 있는가?
(a) 피자의 기원에 관한 논란
(b) 피자가 어떻게 가장 인기 있는 음식이 되었는가
(c) 서로 다른 피자들에 대한 비교
(d) 인기 있는 한 음식의 기원

해설 첫 단락에 아주 오래 전의 과거 시점에서부터 피자를 만든 사실과 함께, 현대적인 피자가 생겨난 것이 1800년대 후반임을 언급하고 있어(Throughout history, many different civilizations, including the Greeks, Egyptians, and Romans, ~ it wasn't until the late 1800s that pizza gained popularity in Italy) 이 인기 있는 음식의 기원이 글의 주제임을 알 수 있으므로 (d)가 정답이다.

오답분석 (b) 피자가 인기 있는 것은 맞지만, 가장 인기 있는 음식(the most popular food)이란 최상급 표현은 본문에 사용되지 않았으므로 오답이다.

어휘 controversy 논란 origin 기원, 유래 comparison 비교

9. 기사 내용에 따르면, 피자가 왜 노동자 계층 사람들 사이에서 인기를 얻게 되었는가?
(a) 대량으로 요리하기 쉬웠다.

(b) 저렴하고 조리하기 간단했다.
(c) 건강에 좋은 재료로 만들어졌다.
(d) 다른 전통적인 음식들과 유사했다.

해설 노동자 계층 사람들이 언급된 두 번째 단락에, 저렴함과 단순성을 알아본 노동자 계층 사람들 사이에서 빠르게 인기를 얻었다는 말이 쓰여 있다. 이는 저렴하고 조리가 간편하다는 특징을 의미하는 것이므로 (b)가 정답이다.

Paraphrasing affordability and simplicity 저렴함과 단순함 → cheap and easy to prepare 저렴하고 조리하기 간편함

어휘 in large quantities 대량으로 prepare ~을 조리하다, ~을 준비하다 similar to ~와 유사한 traditional 전통적인

10. 3번째 단락에 따르면, 피자가 왜 2차 세계 대전 후에 더 인기를 얻게 되었는가?
(a) 이탈리아에 있던 미국인 병사들이 집으로 돌아가 그 인기를 확산시켰다.
(b) 이탈리아 이민자들이 전국 각지에 레스토랑을 열었다.
(c) 피자를 만드는 비용이 상당히 감소했다.
(d) 롬바르디스가 미국 전역에 신규 지점들을 개장했다.

해설 문제에서 언급된 세 번째 단락에 이탈리아에 주둔했던 미국인 병사들이 피자에 맛을 들이기 시작한 사실과 함께 집으로 돌아가면서 피자에 대해 새롭게 생긴 애착을 안고 갔다는(American soldiers stationed in Italy developed a taste for pizza, and when they returned home, they brought their newfound love for the dish with them) 내용이 제시되어 있다. 따라서 이탈리아에 주둔했던 미국인 병사들이 고국으로 돌아가 인기를 확산시킨 것으로 볼 수 있으므로 (a)가 정답이다.

오답분석 (b) 이탈리아 이민자들에 의해 피자의 인기가 높아진 것은 시기적으로 2차 대전이 발생하기 전이므로 2차 대전 이후의 내용을 묻는 질문과 맞지 않는 오답이다.

어휘 decrease 감소하다, 줄어들다 considerably 상당히, 많이 location 지점, 위치

11. 다음 중 어느 것이 네 번째 단락에서 피자와 관련해 언급되지 않은 것인가?
(a) 다양한 형태로 전 세계 사람들이 즐기고 있다.
(b) 무수하게 많은 토핑 가능성을 제공한다.
(c) 미국에서는 지역적 다양성이 없다.
(d) 지역마다 스타일이 다양하다.

해설 네 번째 단락의 It comes in many different varieties, with toppings ranging from classic pepperoni to more exotic options like seafood and pineapple 부분에서 다양한 형태 및 많은 토핑 가능성을 언급한 (a)와 (b)를, 그리고 with many regional variations on the dish 부분에서 지역별 스타일의 다양함을 말한 (d)를 각각 확인할 수 있다. 하지만 미국에서도 시카고와 뉴욕 스타일이 다르다고 했으므로 지역적 다양성이 없다고 한 (c)가 정답이다.

어휘 form 형태, 유형 offer ~을 제공하다 countless 무수하게 많은 vary 다양하다 from region to region 지역마다

12. 기사 내용에 따르면, 사람들이 피자를 즐기는 이유에 대한 한 가지 가능성 있는 설명은 무엇인가?
(a) 독특한 재료 조합이 뇌에서 행복감을 만들어낸다.
(b) 스트레스를 줄여 위안을 주는 음식으로 여겨지고 있다.
(c) 높은 영양 가치가 몇몇 연구에 의해 뒷받침되고 있다.
(d) 대대로 전해져 내려오고 있는 가족 음식이다.

해설 마지막 단락에 피자에 들어 있는 탄수화물과 지방, 그리고 치즈의 조합이 뇌의 보상 체계를 촉발시켜, 즐거움과 만족감으로 이어진다는(the combination of carbohydrates, fats, and cheese in pizza can trigger the brain's reward centers, leading to feelings of pleasure and satisfaction) 연구 결과가 쓰여 있다. 이는 그러한 재료 조합이 만들어내는 행복감을 설명하는 내용이므로 (a)가 정답이다.

Paraphrasing combination of carbohydrates, fats, and cheese 탄수화물과 지방, 그리고 치즈의 조합 / pleasure and satisfaction 즐거움과 만족감 → unique mix of ingredients 독특한 재료 조합 / happiness 행복감

어휘 explanation 설명 create ~을 만들어내다 be believed to V ~하는 것으로 여겨지다 comfort 위안, 위로 reduce ~을 줄여주다, ~을 감소시키다 nutritional 영양의 value 가치 be passed down 전해져 내려오다 from generation to generation 대대로

13. 해당 단락의 문맥에서, gained가 의미하는 것은 무엇인가?
(a) 얻었다, 획득했다
(b) 증가시켰다, 늘렸다
(c) 수집했다, 모았다
(d) 유지했다, 보유했다, 붙잡았다, 개최했다

해설 동사 gained 앞에는 주어 pizza가, 뒤에는 '인기'를 뜻하는 명사 목적어 popularity가 각각 쓰여 있다. 따라서 피자가 인기를 얻었다는 의미를 나타낸다는 것을 알 수 있으므로 '얻다'를

뜻하는 또 다른 동사 acquire의 과거형 (a) acquired가 정답이다.

14. 해당 단락의 문맥에서, varieties가 의미하는 것은 무엇인가?
(a) 선택 (가능한 것)
(b) 종류
(c) (동식물의) 종
(d) 조치, 마련, 준비, 배치

해설 해당 문장에서 명사 varieties가 '많은 다른'을 뜻하는 many different의 수식을 받고 있고, 그 뒤에는 토핑의 다양함을 설명하는 내용이 제시되어 있다. 따라서 피자의 종류와 관련된 내용임을 알 수 있으므로 '종류'를 뜻하는 또 다른 명사 (b) kinds가 정답이다.

3

지식 백과

| Part 3 | **전략 적용 예시** _____

해석 _____

알람브라 궁전

알람브라 궁전은 스페인 그라나다에 위치한 역사적인 궁전이자 복합 요새로서, 이슬람과 기독교 건축 양식의 독특한 조화로 알려져 있다. 원래는 889년에 작은 요새로 지어졌지만, 스페인의 마지막 이슬람 왕조인 나스르 왕조에 의해 수 세기에 걸쳐 점차 확장되었다.

이 복합 건물은 여러 건물로 구성되어 있는데, 여기에는 카를로스 5세의 궁전이었던 알카자바를 비롯해, 이슬람의 기하학적인 디자인과 무늬로 풍부하게 장식되어 그물망 같은 구조를 이룬 여러 뜰과 분수대, 그리고 정원으로 연결되어 있는 헤네랄리페 정원이 포함되어 있다. 이 복합 궁전은 18세기에 버려져 19세기까지 황폐해진 상태로 있다가, 일단의 유럽인 학자들에 의해 재발견되어 복원되었다. 알람브라 궁전은 이 학자들의 노력 덕분에 오늘날까지 견디고 있다.

알람브라 궁전의 가장 인상적인 특징은 이 궁전의 벽과 천장들을 장식하는 복잡한 석조물과 타일 공사물이다. 석조물은 이 복합 건물에 미친 이슬람의 영향을 반영하는 정교한 기하학적인 패턴과 디자인을 특징으로 한다. 타일 공사물은 생동감 넘치는 색상과 복잡한 패턴을 활용한 것으로도 유명하다.

알람브라 궁전의 또 다른 특징은 인공 수로이다. 이 복합 건물은 여러 개의 수영장과 분수대, 그리고 관개와 더운 여름 기간에 공기를 식히는 데 이용되었던 관개용 수로들을 포함하고 있다. 이 인공 수로는 심미적 목적으로도 이용되었으며, 궁전 디자인의 중요한 부분이었다.

오늘날, 알람브라 궁전은 스페인에서 가장 많은 사람들이 방문하는 관광 명소들 중 하나이며, 유네스코 세계 문화유산 보호 지역으로 지정되어 있다. 그 문화적 중요성은 스페인의 역사를 형성한 다양한 문화적 영향을 반영하는 이슬람과 기독교 건축 양식의 독특한 조합에 있다.

알람브라 궁전은 풍부한 이슬람 예술 및 건축의 놀라운 예시일 뿐만 아니라, 국가의 복잡한 역사를 보여주는 상징이기도 하다. 그 놀라운 특징들과 아름다운 주변 환경은 지속적으로 방문객들을 사로잡아 그라나다에 위치한 이 웅장한 궁전과 복합 요새로 끌어들이고 있다.

어휘 palace 궁전 fortress 요새 complex 복합 건물 located in ~에 위치한 known for ~로 알려져 있는 unique 독특한, 고유한 blend 조화, 조합 architectural 건축의, 건축학의 originally 원래, 애초에 gradually 점차 expand ~을 확장하다, ~을 확대하다 dynasty 왕조 consist of ~로 구성되다 including ~을 포함해 decorate ~을 장식하다 exquisite 정교한, 섬세한 geometric 기하학적인 motif 무늬, 주제 abandon ~을 버리다, ~을 버리고 떠나다 fall into disrepair 황폐해지다 rediscover ~을 재발견하다 restore ~을 복원하다, ~을 회복시키다 scholar 학자 endure 견디다 impressive 인상적인 feature n. 특징 v. ~을 특징으로 하다 intricate 복잡한 reflect ~을 반영하다 influence 영향 be notable for ~로 유명하다 vibrant 생동감 넘치는, 활기찬 water feature 인공 수로 irrigation 관개 channel 수로, 물길 aesthetic 심미적인, 미학적인 attraction 명소, 인기 장소 be recognized as ~로 인정되다 UNESCO World Heritage site 유네스코 세계 문화 유산 보호 지역 significance 중요성 combination 조합, 결합 shape ~을 형성하다 not only A but also B A뿐만 아니라 B도 remarkable 놀라운, 주목할 만한 striking 놀라운, 두드러진, 현저한 surroundings 주변 환경 captivate ~을 사로잡다, ~을 매혹하다 attract ~을 끌어들이다 magnificent 웅장한, 장대한

1. 기사 내용에 따르면, 알람브라 궁전은 무엇으로 가장 유명한가?
(a) 군사적 갈등에 있어서의 역할
(b) 여러 문화적 영향의 조합
(c) 종교 의식에 있어서의 중요성
(d) 왕족 회합 장소로서의 위치

어휘 conflict 갈등, 충돌 religious 종교의 ceremony 의식, 기념식

2. 알람브라 궁전이 왜 오늘날에도 여전히 서 있는 것 같은가?
(a) 1800년대에 수리되었기 때문에
(b) 그 위치가 자연 요소들로부터 보호해 주었기 때문에
(c) 수많은 군사 공격을 견뎌냈기 때문에
(d) 혁신적인 공법으로 지어졌기 때문에

어휘 repair ~을 수리하다 element 요소 withstand ~을 견뎌내다 numerous 수많은, 다수의 assault 공격 innovative 혁신적인

3. 알람브라 궁전에 있는 타일 공사물의 놀라운 특징은 무엇인가?

(a) 희귀 자재로 만들어져 있다.

(b) 기독교적인 주제를 묘사한다.

(c) 다채로운 디자인을 특징으로 한다.

(d) 벽에 단조로운 색상을 사용한다.

어휘 be made from ~로 만들어지다 rare 희귀한, 드문 material 자재, 재료, 물품 depict ~을 묘사하다 monotonous 단조로운

4. 4번째 단락에서 어느 것이 인공 수로와 관련해 사실이 아닌가?

(a) 그 궁전을 시원하게 하는데 도움이 되었다.

(b) 주민들을 위해 식수를 제공했다.

(c) 그 궁전 디자인의 아름다움에 보탬이 되었다.

(d) 식물에 물을 공급하는 데 활용되었다.

어휘 provide ~을 제공하다 resident 주민 add to ~에 보탬이 되다 utilize ~을 활용하다 supply ~을 공급하다

5. 알람브라 궁전이 왜 스페인에서 가장 많은 사람들이 방문하는 관광 명소일 것 같은가?

(a) 쉽게 접근할 수 있는 위치이다.

(b) 유럽에서 가장 아름다운 성이다.

(c) 그 국가의 다양한 역사를 대변한다.

(d) 건축 양식이 그 지역 고유의 것이다.

어휘 accessible 접근할 수 있는 represent ~을 대변하다, ~을 대표하다 diverse 다양한 architecture 건축 양식 region 지역, 지방

| 1단계 | Paraphrasing 연습

1. (b) 하룻밤 묵는 숙소 → 임시 숙소
2. (b) 불교 사원 → 종교적인 예배를 위한 장소
3. (a) 선사 시대 기념비 → 고대의 구조물
4. (a) 수수께끼로 남아있다 → 여전히 수수께끼이다
5. (b) 중국의 전설 → 전통적인 이야기
6. (a) 수가 몇 배로 늘었다. → 개체 수가 증가했다.
7. (a) 외관 - 외모[외관]
8. (c) 보살피다 - 돌보다
9. (d) 문서화되다 - 기록된
10. (b) 수감된 - 구금된

| 2단계 | Paraphrasing 연습

1. 마을의 유명한 장인(匠人)이 '음악! 예술! 축제를 즐기러 오세요!'라고 외치며 마을 광장을 행진했을 때 관광객들이 여름 축제에 몰려들기 시작했다.

(a) 그 축제는 한 음악가가 여름 행사를 위한 음악 공연을 한 후에 탄력을 받았다.

(b) 한 지역 주민이 행사가 제공하는 것에 대해 발표를 했을 때 사람들이 처음으로 축제에 모이기 시작했다.

2. 공장 내에 만연한 설치류 개체수로 인해 어려움을 겪고 있는 회사는 고양이를 효율적인 쥐 포획자로 이용하기 위한 조치를 시행했다.

(a) 그 회사는 사무실 건물에 효율적인 유해 동물 방제를 위해 고양이를 입양하기로 결정했다.

(b) 제조 시설에서 유해 동물을 없애기 위해 그 회사는 고양이를 들여왔다.

3. 그는 빈티지 타자기, 전 세계 여러 문화권에서 온 복잡하게 디자인된 퍼즐 상자, 기원을 알 수 없는 골동품 열쇠 모음과 같은 물건들을 수집했다.

(a) 그는 해외에서 온 것들을 포함한 특이한 물건들을 모으는 것을 즐겼다.

(b) 그는 퍼즐 상자와 같은 특이한 물건들을 정성껏 성공적으로 만들었다.

연습문제 p.88

1 (d)	2 (b)	3 (b)	4 (b)
5 (c)	6 (a)	7 (a)	8 (d)
9 (d)	10 (a)	11 (a)	12 (b)
13 (d)	14 (c)	15 (a)	16 (d)

해리 포터

해리포터는 영국의 작가 J.K. 롤링이 만들어낸 문학적 인물로서, 1997년 소설 '해리 포터와 마법사의 돌'에 처음 등장했다. 첫 선을 보이자마자, 주인공인 해리 포터는 그 용기와 충성심으로 전 세계의 어린이와 청소년들로부터 찬사를 받았다.

어휘 literary 문학적인, 문학의 author 작가, 저자 appear 등장하다, 나타나다 upon ~하자마자, ~할 때 debut 첫 선, 데뷔 earn ~을 받다, ~을 얻다 admiration 찬사, 감탄, 존경 bravery 용기 loyalty 충성심, 충실함

1. 기사는 주로 무엇에 관한 것인가?

(a) 놀라울 정도로 논란의 여지가 있는 소설 속 인물

(b) 영국의 작가를 바탕으로 하는 인물

(c) 신체적으로 강인한 소설 속 인물
(d) 성격적 특성으로 찬사를 받은 인물

[해설] 해리 포터가 용기와 충성심으로 전 세계의 어린이와 청소년들로부터 찬사를 받았다는 사실이 쓰여 있으므로 이에 대해 성격적 특성으로 인해 칭찬받았다는 말로 바꿔 표현한 (d)가 정답이다.

[오답분석] (c) 본문에 언급된 용기와 충성심(bravery and loyalty)이 신체적으로 강함을 반드시 의미하는 것은 아니므로 오답이다.

[어휘] remarkably 놀라울 정도로, 주목할 만하게 debatable 논란의 여지가 있는 fictional 소설의, 허구의 based on ~을 바탕으로 하는 physically 신체적으로, 물리적으로 praise A for B B에 대해 A를 칭찬하다 personality trait 성격적 특성

희귀한 고대 나무 종인 울레미 소나무는 호주 뉴 사우스 웨일스의 온대 우림에서 자란다. 동종들과 달리, 이 나무는 독특하고 거품이 일어나는 껍질과 다수의 줄기로 특징지어진다. 울레미 소나무는 살아 있는 화석으로 여겨지고 있는데, 그 기원이 공룡 시대까지 거슬러 올라가기 때문이며, 1994년에 재발견되기 전까지는 멸종된 것으로 여겨졌었다.

[어휘] rare 희귀한, 드문 ancient 고대의 species (동식물의) 종 grow 자라다, 성장하다 temperate rainforests 온대 우림 relative n. 동종, 동족, 친척 be characterized by ~로 특징지어지다 unique 독특한, 고유한 bubbly 거품이 일어나는 bark 나무껍질 multiple 다수의, 많은 trunk (나무의) 줄기, 몸통 be considered A A로 여겨지다 fossil 화석 date back to (기원, 유래 등이) ~로 거슬러 올라가다 be believed to V ~하는 것으로 여겨지다 extinct 멸종된 rediscovery 재발견

2. 무엇으로 인해 울레미 소나무가 다른 나무들과 구별되는가?
(a) 우림에서 자랄 수 있는 능력
(b) 줄기들의 특별한 형태
(c) 더운 날씨 속에 생존할 수 있는 능력
(d) 나무가 번성하는 특정 기후

[해설] 울레미 소나무의 특징으로 독특하고 거품이 일어나는 껍질과 다수의 줄기가(its unique, bubbly bark and multiple trunks) 언급되어 있으므로 이러한 형태적 특성을 의미하는 (b)가 정답이다.

[Paraphrasing] unique 독특한 / multiple 다수의 → particular 특별한

[어휘] distinguish A from B A를 B와 구별 짓다 ability to V ~할 수 있는 능력 particular 특별한, 특정한 survive 생존하다 specific 특정한, 구체적인 thrive 번성하다

개미벌은 빽빽한 털 더미와 고통스러운 침으로 알려져 있는 특이한 곤충이다. 개미벌은 기후가 대체로 온화한 미국 및 남미 전역의 다양한 지역에서 찾아볼 수 있다. 개미벌은 사막과 관목지 같이 건조한 환경 및 반건조 환경을 선호한다. 이 곤충은 부드러운 토양이 있는 지역에서 번성하는데, 쉽게 굴을 파서 꿀벌과 말벌 같이 그들이 선호하는 숙주 곤충들의 보금자리를 찾을 수 있기 때문이다.

[어휘] peculiar 특이한, 기이한 insect 곤충 dense 빽빽한, 밀집된 pile 무더기, 더미 sting (곤충 등의) 침 region 지역, 지방 temperate 온화한, 온대의 prefer ~을 선호하다 arid 건조한 scrubland 관목지 thrive 번성하다 soil 토양, 땅 burrow 굴을 파다 nest 보금자리, 둥지 host 숙주

3. 개미벌은 어떤 종류의 환경에서 번성하는가?
(a) 토양이 부드럽고 습기가 많은 지역
(b) 온화하고 건조한 날씨
(c) 꿀벌처럼 선호하는 먹이가 있는 지역
(d) 울창한 숲이 있는 온화한 날씨

[해설] 미국과 남미의 기후가 대체로 온화한(where the climate is mostly temperate) 지역에서 찾아볼 수 있다는 말과 함께 건조한 환경을 선호한다고(It prefers arid and semi-arid environments) 쓰여 있으므로 이 두 가지 조건이 언급된 (b)가 정답이다.

[Paraphrasing] arid 건조한 → dry 건조한

[오답분석] (d) 온화한(temperate) 날씨에 대한 설명은 있지만 울창한 숲(thick forests)은 본문에 언급되지 않은 내용이므로 오답이다.

[어휘] moisture 습기 thick 울창한, 밀집한, 두터운, 진한

사향소는 무리를 지어 사는 커다란 동물로서 북미와 그린란드, 그리고 러시아의 여러 북극 지역에서 발견된다. 사향소는 북극 툰드라의 춥고 혹독한 환경에 적응되어 있는 소과 동물의 유일한 종인데, 다른 개체들은 온화하거나 심지어 더운 기후에서 살고 있는 것이 발견되기 때문이다.

어휘 herd 무리, 떼 Arctic 북극의 region 지역, 지방 Bovidae family 소과 동물 be adapted to ~에 적응되다 harsh 혹독한, 가혹한 conditions 환경, 조건 temperate 온화한, 온대의

4. 무엇으로 인해 사향소가 다른 소과 동물들과 구별되는가?
(a) 뚜렷이 다른 사회적 행동
(b) 극한의 서식지 환경
(c) 놀라울 정도로 큰 몸집
(d) 독특하게 덥수룩한 모피

해설 북극 툰드라의 춥고 혹독한 환경에 적응되어 있는(is adapted to the cold and harsh conditions of the Arctic tundra) 유일한 소과 동물이라는 사실이 언급되어 있으므로 이러한 서식지 환경의 특성에 해당되는 (b)가 정답이다.

Paraphrasing the cold and harsh conditions 춥고 혹독한 환경 → extreme habitat conditions 극한의 서식지 환경

어휘 distinguish A from B A를 B와 구별 짓다 distinct 뚜렷이 다른 behavior 행동 extreme 극한의, 극도의 habitat 서식지 remarkably 놀라울 정도로, 주목할 만하게 distinctively 독특하게, 뚜렷이 구별되어 shaggy 덥수룩한

황새치는 열대 및 온대 수역에서 발견되는 놀라운 생물체이다. 황새치는 매끈하고 길쭉한 몸을 지니고 있으며, 일반적으로 등 부분은 회색을 띠는 푸른색이고, 측면과 아랫배 부분은 은색이다. 이 물고기는 최고 수준을 기록한 속도로 유명하며, 최고 시속 68마일에 이르는 속도로 수영할 수 있다.

어휘 remarkable 놀라운, 주목할 만한 creature 생물(체) tropical 열대의 temperate 온대의, 온화한 sleek 매끈한, 윤이 나는 elongated 길쭉한, 가늘고 긴 usually 일반적으로, 보통 greyish 회색을 띠는 underbelly 아랫배 be noted for ~로 유명하다 capable of -ing ~할 수 있는 up to 최대 ~까지

5. 기사 내용에 따르면, 황새치와 관련해 무엇이 유명한가?
(a) 전 세계에서 가장 빠른 생물체라는 순위
(b) 아름다운 색으로 이뤄진 모습
(c) 가장 빠른 해양 동물 사이에서의 위치
(d) 바다에서 널리 퍼져 있는 분포도

해설 황새치가 최고 수준을 기록한 속도로 유명하다는(The fish is noted for its record high speed) 말과 함께 최대 수영 속

도가 언급되어 있다. 이는 해양 생물로서 속도와 관련해 어떤 위치에 있는지를 나타내는 내용으로 볼 수 있으므로 (c)가 정답이다.

오답분석 (a) 바다에서 기록적으로 빠른 속도로 수영할 수 있다는 것이 세계에서 가장 빠른 생명체라는 것을 의미하는 것은 아니므로 오답이다.

어휘 notable 유명한, 주목할 만한 rank 순위, 지위 appearance 모습, 외관 position 위치, 지위 widespread 널리 퍼진 distribution 분포(도)

모링가 나무는 그 다양한 용도로 알려져 왔다. 이 나무의 씨앗은 기름 같은 물질을 함유하고 있는데, 이것이 압착되어 추출유가 될 수 있으며, 윤활제로 쓰인다. 이 나무의 목재는 도구와 가구를 만드는 데 활용된다. 또한, 잎에서 나오는 물질은 염증 및 감염에 대한 치료제로 활용될 수도 있다. 이 나무가 흔히 '기적의 나무'라고 일컬어지는 것은 이러한 이점들 때문이다.

어휘 be known for ~로 알려져 있다 diverse 다양한 seed 씨앗 contain ~을 함유하다, ~을 포함하다 substance 물질 extract 추출(물) lubricant 윤활제 utilize ~을 활용하다 tool 도구, 공구 material 물질, 재료 treatment 치료(제) inflammation 염증 infection 감염, 전염병 due to ~ 때문에, ~로 인해 benefit 혜택, 이점 be referred to as ~라고 일컬어지다

6. 기사 내용에 따르면, 모링가 나무가 무엇을 만들어내는가?
(a) 의학적으로 적용되는 물질
(b) 요리용으로 추출되는 기름
(c) 영양적으로 이점이 있는 성분
(d) 집을 짓는 데 이용되는 목재

해설 모링가 나무의 잎에서 나오는 물질이 염증 및 감염에 대한 치료제로 활용될 수 있다는(can be utilized as a treatment for inflammation and infections) 정보가 제시되어 있으므로 이러한 의학적 활용과 관련된 특징을 의미하는 (a)가 정답이다.

Paraphrasing be utilized as a treatment for inflammation and infections 염증 및 감염에 대한 치료제로 활용되다 → medical applications 의학적 적용

어휘 medical 의학의 application 적용, 응용 component 요소 nutritional 영양적인, 영양상의

대벌레는 주변의 환경과 이질감 없이 조화를 이루기 위해 놀라운 능력을 이용한다. 이 곤충은 나뭇가지 또는 나뭇잎 사이에서 신중히 한 곳을 선택해, 그곳에서 막대 또는 잔가지의 모습을 모방할 수 있다. 그 길쭉한 몸과 다리는 해당 식물의 자연적인 윤곽에 맞춰 조정된다. 일단 이 곤충이 이런 방식으로 자리를 잡으면, 계속 움직이지 않으면서, 확실히 포식자들의 눈에 띄지 않는 상태가 된다.

어휘 remarkable 놀라운, 주목할 만한 in order to V ~하기 위해, ~할 수 있도록 blend in with ~와 조화를 이루다 seamlessly 이질감 없이, 매끄럽게, 균일하게 select ~을 선택하다 branch 나뭇가지 foliage 나뭇잎 mimic ~을 모방하다, ~을 흉내 내다 appearance 모습, 외관 twig 잔가지 elongated 길쭉한, 가늘고 긴 align with ~에 맞춰 조정되다 contour 윤곽 position ~을 자리 잡게 하다, ~을 위치시키다 remain 계속 ~한 상태이다. ~한 상태로 유지되다 motionless 움직이지 않는, 가만히 있는 ensure ~을 확실하게 하다, ~을 보장하다 invisibility 눈에 보이지 않음 predator 포식자

7. 대벌레는 어떻게 포식자들에게 발견되는 것을 피하는가?
(a) 완전히 정지된 상태로 유지하기 전에 위장함으로써
(b) 신체 형태에 맞춰 막대와 잔가지를 조정함으로써
(c) 위장하기 전에 완전히 정지된 상태로 유지함으로써
(d) 포식자들의 시각적 모습을 모방함으로써

해설 몸과 다리들이 선택된 식물의 윤곽에 맞춰 조정된 후에 움직이지 않는 상태를 유지한다고(Its elongated body and legs then align with the natural contours of the plant. Once the insect positions itself this way, it remains motionless) 설명하고 있다. 따라서 이러한 순서에 해당되는 (a)가 정답이다.

Paraphrasing elongated body and legs then align 몸과 다리들이 조정되다 / remains motionless 계속 움직이지 않다 → camouflaging itself 위장하다 / stays completely still 완전히 정지된 상태로 유지하다

어휘 avoid -ing ~하는 것을 피하다 detect ~을 발견하다 camouflage ~을 위장하다 completely 완전히, 전적으로 still a. 정지된, 가만히 있는 imitate ~을 모방하다

런던 타워는 중세 시대인 11세기에 지어진 역사적인 성이다. 런던 중심부에 위치해 있는, 이 타워는 왕궁, 감옥, 그리고 처형 장소의 역할을 했다. 해마다, 수백만 명의 관광객들이 그 다채로운 역사를 탐구하기 위해 이 유적지를 방문한다. 이 타워의 오랜 역사에도 불구하고, 원래의 구조물의 많은 부분이 잘 보존되어 있다.

어휘 historic 역사적인 located in ~에 위치해 있는 serve as ~의 역할을 하다 execution 처형 historical site 유적지 explore ~을 탐구하다, ~을 답사하다 despite ~에도 불구하고 original 원래의, 애초의 structure 구조(물) preserved 보존된

8. 기사 내용에 따르면, 런던 타워는 왜 인기 있는 명소인가?
(a) 런던 중심부에 지어진 유일한 성이기 때문에
(b) 왕실을 위한 궁의 역할을 하기 때문에
(c) 방문이 금지된 몇 안 되는 역사적인 성들 중 하나이기 때문에
(d) 중세 시대부터 대체로 온전한 상태로 유지되어 왔기 때문에

해설 오랜 역사에도 불구하고 원형 구조물의 많은 부분이 잘 보존되어 있다고(Despite the Tower's long history, much of the original structure is well preserved) 쓰여 있는데, 이는 대체로 온전한 상태로 유지되어 왔다는 의미이므로 (d)가 정답이다.

오답분석 (b) 해당 타워가 왕궁의 역할을 한 것은 과거의 사실 (served as ~)이므로 현재시제로 표현된 (b)는 사실과 다른 오답이다.

어휘 attraction 명소, 인기 장소 ban 금지 largely 대체로, 주로 intact 온전한, 손상되지 않은 medieval 중세의

런던에 위치한 테이트 모던은 많은 현대 미술품을 수집해 소장하고 있는 유명 미술관이다. 전시회뿐만 아니라, 테이트 모던은 교육 프로그램도 제공하고, 공연을 주최하며, 일반인들을 위한 워크숍도 제공한다. 이 미술관은 현대 미술에 대한 일반인들의 인식을 증진하고 이러한 작품들이 지니는 문화적, 역사적 중요성에 대한 이해를 촉진하기 위해 2000년에 설립되었다.

어휘 located in ~에 위치해 있는 renowned 유명한 house v. ~을 소장하다, ~을 보관하다 contemporary 현대의, 동시대의 in addition to ~뿐만 아니라, ~ 외에도 exhibition 전시(회) host ~을 주최하다 the public 일

반인들 **establish** ~을 설립하다, ~을 확립하다 **further** v. ~을 증진하다, ~을 더 발전시키다 **appreciation** (올바른) 인식, 감상, 감사 **promote** ~을 촉진하다, ~을 고취시키다 **significance** 중요성 **work** (그림, 글, 음악 등의) 작품

9. 테이트 모던은 왜 설립되었는가?
(a) 미술가들에게 혁신적인 워크숍을 제공하기 위해
(b) 전 세계의 고대 유물을 전시하기 위해
(c) 지역 유물 소장품을 전시하기 위해
(d) 특정 미술 장르에 대한 인식을 고취시키기 위해

[해설] 테이트 모던의 설립 시기와 함께 현대 미술에 대한 일반인들의 인식을 증진하는 것이(to further public appreciation of contemporary art) 목적의 하나로 언급되어 있다. 이는 그 미술 장르에 대한 인식을 고취시키는 것을 의미하므로 (d)가 정답이다.

[Paraphrasing] further public appreciation of contemporary art 현대 미술에 대한 일반인들의 인식을 증진하다 → promote awareness of a specific genre of art 특정 미술 장르에 대한 인식을 고취시키다

[어휘] **innovative** 혁신적인 **display** ~을 전시하다, ~을 진열하다 **ancient** 고대의 **artifact** 유물 **exhibit** ~을 전시하다 **local** 지역의, 현지의 **awareness** 인식, 의식 **specific** 특정한, 구체적인

스페인 바르셀로나의 사그라다 파밀리아는 유명 스페인 건축가인 안토니 가우디에 의해 설계된 대단히 놀라운 바실리카이다. 이 바실리카의 공사는 1882년에 시작되었는데, 당시에는 숙련된 인력과 건축 자재에 대한경쟁이 치열했다. 그 공사는 1936년 스페인 내전의 발발로 인해 한층 더 방해를 받았으며, 이 바실리카는 현재까지 여전히 미완성 상태이다.

[어휘] **stunning** 대단히 놀라운, 굉장히 아름다운 **basilica** 바실리카(외벽으로 둘러싸인 내부 공간 안에 기둥들이 줄지어 늘어선 구조의 교회나 회관) **renowned** 유명한 **architect** 건축가 **competition** 경쟁 **skilled** 숙련된, 능숙한 **labor** 인력, 노동력 **supplies** 자재, 용품 **further** 한층 더, 더욱 **interrupt** ~을 방해하다, ~을 중단시키다 **outbreak** (전쟁, 질병 등의) 발발, 발생 **remain** 여전히 ~한 상태이다, 계속 ~한 상태로 남아 있다

10. 다음 중 어느 것이 사그라다 파밀리아의 공사를 둔화시킨 요인이 아니었는가?
(a) 여러 차례 디자인 조정 작업이 있었다.

(b) 공사 인부를 모집하는 것이 어려운 일이었다.
(c) 필수 자재의 부족이 있었다.
(d) 국내 분쟁으로 인해 지연되었다.

[해설] 사그라다 파밀리아의 공사 당시에 숙련된 인력과 건축 자재에 대한 경쟁이 치열했다는(competition for skilled labor and building supplies was high) 말이 쓰여 있어 이러한 인력 모집 및 자재 부족 문제를 언급한 (b)와 (c)를 확인할 수 있고, 스페인 내전 문제를(the outbreak of the Spanish Civil War) 겪은 사실을 통해 (d)도 확인할 수 있다. 하지만 디자인 조정과 관련된 정보는 제시되어 있지 않으므로 (a)가 정답이다.

[Paraphrasing] the Spanish Civil War 스페인 내전 → a domestic conflict 국내 분쟁

[어휘] **slow** v. ~을 둔화시키다 **adjustment** 조정, 조절 **challenge** 어려운 일, 힘든 일 **recruit** ~을 모집하다 **shortage** 부족 **necessary** 필수의, 필요한 **material** 자재, 재료, 물품 **delay** ~을 지연시키다 **due to** ~로 인해, ~ 때문에 **domestic** 국내의 **conflict** 물리적 충돌, 분쟁

카멜레온은 파충류과에 속하며 특별한 위장 능력으로 알려져 있다. 카멜레온의 피부는 불과 몇 초 만에 색을 바꿀 수 있으며, 이로 인해 카멜레온은 주변 환경과 조화를 이루고 어떤 위험으로부터도 몸을 숨길 수 있다.

[어휘] **belong to** ~에 속하다 **family** (동식물 분류 단위) 과 **reptiles** 파충류 **be known for** ~로 알려져 있다 **unique** 특별한, 고유한 **ability to V** ~할 수 있는 능력 **camouflage** 위장하다 **allow** 가능하게 하다 **blend in with** ~와 조화를 이루다 **surroundings** 주변 환경 **hide from** ~로부터 몸을 숨기다

11. 기사 내용에 따르면, 카멜레온은 왜 피부색을 변화시키는가?
(a) 위험한 상황에서 덜 눈에 띄어 보이기 때문에
(b) 포식자의 피부색을 채택하기 때문에
(c) 근처에 있는 잠재적인 짝을 유혹하기 때문에
(d) 위험 요소에 대한 우위를 표시하기 때문에

[해설] 피부색을 변화시켜 주변 환경과 조화를 이루고 위험 요소로부터 몸을 숨길 수 있다는(allows the chameleon to blend in with its surroundings and hide from any dangers) 사실이 언급되어 있다. 이는 위험한 상황에서 눈에 띄지 않게 함으로써 노출되지 않기 위한 방법이므로 (a)가 정답이다.

(b) 주변 환경과 조화를 이루기 위한 위장 능력에 관한 설명은 있지만 포식자의 피부색을 택한다는 것은 본문의 내용과는 다른 오답이다.

어휘 appear ~하게 보이다, ~한 것 같다 visible 눈에 보이는 risky 위험한 situation 상황 adopt 채택하다 predator 포식동물 attract ~을 유혹하다 potential 잠재적인 mate 짝 signal v. ~을 표시하다 dominance 우위, 우월, 지배

별코두더지는 작은 육식성 포유류로서, 북미의 습지와 삼림에 살고 있다. 코가 매우 민감해서 별코두더지는 완전한 어둠 속이나 물속에서도 먹이의 움직임 및 그것이 만들어내는 진동을 감지해 먹이를 식별할 수 있다. 일단 별코두더지가 먹이를 감지하면, 땅 속으로 빠르게 굴을 파거나 헤엄쳐 뒤쫓으면서, 강력한 앞쪽 발톱을 이용해 땅을 파내 먹이를 움켜잡은 다음, 날카로운 이빨로 잡아먹는다.

어휘 carnivorous 육식성의 mammal 포유류 wetland 습지 sensitive 민감한 identify ~을 식별하다, ~을 확인하다 prey 먹이 sense v. ~을 감지하다 vibration 진동, 떨림 create ~을 만들어내다 burrow 굴을 파다 soil 땅, 토양 claw 발톱 grab hold of ~을 움켜잡다 consume 먹다, 섭취하다

12. 별코두더지는 야생에서 어떻게 먹이를 찾는가?
(a) 발톱을 이용해 먹이의 위치를 알아냄으로써
(b) 먹이의 움직임을 감지함으로써
(c) 코를 통해 땅 속으로 파고 들어감으로써
(d) 어둠 속에서 먹이를 기다림으로써

해설 먹이의 움직임과 진동을 감지하는 것이(by sensing its movement and the vibrations it creates) 먹이를 찾는 방법으로 언급되어 있으므로 (b)가 정답이다.

Paraphrasing sensing its movement 움직임을 감지함 → detecting the motion of its prey 먹이의 움직임을 감지함

어휘 uncover ~을 알아내다, ~을 드러내다 detect ~을 감지하다 motion 움직임, 동작

뉴욕 시에 위치한 메트로폴리탄 미술관은 '더 멧'으로도 불리며, 전 세계에서 방문객이 가장 많은 미술관 중 하나이다. 그곳의 아주 다양한 전시회가 방문객들을 끌어들일 뿐만 아니라, 큐레이터와 함께 하는 많은 뛰어난 강연 및 미술품 제작 워크숍들도 사람들에게 여러 번 이 미술관을 재방문하도록 부추긴다. 이 미술관은 또한 어린이들을 위한 봄철 미술 세션도 개최하므로, 자녀를 둔 가족에게 아주 좋은 방문지가 된다.

어휘 not only A, but also B A뿐만 아니라 B도 a diverse range of 아주 다양한 exhibition 전시(회) attract ~을 끌어들이다 distinguished 뛰어난, 두드러진, 유명한 encourage A to V A에게 ~하도록 부추기다, A에게 ~하도록 권하다 hold ~을 개최하다 session (특정 활동을 하는) 시간 destination 방문지, 목적지

13. 메트로폴리탄 미술관은 어떻게 방문객을 끌어들이는가?
(a) 노인들을 위한 미술 시간을 마련함으로써
(b) 큐레이터가 안내하는 투어를 제공함으로써
(c) 연중 계속되는 미술 강좌를 주최함으로써
(d) 직접 참여하는 프로그램을 제공함으로써

해설 방문객들을 끌어들이는 방법으로 미술품 제작 워크숍(art-making workshops)과 어린이들을 위한 미술 시간이(spring art sessions for children) 언급되어 있다. 이는 방문객들이 직접 참여할 수 있는 프로그램에 해당되므로 (d)가 정답이다.

Paraphrasing art-making workshops 미술품 제작 워크숍 / art sessions 미술 시간 → hands-on programs 직접 참여하는 프로그램

어휘 organize ~을 마련하다, ~을 조직하다 the elderly 노인들 year-round 연중 계속되는 hands-on 직접 참여하는, 손수 해 보는

프랑스 파리의 바로 외곽에 위치한, 베르사유 궁전은 원래 1624년에 루이 13세 왕을 위한 수렵 별장으로 지어졌다. 나중에, 궁전의 형태를 갖추기 위해 규모가 확장되고 개조되었다. 오늘날, 베르사유 궁전은 방문객에게 개방되어 여러 방과 복도, 그리고 아름다운 정원을 둘러보는 가이드 동반 투어를 제공하고 있다. 하지만 방문객들은 베르사유 궁전 안으로 가져갈 수 있는 것에 대해 특정한 제약이 있다는 사실을 알고 있어야 한다. 예를 들어, 대형 가방과 배낭은 허용되지 않으며, 방문객들은 입구에서 보안 검색을 받을 수도 있다.

어휘 located outside of ~의 바깥에 위치한 originally 원래, 애초에 hunting lodge 수렵 별장 expand ~을 확장하다, ~을 확대하다 renovate ~을 개조하다 form ~을 형성하다 be aware that ~임을 알고 있다, ~임을 인식하다 certain 특정한, 일정한 restriction 제약, 제한 allow ~을 허용하다 be subject to ~의 대상이 되다

14. 관광객들이 현재 어떻게 베르사유 궁전을 방문할 수 있는 가?

(a) 입구에서 예약함으로써
(b) 프랑스 여권을 제시함으로써
(c) 큰 사이즈의 가방 휴대를 삼가함으로써
(d) 쓰레기를 가져갈 개인 가방을 지참함으로써

해설 베르사유 궁전 방문과 관련된 규정으로 대형 가방과 배낭이 허용되지 않는다는(large bags and backpacks are not allowed) 정보가 제시되어 있으므로 (c)가 정답이다.

Paraphrasing large bags 대형 가방 → big-sized bags 큰 사이즈의 가방

어휘 currently 현재, 지금 make a reservation 예약하다 present ~을 제시하다, ~을 제공하다 refrain from -ing ~하는 것을 삼가다 carry ~을 휴대하다, ~을 갖고 다니다 collect ~을 가져가다, ~을 수거하다

미키 마우스는 1928년에 단편 만화 영화 '증기선 윌리'에서 처음 등장했다. 이 캐릭터는 그 후로 수많은 영화와 TV 프로그램, 그리고 비디오 게임에서 주인공이 되었으며, 할리우드 명예의 거리에 이름을 올린 첫 번째 만화 캐릭터로 인정받았다. 미키 마우스는 7,000개 이상의 다양한 제품에 이미지를 담아 역사상 가장 성공적인 상품 캐릭터로 기네스 세계 기록 목록에 올랐다.

어휘 animated film 만화 영화 star v. 주인공이 되다, 주연을 맡다 countless 수많은, 무수한 recognize ~을 인정하다 receive a star on the Hollywood Walk of Fame 할리우드 명예의 거리에 이름을 올리다 feature v. (특별히) ~을 포함하다, ~의 특징을 이루다 merchandising 상품(화)

15. 미키 마우스는 어떻게 기네스 세계 기록 목록에 등재되었는가?

(a) 다른 어떤 만화 캐릭터보다 더 많은 제품에 등장함으로써
(b) 쥐를 묘사한 첫 번째 캐릭터가 됨으로써
(c) 다른 어떤 만화 캐릭터보다 더 많은 영화에 등장함으로써
(d) 대부분의 국가에서 가장 성공한 만화 캐릭터가 됨으로써

해설 7,000가지가 넘는 제품에 이미지가 들어간 것으로 인해(with his image on more than 7,000 different products) 역사상 가장 성공적인 상품 캐릭터로 기네스 기록에 등재되어 있다는 말이 쓰여 있다. 이는 다른 어떤 만화 캐릭터보다 더 많은 상품에 쓰이고 있다는 뜻이므로 (a)가 정답이다.

오답분석 (c) 수많은 영화에 등장한 사실은 맞지만 다른 어떤 만화 캐릭터보다 더 많은 영화에 등장했다는 최상급의 내용은 본문에 언급되지 않은 오답이다.

어휘 cartoon 만화 portray ~을 묘사하다

유린목의 일부에 해당되는 천산갑은 아시아와 아프리카의 여러 지역에서 발견되는 독특한 동물이다. 천산갑은 주로 개미와 흰개미를 먹고 사는 식충 동물이다. 이 동물은 해로운 곤충 및 설치류 개체군 통제에 도움을 주는 것으로 환경에 중대한 역할을 한다.

어휘 pangolin 천산갑 unique 독특한, 고유한 primarily 주로 insectivore 식충 동물 feed on ~을 먹고 살다 termite 흰개미 play a crucial role in ~에 중대한 역할을 하다 aid in ~에 도움을 주다 control 통제, 조절, 제어 harmful 해로운 insect 곤충 rodent 설치류 population 개체군

16. 천산갑은 어떻게 환경이 도움이 되고 있는가?

(a) 작은 동물들의 개체군을 감소시킨다.
(b) 숲 속의 해로운 새들을 먹는다.
(c) 곤충 관련 질병들을 감소시킨다.
(d) 원치 않는 해충들이 번성하는 것을 예방한다.

해설 해로운 곤충 및 설치류 개체군 통제에 도움을 주고 있어서(aiding in the control of harmful insects and rodent populations) 환경에 중대한 역할을 한다는 말이 쓰여 있는데, 이는 해충이나 유해동물이 번성하는 것을 막아준다는 뜻이므로 (d)가 정답이다.

Paraphrasing aiding in the control of harmful insects and rodent populations 해로운 곤충 및 설치류 개체군 통제에 도움을 줌 → prevent unwanted pests from thriving 원치 않는 해충이 번성하는 것을 예방함

어휘 reduce ~을 감소시키다 consume ~을 먹다, ~을 소비하다 A-related A와 관련된 disease 질병 prevent A from -ing A가 ~하는 것을 예방하다, A가 ~하는 것을 막다 pest 해충, 유해동물 thrive 번성하다

1 (b)	2 (c)	3 (c)	4 (c)
5 (b)	6 (c)	7 (d)	

해석 ——

아오시마 섬

아오시마 섬은 일본의 에히메 현에 위치한 작고, 그림 같은 섬이다. **①** 이곳은 이 섬에 살고 있는 사람들보다 숫자가 많은 고양이의 대규모 개체군으로 인해 "고양이 섬"이라고도 알려져 있다. 이 섬은 전 세계 각지에서 찾아오는 고양이를 사랑하는 사람들과 동물 애호가들에게 인기 있는 관광지가 되었다.

아오시마 섬의 역사는 에도 시대로 거슬러 올라가는데, 당시에 이곳은 어촌으로 이용되었다. 이 섬이 고양이 거주지로 명성을 얻은 것은 최근 들어서였다. **②** 이 고양이들은 원래 어선들을 골치 아프게 했던 쥐의 개체수를 **⑥** 조절하는 데 도움을 주기 위해 이 섬으로 데려왔다. 시간이 지나, 고양이들은 섬에서 번성해 지역 사회에서 사랑받는 터줏대감이 되었다.

이 섬의 인구가 감소하기 시작하면서, **③(b)** 고양이들은 교류할 사람들이 더 적어졌고, 개체수는 지속적으로 늘어났다. **③(a)** 이 고양이들에겐 섬에 사는 자연 포식자들이 없었으며, 매일 섬으로 들어오는 어선에서 나오는 먹이가 많았다. 더 많은 관광객들이 이 섬을 방문하기 시작하자, 고양이는 훨씬 더 증가하게 되었다. **③(d)** 관광객들은 고양이들도 보고 먹이도 주기 위해 이 섬에 가곤 했는데, 이것이 고양이들의 증가를 한층 더 부추겼다. 곧, 이 고양이들은 아오시마 섬의 주요 인기거리가 되었으며, 일본 전역 및 전 세계에서 관광객들이 찾아와 방문했다.

고양이들뿐만 아니라, 아오시마 섬은 굉장히 멋진 자연의 아름다움으로도 유명한 곳이다. 이 섬은 수정 같이 맑은 물로 둘러싸여 있으며, 수영과 일광욕에 완벽한 여러 모래사장이 있다. **④** 방문객들은 이 섬의 바위투성이 해안지대와 등산로도 탐험할 수 있는데, 이곳들은 주변의 바다와 **⑦** 근처의 섬들이 보이는 멋진 경관을 제공한다.

독특한 매력과 관심 요소에도 불구하고, 아오시마 섬을 찾는 관광객들은 이 섬의 제한적인 편의시설 및 숙박 옵션의 부족으로 인해 짧은 시간 동안만 머무르는 경향이 있다. 이 섬에는 호텔과 레스토랑, 또는 기타 관광객 관련 시설이 존재하지 않으며, 방문객들은 각자 음식과 마실 것을 가져가도록 권장된다. 게다가, **⑤** 섬에 대중교통이 없기 때문에 방문객들은 고양이 집단이 있는 곳과 다른 명소로 가기 위해 걸어야 한다. 이것이 일부 관광객들을 단념시킬 수도 있지만, 다른 이들은, 설사 몇 시간뿐이라 하더라도, 외딴 섬에서 소박함과 고독함이 있는 생활을 경험해볼 수 있는 기회로 여긴다.

어휘 picturesque 그림 같은 be known as ~라고 알려져 있다 due to ~로 인해, ~ 때문에 population (동물) 개체군, (사람) 인구 feline 고양이의 resident 주민 outnumber v. ~보다 숫자가 많다 destination 목적지, 도착지 enthusiast 애호가, 열광적인 팬 date back to (기원 등이) ~로 거슬러 올라가다 It wasn't until A that B B한 것은 A나 되어서였다 gain fame 명성을 얻다 help + 동사원형 ~하는 데 도움을 주다 control ~을 제어하다, ~을 통제하다 plague v. ~을 골치 아프게 하다, ~을 성가시게 하다 thrive 번성하다 fixture 터줏대감, 늘 있는 것 decline 감소하다, 줄어들다 interact with ~와 교류하다, ~와 상호 작용하다 continue to V 지속적으로 ~하다 predator 포식자 prolific 다산의, 많은 further 한층 더, 더욱 encourage ~을 부추기다, ~을 장려하다 attraction 인기거리, 명소 in addition to ~뿐만 아니라, ~ 외에도 be known for ~로 알려져 있다 stunning 굉장히 멋진, 대단히 아름다운 explore ~을 탐험하다 rugged 바위투성이의 unique 독특한, 고유한 charm 매력 appeal 관심을 끄는 것, 매력 tend to V ~하는 경향이 있다 amenities 편의시설 lack 부족 accommodation 숙박 시설 facility 시설(물) public transportation 대중교통 reach ~에 이르다 colony 집단, 군락 deter ~을 단념시키다 simplicity 소박함, 간소함 solitude 고독

1. 기사 내용에 따르면, 아오시마 섬은 왜 인기 있는 관광지인가?
(a) 에도 시대에 중요한 곳이었기 때문에
(b) 대규모 고양이 집단의 서식지이기 때문에
(c) 방문객들에게 더 소박한 생활 방식을 상기시키기 때문에
(d) 야생 동물 관찰로 유명한 장소이기 때문에

해설 첫 단락에 사람보다 고양이가 더 많은 섬이라는 말과 함께 전 세계의 고양이를 사랑하는 사람들과 동물 애호가들에게 인기 있는 관광지가 되었다는(It is also known as "Cat Island" due to the large population of feline residents that outnumber humans ~ a popular tourist destination ~) 말이 쓰여 있다. 따라서 고양이들이 살고 있는 서식지이기 때문에 인기 있는 관광지임을 알 수 있으므로 (b)가 정답이다.

오답분석 (d) 본문에 고양이만 언급될 뿐 다른 야생 동물에 관한 설명은 없으므로 오답이다.

어휘 significant 중요한, 상당한 remind A of B A에게 B를 상기시키다 renowned 유명한 observation 관찰

2. 기사 내용에 따르면, 고양이들은 처음에 어떻게 아오시마 섬에 도착했는가?
(a) 관광객들이 그 섬에 자신들의 반려동물을 데려갔다.
(b) 고양이들이 포식자의 부족함 때문에 그 섬에 이끌렸다.

(c) 지역 주민들이 설치류 개체수를 조절하기 위해 고양이를 들여왔다.

(d) 주민들이 쥐로부터 자신들의 집을 보호하기 위해 고양이를 들여왔다.

[해설] 두 번째 단락에 어선들을 골치 아프게 했던 쥐 개체수를 조절하는 데 도움을 주기 위해 고양이들을 들여왔다는(The cats were originally brought to the island to help control the rat population 내용이 제시되어 있으므로 (c)가 정답이다.

[Paraphrasing] control the rat population 쥐 개체수를 조절하다 → limit the rodent population 설치류 개체수를 제한하다

[어휘] originally 처음에, 원래 attract ~을 끌어들이다 local n. 지역 주민 limit ~을 제한하다 rodent 설치류 inhabitant 주민 safeguard ~을 보호하다

3. 다음 중 어느 것이 세 번째 단락에 언급되어 있지 않은가?
(a) 섬에 자연 포식자가 부족했기 때문에 고양이 숫자가 증가했다.
(b) 섬에 사람들이 더 적게 살았기 때문에 고양이 숫자가 증가했다.
(c) 현지 레스토랑들이 먹을 것을 주었기 때문에 고양이 숫자가 증가했다.
(d) 관광객들이 먹을 것을 갖다 주었기 때문에 고양이 숫자가 증가했다.

[해설] 세 번째 단락의 The cats had no natural predators on the island 부분에서 자연 포식자 부족을 언급한 (a)를, the cats had fewer people to interact with 부분에서 더 적은 사람 숫자를 말한 (b)를, 그리고 Tourists would come to the island to see the cats and bring them food 부분에서 관광객들이 먹이를 준 사실이 쓰여 있는 (d)를 각각 확인할 수 있다. 하지만 레스토랑들이 먹을 것을 준 일과 관련된 정보는 제시되어 있지 않으므로 (c)가 정답이다.

[어휘] lack v. ~이 부족하다 local 현지의, 지역의

4. 아오시마 섬을 찾는 방문객들은 무엇을 하며 시간을 보낼 수 있는가?
(a) 현지 레스토랑에서 식사하는 일
(b) 고급 호텔에서 숙박하는 일
(c) 경치 좋은 산길에서 등산하는 일
(d) 해변을 따라 서핑하는 일

[해설] 네 번째 단락에 방문객들이 해안 지대와 등산로도 탐험할 수 있다는 점과 함께(Visitors can also explore the island's rugged coastline and hiking trails 멋진 경관을 제공한다는 말이 쓰여 있으므로 (c)가 정답이다.

[오답분석] (d) 바다에서 수영이나 일광욕을 할 수 있다는 내용은 있지만 서핑은 언급되지 않았으므로 오답이다.

[어휘] spend one's time -ing ~하면서 시간을 보내다 along (길 등) ~을 따라

5. 대부분의 방문객들이 왜 섬에서 걸어서 목적지에 가는가?
(a) 자연 환경을 방해하고 싶어 하지 않는다.
(b) 버스나 기차를 이용할 수 없다.
(c) 호텔과 레스토랑 근처에 머무르기를 선호한다.
(d) 그 섬의 고양이들을 귀찮게 할까 걱정한다.

[해설] 마지막 단락에 대중교통이 존재하지 않는다는 점이(there is no public transportation on the island, and visitors must walk ~) 언급되어 있으므로 이러한 내용에 해당되는 (b)가 정답이다.

[Paraphrasing] there is no public transportation 대중교통이 없다 → do not have access to buses or trains 버스나 기차를 이용할 수 없다

[어휘] disturb ~을 방해하다 have access to ~을 이용할 수 있다, ~에 접근할 수 있다 prefer to V ~하기를 선호하다 bother ~을 귀찮게 하다, ~을 성가시게 하다

6. 해당 단락의 문맥에서, control이 의미하는 것은 무엇인가?
(a) 강요하다, 강제하다
(b) 삭제하다, 없애다
(c) 관리하다, 처리하다
(d) 감독하다

[해설] 해당 문장에서 control은 고양이를 들여온 이유로서 어선을 골치 아프게 했던 쥐 개체군에 대한 조치에 해당되는 의미를 나타낸다. 따라서 그 쥐들에 대한 관리가 목적인 것으로 볼 수 있으므로 '관리하다' 등을 뜻하는 (c) manage가 정답이다.

7. 해당 단락의 문맥에서, nearby가 의미하는 것은 무엇인가?
(a) 지역의, 현지의
(b) 대략적인
(c) 접해 있는
(d) 인근의

[해설] 해당 문장에서 nearby islands는 바로 앞에 and로 연결된 surrounding sea와 함께 굉장히 멋진 경관을 제공하는 곳이다. 이러한 곳들은 해안 지대 및 등산로를 탐험하면서 볼 수 있는 장소로서 비교적 가까운 거리에 위치한 곳으로 생각할 수 있으므로 '인근의'를 뜻하는 (d) adjacent가 정답이다.

8 (b)	**9** (a)	**10** (c)	**11** (a)
12 (b)	**13** (c)	**14** (d)	

해석

힙합 음악

힙합은 1970년대에 뉴욕 시 브롱크스의 아프리카계 미국인과 라틴계 지역 사회에서 유래한 음악 장르이자 문화 운동이다. 이 장르는 그 후 세계적인 현상으로 발전해 대중 문화와 패션, 그리고 여러 사회 문제에 상당한 영향을 미쳐왔다. ❽ 힙합은 리듬감 있는 비트와 구어체 가사, 그리고 DJ에 의해 만들어지는 스크래치 사운드로 특징지어진다. 힙합의 가사 내용은 일반적으로 가난과 범죄, 그리고 사회적 불평등 같은 도시 경험과 관련된 주제를 포함한다.

힙합의 기원은 1970년대 초반에 브롱크스에서 있었던 블록 파티로 거슬러 올라갈 수 있으며, 여기서 DJ들은 펑크와 소울 음악을 틀면서 턴테이블을 이용해 새로운 사운드를 만들어내기 위해 레코드판을 다루면서 긁는 소리를 냈다. MC, 즉 행사 진행자의 도입은 이러한 파티에 새로운 요소를 추가해 주었으며, ❾ MC는 사람들의 흥을 돋우기 위해 음악 중에 말을 덧붙였다.

최초의 힙합 레코드인 슈거힐 갱의 "래퍼스 딜라이트"가 1979년에 발매되었으며, 이 장르는 런-DMC, LL 쿨 J, 그리고 퍼블릭 에너미 같은 아티스트의 출현과 함께 1980년대에 주류로서 인기를 얻기 시작했다. 이 아티스트들은 ❿ 독특한 패션 감각으로 알려졌는데, ❿(a) ❿(b) ❿(d) 여기에는 오버사이즈 의류와 금 체인, 그리고 운동화가 포함되었다.

힙합은 갱단 및 거리 생활의 경험을 강조하는 갱스터 랩의 등장과 함께 1900년대에 지속적으로 발전했다. 투팍 샤커와 노토리어스 B.I.G. 같은 아티스트들은 누구나 아는 이름이 되었으며, ⓫ 이들의 음악은 경찰의 잔혹함과 도심 지역의 빈곤과 같은 문제들을 다뤘다. 힙합은 대중 문화에 상당한 영향을 미치게 되어, 패션과 언어, 그리고 심지어 정치에도 영향을 주었다. 2008년 미국 대선에서, 제이-Z와 디디 같은 힙합 아티스트들이 버락 오바마에 대한 지지의 목소리를 냈으며, 이들의 홍보가 젊은 유권자들을 ⓮ 결집시키는 데 도움이 되었다.

힙합은 현재 대중음악계에서 지배적인 세력으로 남아 있으며, 켄드릭 라마와 카디 B 같은 아티스트들은 찬사를 받는 상업적인 성공을 거두었다. ⓬ 가사 내용에 대한 논란에도 불구하고, 힙합은 계속해서 아티스트들이 스스로를 표현하고 중요한 사회 문제들을 다룰 수 있는 강력한 플랫폼이다.

어휘 **movement** (조직적인) 운동 **originate** 유래하다, 비롯되다 **evolve into** ~로 발전되다 **phenomenon** 현상 **have a significant impact on** ~에 상당한 영향을 미치다 **issue** 문제, 사안 **be characterized by** ~로 특징지어지다 **lyrics** 가사 **content** 내용(물) **include** ~을 포함하다 **related to** ~와 관련된 **urban** 도시의 **poverty** 가난 **injustice** 불평등, 부당함 **be traced back to** (기원 등) ~로 거슬러 올라가다 **manipulate** ~을 다루다, ~을 조작하다 **introduction** 도입, 소개 **element** 요소 **hype up** ~의 흥을 돋우다, ~을 신나게 만들다 **release** ~을 발매하다, ~을 출시하다 **mainstream** 주류 **popularity** 인기 **emergence** 출현, 발생 **be known for** ~로 알려져 있다 **distinctive** 독특한 **continue to V** 지속적으로 ~하다 **rise** 등장, 발생, 도래 **emphasize** ~을 강조하다 **household name** 누구나 아는 이름 **address** v. (문제 등) ~을 다루다, ~을 처리하다 **brutality** 잔혹함 **influence** ~에 영향을 주다 **be vocal in** ~에 대한 목소리를 내다 **endorsement** (유명인이 나오는) 홍보, 광고 **mobilize** ~을 결집시키다 **voter** 유권자 **dominant** 지배적인 **achieve** ~을 이루다, ~을 달성하다 **critical** 중대한 **commercial** 상업적인 **controversy** 논란 **platform** 발판, 지지대 **express** ~을 표현하다

8. 힙합 음악의 주된 특징은 무엇인가?
(a) 최소화된 후렴구와 표현적인 가사
(b) 역동적인 비트와 레코드판 긁힘
(c) 느린 비트와 듣기 좋은 긁힘 소리
(d) 정치적인 주제와 사회적인 비판

해설 힙합의 특징이 언급된 첫 단락에 리듬감 있는 비트와 구어체 가사, 그리고 DJ에 의해 만들어지는 스크래치 사운드로 특징지어진다는(Hip Hop is characterized by a rhythmic beat, spoken word lyrics, and scratching sounds) 말이 쓰여 있으므로 (b)가 정답이다.

Paraphrasing rhythmic beat 리듬감 있는 비트 / scratching sounds 스크래치 사운드 → dynamic beats and record scratches 역동적인 비트와 레코드판 긁힘

어휘 **characteristic** 특징 **minimalistic** 최소의 **expressive** 표현적인 **dynamic** 역동적인 **melodious** 듣기 좋은 **political** 정치적인 **commentary** 비판, 발언, 설명

9. MC의 도입이 어떻게 힙합을 바꾸었는가?
(a) 음악에 목소리 요소를 추가함으로써
(b) 공연에서 DJ의 역할을 줄임으로써
(c) 음악에 시각적 요소를 도입함으로써
(d) 가사 내용보다 패션을 우선시함으로써

[해설] MC가 언급된 두 번째 단락에 MC들이 사람들의 흥을 돋우기 위해 음악 중에 덧붙여 말을 했다는(with MCs speaking over the music to hype up the crowd) 정보가 제시되어 있으므로 (a)가 정답이다.

[오답분석] (c) 새로운 요소(a new element)를 추가했다는 내용은 있지만, 이는 시각적 효과(a visual element)가 아니라 목소리 요소를 추가한 것이므로 오답이다.

[어휘] element 요소 diminish ~을 줄이다 prioritize A over B B보다 A를 우선시하다

10. 기사 내용에 따르면, 다음 중 어느 것이 힙합 패션과 관련해 사실이 아닌가?
(a) 헐렁한 의류를 특징으로 한다.
(b) 금 장신구에 의해 강조된다
(c) 큰 모자 같은 액세서리를 포함한다.
(d) 운동화 문화를 특징으로 한다.

[해설] 세 번째 단락 마지막 문장의 which included oversized clothing, gold chains, and sneakers 부분에 힙합패션의 특징과 관련해 헐렁한 의류와 금 장신구, 그리고 운동화가 언급되어 있어 (a)와 (b), 그리고 (d)를 각각 확인할 수 있다. 하지만 모자는 언급되어 있지 않으므로 (c)가 정답이다.

[어휘] feature ~을 특징으로 하다 loose-fitting 헐렁한, 헐거운 emphasize ~을 강조하다 incorporate ~을 포함하다, ~을 통합하다

11. 갱스터 랩은 어떻게 사회 문제를 다뤘는가?
(a) 도시 환경 속의 문제들을 강조함으로써
(b) 정치인 및 사회 활동가들에게 호소함으로써
(c) 갱단 관련 잔혹함이 드러나는 상황을 묘사함으로써
(d) 가난을 탈출하는 방법을 공유함으로써
[해설] 갱스터 랩에 관해 설명하는 네 번째 단락에, 그 음악이 도심 지역의 빈곤 같은 문제들을 다뤘다는(their music addressed issues such as police brutality and poverty in inner-city neighborhoods) 내용이 제시되어 있다. 이는 도시 환경 속의 문제들을 강조하는 방식을 말하므로 (a)가 정답이다.

[Paraphrasing] addressed issues such as police brutality and poverty in inner-city neighborhoods 경찰의 잔혹함과 도심 지역의 빈곤과 같은 문제들을 다뤘다 → highlighting issues in urban environments 도시 환경 속의 문제들을 강조함

[어휘] highlight ~을 강조하다 appeal to ~에 호소하다 politician 정치인 activist 활동가 depict ~을 묘사하다

A-related A와 관련된 share ~을 공유하다 escape ~을 탈출하다

12. 기사 내용에 따르면, 힙합의 어떤 측면이 논란이 되고 있는가?
(a) 대선에서의 역할
(b) 그 노래의 주제
(c) 아티스트들의 상업적 성공
(d) 중대 문제들에 대한 회피

[해설] 마지막 단락의 Despite controversy over its lyrical content 부분에 가사 내용에 대한 논란이 여전히 남아 있음을 알 수 있다. 이는 노래의 주제에 해당되는 문제이므로 (b)가 정답이다.

[오답분석] (a) 대선에서의 역할에 관한 내용은 논란이 언급된 마지막 단락이 아닌 이전 단락에서 언급된 것으로 질문의 내용과 관련이 없는 오답이다.

[어휘] controversial 논란이 되는 subject matter 주제 avoidance 회피

13. 해당 단락의 문맥에서, distinctive가 의미하는 것은 무엇인가?
(a) 일반적인, 전형적인
(b) 궁금해하는, 호기심 많은
(c) 독특한, 특별한
(d) 이상한, 기이한

[해설] 해당 문장에서 distinctive는 '패션 감각'을 뜻하는 fashion sense를 수식해 앞서 언급한 아티스트들이 어떤 패션 감각을 지녔는지를 나타낸다. 바로 뒤에 오버사이즈 의류 금 체인, 그리고 운동화가 포함되었다는 말이 쓰여 있어 당시에 다소 독특한 패션으로 여겨진 것으로 판단할 수 있으므로 '독특한' 등을 뜻하는 (c) unique가 정답이다.

14. 해당 단락의 문맥에서, mobilize가 의미하는 것은 무엇인가?
(a) 축적하다, 모으다
(b) 안내하다, 인도하다
(c) 준비하다
(d) 조직하다, 체계화하다

[해설] 해당 문장에서 mobilize 뒤에 '젊은 유권자들'을 뜻하는 명사구 young voters가 목적어로 쓰여 있어, 힙합 아티스트들이 버락 오바마에 대한 지지의 목소리를 내면서 젊은 유권자들을 하나로 뭉치게 만든 것으로 생각할 수 있다. 이는 일종의 조직화 또는 체계화에 해당되는 일이므로 '조직하다' 등을 의미하는 (d) organize가 정답이다.

4

비즈니스 편지

해석

페이지 파워스
그레이트 어드벤처스
쿡빌, 텍사스

파워스 씨께,

저는 특별한 경험을 찾으시는 고객들께 맞춤 여행 패키지를 제공해 드리는 것을 전문으로 하는 여행사, 원더러스트 익스피디션스의 설립자입니다. 귀하의 회사 그레이트 어드벤처스를 우연히 알게 되었는데, 선도적인 고급 여행 제공 업체로서 귀사의 명성에 깊은 인상을 받았습니다. 저는 양측 회사 모두에게 유익할 수 있다고 생각하는 사업 계약을 제안하고자 편지를 씁니다.

저희 고객들께서는 흔히 일반적인 관광지를 훨씬 뛰어넘는 흥미롭고 인적이 드문 곳에서의 경험을 찾고 있습니다. 이분들은 일반적으로 부유하고 모험심이 강하며, 특별한 서비스를 요구합니다. 저는 귀사가 전 세계에서 가장 멋진 자연 풍경 몇몇 곳의 헬리콥터 투어를 제공하고 있다는 사실을 알게 되었으며, 이에 대해 저희 고객들께서 흥미로워할 것이라고 생각합니다. 하지만 현재 저희 서비스 목록에는 헬리콥터 투어 옵션이 없습니다. 이것이 바로 우리가 협업할 수 있는 부분이라고 생각합니다.

저는 원더러스트 익스피디션스와 그레이트 어드벤처스가 협력해 저희 고객들께 독점적으로 마케팅할 특별한 헬리콥터 투어 패키지를 개발할 것을 제안합니다. 이 패키지는 호화 숙박 시설과 고급 식사, 그리고 독점적인 경험과 함께, 전 세계에서 숨이 멎을 정도로 가장 멋진 자연 풍경 몇몇 곳에 대한 개인 맞춤 투어를 포함하게 될 것입니다. 이 계약의 일환으로, 저희는 양측의 업체 각각에 대해 더 많은 고객들을 끌어들이기 위한 마케팅 계획 개발에 대해 협업을 원합니다. 저희 웹사이트와 소셜 미디어 채널마다 귀사의 헬리콥터 투어를 소개하고, 이 패키지를 저희의 광범위한 고객 네트워크에 홍보할 것입니다. 그 대가로, 귀사에서는 저희 여행사를 귀사의 고객층에 광고해 저희가 신규 고객들께 다가갈 수 있게 도와주시기를 기대합니다.

이 흥미로운 프로젝트에 협업하는 데 관심이 있으시면 저에게 알려주시기 바라며, 더 깊이 있게 논의할 수 있는

회의 자리를 마련한다면 기쁠 것입니다. 제 제안을 고려해 주셔서 감사드리며, 귀하로부터 곧 답변 들을 수 있기를 고대합니다.

안녕히 계십시오.
제프리 애들러
설립자, 원더러스트 익스피디션스

어휘 founder 설립자 specialize in ~을 전문으로 하다 customized 개인의 요구에 맞춘(= personalized) seek ~을 찾다, ~을 구하다 unique 특별한, 독특한 come across ~을 우연히 발견하다 be impressed by ~에 깊은 인상을 받다 reputation 명성, 평판 propose ~을 제안하다 business arrangement 사업 계약 benefit v. ~에 유익하다, ~에 이롭다 off-the-beaten-path 인적이 드문 곳의 far beyond ~을 훨씬 넘어서는 affluent 부유한 adventurous 모험심이 강한 demand ~을 요구하다 exceptional 특출한, 이례적인 stunning 굉장히 멋진, 대단히 아름다운 of interest 관심이 있는 currently 현재 portfolio 서비스 목록 collaborate (on) (~에) 협업하다, 협력하다 market ~을 마케팅하다 exclusively 독점적으로 clientele 고객들 breathtaking 숨이 멎을 정도의, 기가 막힌 accommodation 숙박 시설 gourmet meal 고급 식사 as part of ~의 일환으로 attract ~을 끌어들이다 respective 각각의 feature ~을 특징으로 하다 promote ~을 홍보하다 extensive 폭넓은, 광범위한 in turn 그 대가로 reach ~에게 다가가다 set up ~을 마련하다, ~의 일정을 잡다 consider ~을 고려하다 proposal 제안(서) look forward to -ing ~하기를 고대하다

1. 제프리 애들러 씨가 왜 페이지 파워스 씨에게 편지를 쓰는가?
(a) 합작 계획에 대한 기회를 살펴보기 위해
(b) 일부 고급 투어 패키지에 관해 문의하기 위해
(c) 새로운 마케팅 캠페인을 홍보하기 위해
(d) 회사의 뛰어난 명성을 칭찬하기 위해

어휘 explore ~을 살펴보다, ~을 탐구하다 joint 합작의, 공동의 initiative 계획 inquire about ~에 관해 문의하다 praise ~을 칭찬하다

2. 다음 중 어느 것이 애들러 씨의 고객들과 관련해 사실이 아닌가?
(a) 부유하며 외향적이다.
(b) 고급 서비스를 기대한다.
(c) 헬리콥터 투어에는 거의 관심이 없다.

(d) 일반적인 관광지를 방문하지 않는다.

어휘 outgoing 외향적인 interest in ~에 대한 관심

3. 애들러 씨는 고급 여행에 무엇이 포함될 것이라는 뜻을 나타내는가?
(a) 고급 숙소
(b) 뷔페 식사
(c) 문화 여행
(d) 무료 교통편

어휘 lodging 숙소 excursion (짧은) 여행, 야유회 free 무료의 transportation 교통(편)

4. 편지 내용에 따르면, 애들러 씨가 파워스 씨에게 무엇을 하도록 요청하는가?
(a) 새로운 서비스를 포함하도록 웹사이트를 업데이트하는 일
(b) 그녀의 고객들에게 자신의 회사를 알리는 일
(c) 자신의 회사를 위해 홍보 행사를 마련하는 일
(d) 특정 서비스에 대해 할인을 제공하는 일

어휘 include ~을 포함하다 inform A of B A에게 B를 알리다 organize ~을 마련하다, ~을 조직하다 promotional 홍보의, 판촉의 certain 특정한, 일정한

5. 애들러 씨는 다섯 번째 단락에서 파워스 씨에게 무엇을 제안하는가?
(a) 공동 마케팅 계획을 확립하는 일
(b) 협업을 논의하기 위해 회의를 마련하는 일
(c) 투어 패키지에 대해 독점 할인을 제공하는 일
(d) 자주 여행하는 사람들을 위해 고객 보상 프로그램을 만드는 일

어휘 establish ~을 확립하다 arrange ~을 마련하다, ~을 조치하다 create ~을 만들어내다 loyalty program 고객 보상 프로그램 frequent 자주 하는, 빈번한

| 1단계 | Paraphrasing 연습 _____
1. (b) 자세한 내용은 이메일로 문의해 주세요.
   → 더 많은 <u>정보</u>를 원하시면 저에게 연락하세요.
2. (a) 부스를 직접 세우다 → 부스를 <u>직접</u> 만들다
3. (a) 입후보를 신청하다 → 어떤 직에 <u>출마하다</u>
4. (a) 그의 제안을 논의하다
   → 그가 제안한 아이디어에 <u>의견</u>을 제공하다
5. (a) 비즈니스용 인쇄물 → <u>기업</u>의 간행물

6. (b) 회사의 30주년 기념일 → 회사의 중요한 <u>이정표[중요한 사건]</u>
7. (b) 소매 – 판매
8. (d) 서류들 – 품목들
9. (a) 지역 사업체들 – 시설들
10. (c) ~로 악명이 높다 – ~로 유명하다

| 2단계 | Paraphrasing 연습 _____
1. 어제 엑스포에서 귀하를 만난 것은 특히 우리 둘 다 캘리포니아 대학에서 학위를 땄기 때문에 정말 즐거웠습니다. 그리고 저는 귀사의 최근 발전에 대한 귀하의 매혹적인 프레젠테이션이 정말 좋았습니다.
(a) <u>저는 귀하의 강연을 들을 기회가 있는 행사에서 귀하를 만났습니다.</u>
(b) 귀하와 저는 대학에서 같은 반 친구로서 함께 공부할 기회가 있었습니다.

2. 희망자는 30세 이상의 최저 연령 요건을 충족하고 오크우드 하이츠에 3년 이상 거주해야 합니다.
(a) <u>올해로 40세 생일을 맞는 오크우드 하이츠 거주자는 신청할 수 있는 나이 기준을 충족합니다.</u>
(b) 작년에 오크우드 하이츠로 이사한 사람들은 신청서를 제출할 자격이 있습니다.

3. 반드시 동봉된 파란색 펜을 사용하여 오류를 편집해 주시고 검토한 각 페이지를 오른쪽 하단 모서리에 "X"로 표시하십시오.
(a) <u>오른쪽 아래 모서리에 있는 표시는 페이지가 검사되었다는 증거로서 역할을 합니다.</u>
(b) 오른쪽 하단 모서리에 표시가 있으면 페이지가 다시 작성되었음을 나타냅니다.

1 (c)	2 (d)	3 (c)	4 (a)
5 (b)	6 (a)	7 (d)	8 (c)
9 (a)	10 (a)	11 (d)	12 (c)
13 (c)	14 (b)	15 (c)	16 (d)

손 씨께,

제 이름은 조나단이며, 글루텐이 들어가지 않는 저탄수화물 식사를 전문으로 하는 출장 요리 서비스 업체 "조마"의 소유주입니다. 귀하의 매장에서 아주 다양한 유기농 허브 티를 제공한다는 사실을 알게 되었으며, 이는 저희 식사들과 잘 어울린다고 생각합니다. 이것이 바로 제가 귀하께서 저희와 협업하실 의향이 있으실지 여쭤보기 위해 편지를 쓰는 이유입니다.

안녕히 계십시오.
조나단 블레어
조마 출장 요리 주식회사

어휘 owner 소유주 catering 출장 요리 제공(업) specialize in ~을 전문으로 하다 provide ~을 제공하다 A-free A가 없는 low-carb 저탄수화물의 notice that ~임을 알게 되다, ~임에 주목하다 a diverse range of 아주 다양한 pair well with ~와 잘 어울리다 ask if ~인지 묻다 be willing to V ~할 의향이 있다, 기꺼이 ~하다 collaborate with ~와 협업하다, ~와 공동 작업하다

1. 조나단 블레어 씨가 손 씨에게 보내는 편지의 주 목적은 무엇인가?
(a) 손 씨의 차 업체가 조마에 의해 인수되도록 제안하는 것
(b) 손 씨의 업체가 허브 티를 홍보하는 데 도움을 주는 것
(c) 두 사람의 업체 서비스에 대한 공동 사업을 제안하는 것
(d) 손 씨의 출장 요리 서비스 사업 확장을 돕는 것

[해설] 마지막 문장에 함께 협업할 의향이 있는지 묻기 위해(to ask if you would be willing to collaborate with us) 편지를 쓴다는 말이 쓰여 있다. 이는 공동 사업을 제안하는 말에 해당되므로 (c)가 정답이다.

[Paraphrasing] collaborate 협업하다 → joint venture 공동 사업

[어휘] suggest that ~하도록 제안하다 acquire ~을 인수하다, ~을 획득하다 promote ~을 홍보하다 joint venture

공동 사업, 합작 사업 assist A in B B에 대해 A를 돕다 expansion 확장, 확대

주민 여러분,

건물 관리팀을 대표해, 우리 건물의 엘리베이터가 시설 관리 작업 목적으로 5월 15일 오전 9시부터 오후 5시까지 일시적으로 운영 중단된다는 사실을 알려 드리고자 글을 씁니다. 저희는 이 예기치 못한 일로 인해 초래되는 모든 불편함에 대해 사과 드리며, 주민 여러분께 예상치 못한 일이 진행되는 동안 계단을 이용하시길 권해 드립니다.

주디 모건

[어휘] resident 주민 on behalf of ~을 대표해, ~을 대신해 notify A that A에게 ~라고 알리다 temporarily 일시적으로, 임시로 out of service 운영되지 않는 maintenance 시설 관리, 유지 관리 apologize for ~에 대해 사과하다 inconvenience 불편함 cause ~을 초래하다, ~을 유발하다 unexpected 예기치 못한, 뜻밖의(= unforeseen)

2. 주디 모건 씨가 왜 주민들에게 공지를 보내는가?
(a) 주민들에게 주간 시설 관리 일정을 상기시키기 위해
(b) 주민들에게 더 주기적으로 계단을 이용하도록 요청하기 위해
(c) 주민들에게 전력 부족 문제를 알리기 위해
(d) 주민들에게 곧 있을 건물 내 수리 작업에 관해 알리기 위해

[해설] 엘리베이터가 시설 관리 작업 목적으로 5월 15일 오전 9시부터 오후 5시까지 일시적으로 운영 중단된다는(the elevator in our building will be temporarily out of service on May 15th from 9 am to 5 pm for maintenance purposes) 사실을 알리고 있다. 이는 곧 있을 수리 작업 일정을 공지하는 것이므로 (d)가 정답이다.

[오답분석] (a) 엘리베이터를 점검하게 된 이유가 예기치 못한 일(this unexpected event)로 인한 것이므로 정기적으로 매주 시행하는 관리 일정이라는 보기의 내용은 오답이다.

[어휘] remind A of B A에게 B를 상기시키다 request A to V A에게 ~하도록 요청하다 regularly 주기적으로, 규칙적으로 notify A of B A에게 B를 알리다 shortage 부족 inform ~에게 알리다 imminent 곧 있을, 임박한 repairing 수리

놀티 님께,

건강하게 지내고 계시기를 바랍니다. 저는 운이 좋게도 귀하의 열정과 가르침에 영감을 받았던 이전의 학생 중 한 명이었습니다. 현재, 저희 대학교에 신청 가능한 장학금 기회가 있습니다. 저는 여기에 지원해서 일부 금전적인 부담을 덜고자 합니다. 이 문제와 관련해 저에게 추천서를 제공해 주실 수 있으신지 여쭤보고자 편지를 씁니다.

안녕히 계십시오.
애나 마이스터

써니뱅크 백화점에 보냅니다.

저는 풍경과 도시 경관 유화를 전문으로 하는 미술가입니다. 저는 어제 써니뱅크 백화점을 방문하게 되어 기뻤으며, 실내 공간의 아름다움에 감탄했습니다. 귀사의 구내에 제 미술품을 꼭 전시하고 싶습니다.

제 요청 사항을 고려해 주셔서 감사합니다.

안녕히 계십시오.
이사벨라 스완스

어휘 I hope this letter finds you well 건강하게 지내고 계시기를 바랍니다 former 이전의, 과거의, 전직 ~의 inspire ~에게 영감을 주다 enthusiasm 열정 currently 현재 scholarship 장학금 opportunity 기회 available 이용 가능한 apply for ~에 지원하다, ~을 신청하다 alleviate ~을 완화하다 financial 금전적인, 재정의 burden 부담(감) regarding ~와 관련해 matter 문제, 사안 ask if ~인지 묻다 reference letter 추천서

3. 애나 마이스터 씨가 왜 놀티 씨에게 편지를 보내는가?
(a) 장학금 신청 가능성에 대해 묻기 위해
(b) 자신이 쓴 추천서 이야기를 하기 위해
(c) 추천서를 요청하기 위해
(d) 자신의 자금 문제에 대한 도움을 청하기 위해

해설 마지막 문장에 자신에게 추천서를 제공해줄 수 있는지 묻기 위해(to ask if you could provide a reference letter for me) 편지를 쓴다고 알리고 있으므로 (c)가 정답이다.

Paraphrasing ask if you could provide a reference letter 추천서를 제공할 수 있는지 묻다 → request a letter of recommendation 추천서를 요청하다

어휘 ask for ~에 대해 묻다 availability 이용 가능성 request ~을 요청하다 seek assistance with ~에 대한 도움을 청하다 finance 자금, 재정, 재무

어휘 specialize in ~을 전문으로 하다 oil painting 유화 landscape 풍경 cityscape 도시 경관 be struck by ~에 감탄하다, ~에 충격 받다 would very much like to V 꼭 ~하고 싶다 display ~을 전시하다, ~을 진열하다 premises 구내, 부지 consider ~을 고려하다 request 요청

4. 이사벨라 스완스 씨는 왜 백화점에 편지를 보내는가?
(a) 백화점에서 자신의 미술품 이용을 고려할 것인지 문의하기 위해
(b) 백화점의 예술적인 매력에 대해 칭찬하기 위해
(c) 전시용 미술품 제출 과정에 관해 문의하기 위해
(d) 백화점에서 개최된 미술 전시회에 대해 칭찬하기 위해

해설 자신의 미술품을 꼭 전시하고 싶다는(I would very much like to display my artwork on your premises) 말과 함께 그러한 요청을 고려하는 것에 대해 감사의 인사를 전하고 있다(Thank you for considering my request). 이는 자신의 미술품 이용을 고려하도록 문의하는 것이므로 (a)가 정답이다.

오답분석 (c) 미술품 전시를 희망한다는 의사를 밝히고 있지만, 구체적인 절차를 묻고 있지는 않으므로 본문에 언급되지 않은 내용의 오답이다.

어휘 inquire 문의하다 consider -ing ~하는 것을 고려하다 compliment A on B B에 대해 A를 칭찬하다 appeal 매력 process 과정 submit ~을 제출하다 display 전시(품), 진열(품) hold ~을 개최하다

프로클린 솔루션즈에 보냅니다.

저는 정말이지 귀사의 새로운 진공 청소기 모델인 실크마스터2가 실망스럽습니다. 내장된 블루투스 스피커는 이 진공 청소기의 주요 기능과 거의 관련 없는 특징입니다. 게다가, 이 새로운 모델은 리모컨을 포함하고 있는데, 이는 아무 관련이 없는 추가 요소인 것으로 보입니다. 하지만 가장 우려되는 측면은 실크마스터2가 이전의 모델만큼 잘 작동하지 않는다는 점입니다. 흡입 기능은 그렇게 강력하지 않으며, 작은 쓰레기를 빨아들이지 못합니다. 전반적으로, 실크마스터2가 전작에 비해 한 단계 퇴보한 것이라는 말씀을 드리고 싶습니다.

새뮤얼 에반스

어휘 I must admit that 정말이지 ~이다 be disappointed with ~에 실망하다 vacuum cleaner 진공 청소기 built-in 내장된 feature 특징 have little to do with ~와 거의 관련이 없다 function 기능 include ~을 포함하다 seem like ~인 것으로 보이다, ~인 것 같다 extraneous 아무 관련이 없는 addition 추가 (요소) concerning 우려하게 만드는 aspect 측면, 양상 as A as B B만큼 A하게 previous 이전의, 과거의 suction 흡입 fail to V ~하지 못하다 pick up ~을 집어 들다, ~을 치우다 debris 쓰레기, 잔해 overall 전반적으로 step back 한 단계 퇴보한 것 predecessor 전작, 전임자

5. 새뮤얼 씨는 왜 실크마스터2에 전혀 만족하지 못하고 있는 것 같은가?
(a) 상당히 진보한 기술을 활용하기 때문에
(b) 불필요한 기능들을 포함하고 있기 때문에
(c) 불필요한 소음을 내기 때문에
(d) 기능적으로 전작을 닮아 있기 때문에

해설 블루투스 스피커는 이 진공 청소기의 주요 기능과 거의 관련 없는 특징이라는 점(Bluetooth speaker is a feature that has little to do with the vacuum's main function), 그리고 리모컨이 아무 관련이 없는 추가 요소라는 점을(a remote control, which seems like an extraneous addition) 문제로 언급하고 있다. 이는 불필요한 기능들이 포함된 사실을 말하는 것이므로 (b)가 정답이다.

Paraphrasing has little to do 거의 관련이 없다 / extraneous 아무 관련이 없는 → unnecessary 불필요한

어휘 less than 전혀 ~가 아닌 be satisfied with ~에 만족하다 advanced 진보한, 발전된 come with ~을 포함하

다, ~가 딸려 있다 unnecessary 불필요한 make noise 소음을 내다 resemble ~을 닮다 functionally 기능적으로

하워즈 씨께,

귀하의 지도 하에 근무했던 것이 제 직업적 성장에 있어 중요한 부분이었습니다. 귀하께서는 저에게 조언과 건설적인 비판을 제공해 주셨으며, 이는 의사 소통 능력과 리더십 능력이 향상되는 데 도움이 되었습니다. 게다가, 귀하께서는 저에게 새로운 업무들을 맡아보도록 권해 주셨는데, 이는 결국 더 많은 책임을 지는 데 있어 자신감을 끌어올려 주었습니다. 저는 현재 새로운 경력을 쌓을 기회를 추구하기를 간절히 바라고 있으며, 앞으로의 제 노력에 뒷받침이 될 추천서를 정중히 요청 드립니다.

미라 카펜터

어휘 guidance 지도, 안내 instrumental 중요한 growth 성장, 발전 provide A with B A에게 B를 제공하다 constructive 건설적인 criticism 비판 help A + 동사원형 ~하는 데 A에게 도움이 되다 improve 향상되다, 개선되다 communication 의사소통 skill 능력, 기술 furthermore 게다가, 더욱이 encourage A to V A에게 ~하도록 권하다 take on ~을 맡다 task 업무, 일 eventually 결국, 마침내 confidence 자신감 take a responsibility 책임을 지다 be eager to V ~하기를 간절히 바라다 pursue ~을 추구하다, ~을 이어가다 opportunity 기회 request ~을 요청하다 reference letter 추천서 support ~을 뒷받침하다, ~을 지원하다 endeavor 노력, 시도

6. 하워즈 씨는 어떻게 카펜터 씨의 경력 발전에 도움이 되었는가?
(a) 개선을 위한 의견을 제공함으로써
(b) 팀을 이끌 수 있게 해줌으로써
(c) 새로운 진로에 관해 조언함으로써
(d) 언어 능력을 향상시키도록 권함으로써

해설 조언과 건설적인 비판을 제공한 것이 자신의 의사 소통 능력과 리더십 능력을 향상시키는 데 도움이 되었다고(You provided me with your advice and constructive criticism, and this helped me improve in communication and leadership skills) 밝히고 있다. 이는 개선될 수 있도록 의견을 제공해준 것으로 볼 수 있으므로 (a)가 정답이다.

Paraphrasing advice and constructive criticism 조언과 건설적인 비판 / this helped me improve 향상되는 데 도움이

되었다 → suggestions for improvement 개선을 위한 의견

어휘 contribute to ~에 도움이 되다, ~에 기여하다 suggestions 의견, 제안 improvement 개선, 향상 enable A to V A에게 ~할 수 있게 해 주다 career path 진로 suggest 제안하다, 권하다

에블린 바이스 씨께,

저희 콩 카페는 관광객들에게 인기 있는 목적지가 되었으며, 저희는 항상 손님들을 즐겁게 해 드릴 새로운 방법을 찾고 있습니다. 저는 최근에 고객들이 간식과 음료를 즐기는 동안 저녁에 저희 카페 내에서 라이브 밴드에게 연주하게 하는 아이디어에 사로잡혔습니다. 저희는 낮 시간 동안 자연광이 들어오는 대형 창문들이 달린 널찍하면서 냉난방이 되는 좌석 공간을 보유하고 있습니다. 귀하께서는 이 아늑한 공간에 악기를 설치하신 다음, 전체적인 분위기를 낭만적이고 편안하게 변모시켜 주시기만 하면 됩니다.

폴 잭슨

어휘 destination 목적지, 도착지 look for ~을 찾다 way to V ~하는 방법 entertain ~을 즐겁게 해 주다 be taken by ~에 사로잡히다 recently 최근에 have A + 동사원형 A에게 ~하게 하다 beverage 음료 spacious 널찍한 climate-controlled 냉난방이 되는 seating area 좌석 공간 allow for ~을 허용하다 All you need to do is do ~하기만 하시면 됩니다 set up ~을 설치하다, ~을 준비하다 instrument 악기 cozy 아늑한 transform A into B A를 B로 변모시키다, A를 B로 탈바꿈시키다 whole 전체의 atmosphere 분위기 relaxing 느긋한, 편안하게 해 주는

7. 폴 씨의 제안에 따르면, 에블린 씨가 협업으로부터 이득을 얻기 위해 무엇을 할 수 있는가?
(a) 폴 씨의 카페 근처에서 밴드에게 연주하게 할 수 있다.
(b) 폴 씨의 카페 안에 놓여 있는 악기들을 이용할 수 있다.
(c) 폴 씨의 건물 부지 밖에서 라이브 밴드를 준비할 수 있다.
(d) 폴 씨의 건물 안에서 라이브 음악을 제공할 수 있다.

해설 카페 내의 특정 공간에 악기들을 설치해 전체적인 분위기를 낭만적이고 느긋한 것으로 변모시켜 달라고(All you need to do is set up your instruments ~ transform the whole atmosphere into a romantic and relaxing one) 요청하고 있는데, 이는 건물 안에서 라이브 음악을 제공하는 일을 의미하므로 (d)가 정답이다.

Paraphrasing set up your instruments 악기를 설치하는 일 / transform the whole atmosphere 전체적인 분위기를 변모시키는 일 → offer live music 라이브 음악을 제공하는 일

어휘 proposal 제안(서) benefit from ~로부터 이득을 얻다, ~로부터 혜택을 받다 collaboration 협업, 공동 작업 place v. ~을 놓다, ~을 배치하다 premises 부지, 구내 property 건물, 부동산

사본 씨께,

상호간의 제휴 관계를 향상시키기 위해 제 행사 기획 웹사이트에 귀하의 출장 요리 서비스를 홍보하고 행사에 고품질 출장 요리를 필요로 하는 고객들에게 귀하의 인상적인 서비스 목록을 추천하는 것을 제안합니다. 저는 우리의 협업이 서로에게 유익할 것이라 확신합니다.

라이언 시먼스

어휘 enhance ~을 향상시키다, ~을 강화하다 partnership 제휴 관계 propose -ing ~하도록 제안하다 promote ~을 홍보하다 catering 출장 요리 제공(업) impressive 인상적인 portfolio 서비스 목록, 상품 목록 require ~을 필요로 하다 be confident that ~임을 확신하다 collaboration 협업, 공동 작업 mutually 서로에게, 상호간에 beneficial 유익한, 이로운

8. 편지 내용에 따르면, 두 파트너는 어떻게 자신들의 일에 관심을 끌 수 있는가?
(a) 소셜 미디어에 서비스를 게시함으로써
(b) 출장 요리 서비스를 앞으로의 행사에 결합함으로써
(c) 사본 씨의 서비스를 시먼스 씨의 고객들에게 소개함으로써
(d) 새로운 웹사이트에 서비스를 광고함으로써

해설 시먼스 씨가 자신의 행사 기획 웹사이트에 상대방인 사본 씨의 출장 요리 서비스를 홍보하면서 고객들에게 그 서비스 목록을 추천하도록 제안하고 있다(I propose promoting your catering services on my event planning website and recommending your impressive portfolio to clients). 이는 시먼스 씨의 웹사이트를 방문하는 고객들에게 사본 씨의 서비스를 소개하는 방법에 해당되므로 (c)가 정답이다.

오답분석 (d) 웹사이트에 홍보하는 것은 맞지만 새로운 웹사이트(a new website)라는 설명은 없으므로 본문에 언급되지 않은 오답이다.

어휘 draw attention to ~에 관심을 갖게 하다, ~로 이목을 끌다 **post** ~을 게시하다 **combine A to B** A를 B로 결합하다 **introduce** ~을 소개하다 **advertise** ~을 광고하다

> 안녕하세요, 스완슨 씨,
>
> 마침내 우리 도시에서 귀하의 채식 레스토랑을 발견하게 되어 기뻤습니다. 엄격한 식물성 식단을 활용하면서 다양한 채식 요리를 제공하기 위한 귀하의 지속적인 노력은 귀하의 업체를 제가 가본 레스토랑 중에서 흔치 않은 곳으로 만들어 주고 있습니다.
>
> 안녕히 계십시오.
> 키이라 조이

어휘 spot ~을 발견하다 vegan 채식의 at last 마침내 constant 지속적인 endeavor 노력, 시도 a diverse array of 매우 다양한 while -ing ~하면서, ~하는 동안 strictly 엄격하게 A-based A 기반의 make A B A를 B로 만들다 establishment (학교, 병원, 회사, 식당 등의) 업체, 시설 rarity 흔치 않은 것, 드문 것

9. 키이라 씨가 다른 레스토랑에서 무엇을 경험하지 못했을 것 같은가?
(a) 매우 다양한 채식 메뉴
(b) 가격이 저렴한 채식 음식
(c) 지역에서 공급되는 식재료
(d) 진정한 채식 철학을 지닌 요리사

해설 엄격한 식물성 식단을 활용하며 다양한 채식 요리를 제공하는 것이 흔치 않은 곳으로 만들어 주는 이유로(offering a diverse array of vegan dishes while using a strictly plant-based diet makes your establishment a rarity among the restaurants I have been to) 언급되고 있다. 이는 그토록 다양한 채식 메뉴를 겪어보지 못했다는 의미이므로 (a)가 정답이다.

Paraphrasing a diverse array of vegan dishes 매우 다양한 채식 요리 → a wide range of vegan menus 매우 다양한 채식 메뉴

어휘 be unable to V ~할 수 없다 a wide range of 매우 다양한 affordable 저렴한 locally 지역적으로 source v. ~을 공급하다 ingredient (식품) 재료, 성분 philosophy 철학

> 디멜로 씨께,
>
> 제가 이 분야에서 귀중한 지식과 능력을 얻게 된 것은 귀하의 조언과 가르침 때문입니다. 귀하와 함께 한 4년의 시간은 제가 계속 경력을 쌓아가게 된 굳건한 토대가 되었습니다. 이전의 제 멘토이시자 지역 내에서 가장 명성 높은 건축회사 중 한 곳에 계신 직원으로서, 귀하의 추천서는 미래의 마케팅 책임자로서 제 역량을 정확히 묘사할 수 있다고 확신합니다.
>
> 안녕히 계십시오.
> 앨리샤 발렛

어휘 due to ~ 때문에, ~로 인해 mentorship (경험 많은 사람의) 조언, 지도 guidance 가르침, 지도 gain ~을 얻다 invaluable 귀중한 field 분야 firm a. 굳건한, 튼튼한 v. 회사, 업체 foundation 토대 onwards 계속 (앞으로) be certain that ~임을 확신하다 reference letter 추천서 describe ~을 묘사하다, ~을 설명하다 accurate 정확한 capacity 능력, 역량 former 이전의, 과거의, 전직 ~의 mentor 멘토(조언과 도움을 제공하는 경험 많은 선배나 상사 등) prestigious 명성 높은, 권위 있는

10. 발렛 씨는 왜 디멜로 씨의 추천서가 자신의 경력상 목표에 도움이 될 것이라고 확신하는가?
(a) 그가 업계 내에서 성공을 거둬온 사람이기 때문에
(b) 그가 많은 직원을 교육해 왔기 때문에
(c) 그가 많은 추천서를 써 봤기 때문에
(d) 그가 자신의 잠재력을 인정해 주었기 때문에

해설 마지막 문장에 상대방의 추천서가 도움이 될 것이라는 확신과 함께 그 이유로 상대방이 지역 내에서 가장 명성 높은 건축회사의 직원이라는(as my former mentor and an employee of one of the most prestigious architectural firms in the area) 사실을 언급하고 있다. 이는 업계 내에서 성공을 거둔 사람으로 볼 수 있으므로 (a)가 정답이다.

Paraphrasing employee of one of the most prestigious architectural firms 가장 명성 높은 건축회사 중 한 곳에 있는 직원 → has been successful in this industry 업계 내에서 성공을 거둬왔다

어휘 help A with B B에 대해 A를 돕다 industry 업계 train ~을 교육하다, ~을 훈련시키다 acknowledge ~을 인정하다 potential 잠재력

수전 씨께,

제 책의 인쇄본을 받기를 원하신다면, 귀하의 주소와 함께 johndow@books.com으로 저에게 이메일을 보내 주세요. 그러면 저희가 배송을 준비해 드릴 수 있습니다. 귀하의 단체와 함께 하는 어떤 협업 기회이든 논의하기를 원하시면, 함께 계약서 초안을 작성할 수 있도록 언제든지 저에게 555-1234번으로 전화하시기 바랍니다. 저는 목요일까지 귀하로부터 꼭 다시 연락을 받았으면 하는데, 다가오는 출장 일정이 있어서 제 답변이 늦어질 수 있기 때문입니다.

안녕히 계십시오.
존 도우

니콜 씨께,

제품을 구입하시기 전에 귀하의 피부에 몇몇 저희 샘플을 한 번 사용해보실 필요가 있을 것이라고 생각합니다. 귀하께서 저희 매장을 방문하실 수 있는 시간을 마련해 드리거나 다음 주에 귀하께 제품을 보내드릴 수 있습니다. 해당 이메일에 회신하시거나 777-1420번으로 저희에게 전화를 주셔서 어떻게 하길 원하시는지 알려주시기 바랍니다.

안녕히 계십시오.
세레나 맥

어휘 try ~을 한 번 해보다 arrange ~을 마련하다, ~을 조치하다 have A p.p. A를 ~되게 하다 let A know A에게 알리다 would like to V ~하고 싶다, ~하고자 하다 proceed 진행하다 via ~을 통해 reply to ~에 답장하다

어휘 in case (that) ~라면, ~할 경우에 receive ~을 받다 hard copy 인쇄본, 출력본 arrange ~을 조치하다, ~을 마련하다 discuss ~을 논의하다 collaboration 협업, 공동 작업 opportunity 기회 organization 단체, 기관 feel free to V 언제든지 ~하세요, 마음껏 ~하세요 so that (목적) ~할 수 있도록 work on ~을 착수하다 draft 초안을 작성하다 contract 계약(서) would love to V 꼭 ~하고 싶다 by (기한) ~가지 delay ~을 지연시키다, ~을 미루다 response 답변, 반응

11. 수전 씨가 목요일 전에 존 씨에게 전화한다면 그 후 무슨 일이 있을 것 같은가?
(a) 존 씨가 다가오는 계획을 연기할 것이다.
(b) 함께 자신들의 출장 계획에 대한 세부 사항을 논의할 것이다.
(c) 존 씨가 협업 프로젝트를 시작할 것이다.
(d) 함께 계약서 협상을 시작할 것이다.

[해설] 계약서 초안 작성을 할 수 있도록 전화를 달라는 말과 함께 목요일까지 연락을 바란다는(feel free to call me at 555-1234 so that we can begin working on drafting a contract. I would love to hear back from you by Thursday) 말이 쓰여 있다. 따라서 계약서 협상을 언급한 (d)가 정답이다.

[오답분석] (c) 목요일 전에 전화하게 될 경우 곧바로(next) 생기게 될 일을 묻고 있는데, 협업 프로젝트를 시작하는 것은 계약서를 쓴 뒤에나 가능한 일이므로 순서상 맞지 않는 오답이다.

어휘 postpone ~을 연기하다 upcoming 다가오는, 곧 있을 specifics 세부 사항 undertake 착수하다, 시작하다 negotiation 협상 agreement 계약서, 합의

12. 니콜 씨는 왜 세레나 씨의 매장을 방문하게 될 것 같은가?
(a) 매장의 위생 환경을 평가하기 위해
(b) 세레나 씨와 함께 제품을 마케팅하는 데 도움을 주기 위해
(c) 제품을 구입하는 일과 관련해 결정하기 위해
(d) 제품을 시험해볼 대체 방법을 살펴보기 위해

[해설] 제품을 구입하기 전에 샘플을 사용해보도록 권하면서 그 방법의 하나로 매장을 방문하는 일을 언급하고 있다(I think you might need to try some of our samples on your skin before buying the product. I can arrange a time for you to visit our shop). 따라서 구입 여부 결정이 매장 방문의 목적으로 볼 수 있으므로 (c)가 정답이다.

어휘 assess ~을 평가하다 hygienic 위생의 assist in -ing ~하는 데 도움을 주다 decide on ~와 관련해 결정하다 make a purchase 구입하다 explore ~을 살펴보다, ~을 조사하다 alternative 대체의, 대안의 way to V ~하는 방법 sample v. ~을 시험하다, ~을 시식하다

솔즈베리 씨께,

가능한 한 빨리 귀사 제품의 성분 분석표에 기재된 정보를 바로잡아 다음 주 내로 온라인상에서 귀사의 잘못을 인정할 것을 촉구합니다. 그렇지 않을 경우, 저는 이 문제를 해당 규제 기관에 알려야 할 것입니다.

안녕히 계십시오.
데이빗 윌슨

게일라 씨께,

이 문제를 직접 만나 논의하기 위해 회의 자리 마련을 원하신다면 hgranger@fusionnow.co로 제 비서에게 이메일을 보내시면 됩니다. 최근의 제 퓨전 조리법들을 한 번 살펴보고자 하신다면, 그것들은 모두 제 웹사이트에서 이용 가능합니다.

안녕히 계십시오.
케일리 크라이슬러

[어휘] urge A to V A에게 ~하도록 촉구하다 correct v. ~을 바로잡다, ~을 정정하다 ingredient 성분, 재료 as soon as 가능한 빨리 admit ~을 인정하다 wrongdoing 악행, 부정행위 if not (앞선 언급된 일에 대해) 그렇지 않을 경우 issue 문제, 사안 appropriate 해당되는, 적절한 regulatory agency 규제 기관

13. 데이빗 씨는 다음 주 내로 무엇을 할 것 같은가?
(a) 회사의 제품에 대한 부정적인 후기를 온라인상에 남기는 일
(b) 허위 정보를 온라인상에 알리는 것
(c) 자신의 우려가 회사에 의해 해결됐는지 알아보기 위해 확인하는 일
(d) 문제를 처리하기 위해 회사에 직접 전화하는 일

[해설] 제품의 성분 분석표에 기재된 정보를 바로잡아 다음 주 내로 온라인상에서 부정 행위를 인정하라고 correct the information on your product's ingredients label ~ admit your wrongdoing online within the next week) 알리고 있다. 따라서 오류를 수정하고 부정 행위를 인정했는지 확인하는 과정을 거칠 것으로 판단할 수 있으므로 이러한 의미에 해당되는 (c)가 정답이다.

[오답분석] (b) 허위 정보를 보고하는 일은 상대 회사가 필요한 조치를 취하지 않을 경우 추후에 고려할 수 있는 일이므로 다음 주 내에 해야 할 일이라고 단정할 수 없다.

[어휘] negative 부정적인 review 후기, 평가 misrepresented 허위의 whether ~인지 (아닌지) concern 우려, 걱정 resolve ~을 해결하다 address v. (문제 등) ~을 처리하다, ~을 다루다

[어휘] arrange ~을 마련하다, ~을 조치하다 discuss ~을 논의하다 matter 문제, 사안 in person 직접 (만나서) in case (that) ~할 경우에 (대비해) would like to V ~하고자 하다, ~하고 싶다 get a glimpse of ~을 잠깐 한 번 보다, ~을 얼핏 보다 latest 최근의 recipe 조리법 available 이용 가능한

14. 게일라 씨는 왜 케일리 씨의 웹사이트를 방문할 것 같은가?
(a) 문화적으로 다양한 재료에 관해 배우기 위해
(b) 그녀가 현재 만드는 몇몇 요리를 확인해보기 위해
(c) 일대일 대면 회의 자리를 마련하기 위해
(d) 요리 트렌드에 관한 최신 정보를 확인해보기 위해

[해설] 자신의 최근 퓨전 조리법들을 살펴보기를 원할 경우 자신의 웹사이트에서 볼 수 있다고(In case you would like to get a glimpse of my latest fusion recipes, they are all available on my website) 알리고 있다. 이는 그 사람이 요즘 만드는 요리들을 확인해 보는 것과 같으므로 (b)가 정답이다.

[Paraphrasing] latest fusion recipes 최신 퓨전 조리법들 → current dishes 현재의 요리들

[어휘] diverse 다양한 ingredient 재료, 성분 view ~을 보다 current 현재의 set up ~을 마련하다, ~의 일정을 잡다 face-to-face 일대일 대면의 trend 트렌드, 유행, 경향

미아 씨께,

직접 만나 이 문제에 대해 더 논의할 의향이 있으시면 343-1126으로 연락 주시기 바랍니다. 저는 우리가 만난다면 세부사항을 더 자세히 검토할 수 있을 것이라고 믿습니다. 하지만 제가 일주일 후에 가족 행사로 인해 다른 지역에 가 있을 것이므로 그 전에 만날 수 있기를 바랍니다. 또는 괜찮으실 경우, 이메일을 통해 자세한 사업 제안서를 보내드릴 수 있습니다.

안녕히 계십시오.
세바스찬 와일더

찰리 씨께,

최고의 고객 경험을 위해 저희 VIP 회원 패키지로 업그레이드하시기를 추천해 드립니다. 이 패키지와 함께 하시면, 저희의 모든 독점 제품을 이용하실 수 있게 될 것입니다. 원하시면 그렇게 하시도록 도와 드릴 수 있습니다. 또한, 저희는 고객 대상 개인 맞춤 상담 서비스를 제공해 드리는 전문가들도 보유하고 있습니다. 전문가를 통해 귀하께 이 서비스를 제공해 드릴 수 있도록 귀하의 전화번호를 남겨 주시겠습니까?

안녕히 계십시오.
노라 팬쇼

어휘 would like to V ~하고자 하다, ~하고 싶다 ask if ~인지 묻다 discuss ~을 논의하다 matter 문제, 사안 further 더욱 더, 한층 더 either A or B A 또는 B 둘 중의 하나 in person 직접 (만나서) go over ~을 검토하다, ~을 살펴보다 details 세부 사항, 상세 정보 thoroughly 철저하게 beforehand 그 전에, 미리 if you would prefer 괜찮으시다면 detailed 자세한 proposal 제안(서) via ~을 통해

15. 미아 씨가 세바스찬 씨와 함께 이메일 내용을 논의하기 원할 경우에 무엇을 할 것 같은가?
(a) 일주일 후에 자신을 만나도록 그에게 전화하는 일
(b) 회의 자리를 마련하기 위해 이메일에 답장하는 일
(c) 7일 내로 그에게 전화하는 일
(d) 제안서와 함께 이메일에 답장하는 일

해설 첫 문장에 전화로 연락을 부탁한다는 내용(Please contact me at 343-1126 ~)과 함께 일주일 후에 다른 지역에 가야 해서 그 전에 만날 수 있기를 바란다고 알리고 있다(If we meet in person, we can go over the details more thoroughly. However, I will be out of town for a family event one week later, so I am hoping we can meet beforehand). 따라서 미아 씨는 세바스찬 씨가 떠나는 시점이 되기 전인 일주일 이내에 그에게 연락해야 하므로 (c)가 정답이다.

오답분석 (a) 일주일 후(a week later)는 세바스찬 씨가 가족 행사로 인해 연락을 받을 수 없는 시점이므로 오답이다.

어휘 reply to ~에 답장하다 set up ~을 마련하다, ~의 일정을 잡다

어휘 ultimate 최고의, 궁극적인 have access to ~을 이용할 수 있다, ~에 접근할 수 있다 exclusive 독점적인, 전용의 help A + 동사원형 ~하도록 A를 돕다 do so (앞서 언급된 일에 대해) 그렇게 하다 expert 전문가 personalized 개인 맞춤형의 consultation 상담 leave ~을 남기다 have A + 동사원형 A에게 ~하게 하다 provide A with B A에게 B를 제공하다

16. 노라 씨가 찰리 씨를 위해 무엇을 하겠다고 하는가?
(a) 새로운 회원 프로그램에 가입하도록 추천하는 일
(b) 개인적으로 고객 상담 서비스를 제공하는 일
(c) 엄선된 제품에 대한 이용 권한을 제공하는 일
(d) 프리미엄 패키지에 가입하도록 돕는 일

해설 노라 씨가 무엇을 해 주겠냐고 제안하는지를 묻는 문제인데, 이와 관련된 단서는 'I can help you do so ~'에서 찾을 수 있다. 즉, 찰리 씨가 원한다면 VIP 회원 패키지로 업그레이드하는 것을 도와주겠다는 의미이므로 (d)가 정답이다.

Paraphrasing VIP membership package VIP 회원 패키지 → a premium package 프리미엄 패키지

어휘 join ~에 가입하다, ~에 합류하다 give access to ~에 대한 이용 권한을 주다 selected 엄선된 assist in -ing ~하도록 돕다

71

1 (b)	2 (a)	3 (a)	4 (b)
5 (c)	6 (a)	7 (b)	

해석

수신: 선샤인 베이비, 고객 서비스부
발신: 크리스티 브라운
제목: 선샤인 베이비 샴푸의 단종

고객 서비스부에 보냅니다,

❶ 저는 귀사에서 선샤인 베이비 샴푸의 생산을 중단했다는 사실을 알게 되자마자 깊은 실망감과 믿기지 않는 마음을 표하고자 이메일을 씁니다. 20년 넘게 이 제품을 사용해 온 단골 사용자로서, 이 제품이 매장 선반에서 사라지는 모습을 보게 되어 대단히 슬픕니다.
❷ 오랫동안, 선샤인 베이비 샴푸는 제 머리를 깨끗하고 건강하게 유지하는 데 있어 믿을 만한 선택이었습니다. 제 일상 생활의 필수적인 한 부분이었으며, 제가 이 브랜드에게 기대하게 된 부드러운 세척 효과와 기분 좋은 향기를 단 한 번도 ❻ 전해 주지 못한 적이 없었습니다.
❼ 안목을 지닌 소비자로서, 과거에 다른 샴푸들도 써봤지만, ❸ 그 어떤 것도 선샤인 베이비 샴푸의 품질과 효과에 필적하지 못했습니다. 이 제품은 언제나 부모와 성인들에게 동일하게 믿음이 가고 신뢰할 만한 선택이었습니다. 수십 년 동안 개인 생활 용품 시장에서 주요 제품이었으며, 그 단종은 대단히 충격적인 일이나 다름없습니다.
회사들이 진화하는 소비자 수요와 트렌드에 적응해야 한다는 점은 이해하지만, 이렇게 상징적이고 많은 사랑을 받는 제품을 단종한다는 것은 실수라고 굳게 믿습니다. 선샤인 베이비 샴푸는 여러 세대에 걸쳐 많은 사람들에게 삶의 일부였으며, 사람들의 마음속에 특별하게 자리 잡고 있습니다. 사람들과 함께 성장하며 의지하게 된 제품이므로 ❹ 그 부재는 깊게 느껴질 것입니다.
귀사의 선샤인 베이비 샴푸 단종 결정을 재고해 주시기 바랍니다. 단골 고객으로서, ❺ 저는 더 많은 세대들이 지속적으로 그 혜택을 누릴 수 있게 이 제품을 다시 판매하시길 간청합니다. 이 의견을 진지하게 받아들여 이 상황을 바로잡는 데 필요한 변화를 주실 수 있기를 바랍니다.

이 문제에 대한 귀사의 관심에 감사드립니다.

안녕히 계십시오.
크리스티 브라운

어휘 discontinuation 단종, 중단 express ~을 표현하다 profound 깊은, 심오한 disappointment 실망(감) disbelief 믿기지 않음, 불신 upon -ing ~하자마자 discontinue ~을 중단하다 loyal 단골의, 충성스러운 dedicated 전념하는, 헌신하는 decade 10년 saddened 슬픈 see A + 동사원형 A가 ~하는 것을 보다 disappear 사라지다 go-to 믿을 만한 essential 필수적인 fail to V ~하지 못하다 gentle 부드러운, 가벼운, 순한 fragrance 향기 come to V ~하게 되다 expect ~을 기대하다 discerning 안목을 지닌, 분별력이 있는 match ~에 필적하다 effectiveness 효과(성) reliable 신뢰할 만한 A and B alike A와 B 똑같이 staple 주요 제품 nothing short of ~나 다름없는 devastating 대단히 충격적인 adapt to ~에 적응하다 demand 수요, 요구 trend 유행, 추세 iconic 상징적인 hold a special place in ~에 특별하게 자리 잡다 absence 부재, 없음 urge A to V A에게 ~하도록 촉구하다 reconsider ~을 재고하다 implore ~에게 간청하다 benefit 유익함, 이점 take A seriously A를 진지하게 받아들이다 feedback 의견 make a change 변화를 주다 rectify ~을 바로잡다 situation 상황 attention 관심, 주목, 주의

1. 크리스티 브라운 씨는 왜 고객 서비스부에 이메일을 쓰는가?
(a) 제품의 제조법이 변경된 것에 대해 불만을 제기하기 위해
(b) 회사의 결정에 대한 불만을 표하기 위해
(c) 제품의 품질에 대해 실망감을 나타내기 위해
(d) 일부 단종된 제품에 대한 의견을 제공하기 위해

해설 첫 단락에 선샤인 베이비 샴푸의 생산을 중단했다는 사실에 대해 깊은 실망감을 표하고자 이메일을 쓴다고(I am writing to express my profound disappointment and disbelief upon learning that you have discontinued production of the Sunshine Baby Shampoo) 알리고 있다. 이는 제품 단종이라는 결정에 대한 불만을 나타내는 말에 해당되므로 (b)가 정답이다.

오답분석 (d) 본문에 언급된 단종된 제품은 선샤인 베이비 샴푸 한 가지이므로 몇몇 단종 제품(some discontinued items)이라는 설명은 단복수가 맞지 않는 오답이다.

어휘 complain that ~라고 불만을 제기하다 formula 제조법 displeasure 불만, 불쾌감 decision 결정

2. 무엇으로 인해 크리스티 씨가 선샤인 베이비 샴푸를 높이 평가하게 되었는가?
(a) 수년간 성공적으로 이용해 왔다.
(b) 유명인들이 광고하는 것을 봤다.

(c) 그 제품을 아이들과 함께 이용해 왔다.
(d) 그 브랜드의 환경 친화성을 높이 평가한다.

해설 두 번째 단락에 오랫동안 선샤인 베이비 샴푸가 자신의 머리를 깨끗하고 건강하게 유지하는 데 있어 믿을 만한 선택이었다는(For years, Sunshine Baby Shampoo has been my go-to choice for keeping my hair clean and healthy) 평가가 언급되어 있다. 이는 오랫동안 잘 이용해 왔다는 의미이므로 (a)가 정답이다.

Paraphrasing For years 수년간 / has been my go-to choice 믿을 만한 선택이었다 → has used it successfully for years 수년간 성공적으로 이용해 왔다

어휘 cause ~을 야기시키다, 초래하다 think highly of ~을 높이 평가하다 celebrity 유명인 endorse (유명인이 나와) ~을 광고하다 appreciate (제대로) ~을 높이 평가하다, ~에 대해 감사하다 eco-friendliness 환경 친화성

3. 이메일 내용에 따르면, 선샤인 베이비 샴푸가 왜 다른 제품들보다 우수한가?
(a) 잘 제조되어 좋은 효과를 낸다.
(b) 효율적인 성분을 이용한다.
(c) 시장에서 가장 인기 있는 샴푸이다.
(d) 특정 소비자 그룹에 의해 이용된다.

해설 다른 제품들과의 비교를 말하는 세 번째 단락에 그 어떤 것도 선샤인 베이비 샴푸의 품질과 효과성에 필적하지 못했다는(none have ever matched the quality and effectiveness of Sunshine Baby Shampoo) 말이 쓰여 있다. 이는 잘 만들어져 효과가 좋다는 뜻이므로 (a)가 정답이다.

Paraphrasing none have ever matched the quality and effectiveness 그 어떤 것도 품질과 효과성에 필적하지 못했다 → is well made and works well 잘 제조되어 좋은 효과를 낸다

오답분석 (c) 제품의 우수한 품질과 뛰어난 효과에 관한 내용이 있지만, 시장에서 가장 인기 있다는 최상급의 설명은 없으므로 오답이다.

어휘 superior to ~보다 우수한, ~보다 우월한 work well 좋은 효과를 내다 efficient 효율적인 ingredient 성분, 재료 specific 특정한, 구체적인

4. 고객들이 해당 제품의 단종에 대해 어떻게 반응할 것 같은가?
(a) 유사 제품을 이용하기 시작할 것이다.
(b) 익숙한 제품에 대한 향수를 느낄 것이다.

(c) 그 회사의 다른 제품 구매를 중단할 것이다.
(d) 그 회사에 대해 분노를 표출할 것이다.

해설 고객들의 반응과 관련된 정보가 제시된 네 번째 단락에 사람들의 마음속에 특별하게 자리 잡고 있다는 말과 함께 그 제품의 부재가 깊게 느껴질 것이라는(its absence will be deeply felt) 의견이 언급되어 있다. 이는 사람들이 그 제품을 그리워할 것이라는 말과 같으므로 이러한 의미로 쓰인 (b)가 정답이다.

Paraphrasing absence will be deeply felt 부재가 깊게 느껴질 것이다 → feel nostalgic for a familiar product 익숙한 제품에 대한 향수를 느끼다

어휘 react to ~에 반응하다 similar 유사한, 비슷한 feel nostalgic 향수를 느끼다 familiar 익숙한, 잘 아는 anger 분노, 화

5. 마지막 단락에 따르면 크리스티 씨는 왜 해당 회사에게 결정을 재고하기를 원하는가?
(a) 슈퍼마켓에 헤어 관리용 옵션이 더 줄어들 것이다.
(b) 자신의 머리카락이 선샤인 베이비 샴푸의 부드러운 관리를 필요로 한다.
(c) 사람들이 훗날에도 그 제품을 이용할 수 있어야 한다.
(d) 자신의 아이들이 다른 샴푸를 이용할 수 없다.

해설 마지막 단락에 단종 결정에 대한 재고를 촉구하면서 더 많은 세대들이 지속적으로 그 유익함을 누릴 수 있게 해당 제품을 다시 판매하도록 요청하고 있다(I implore you to bring back this product so that many more generations can continue to enjoy its benefits). 이는 앞으로의 세대들, 즉 후대의 사람들도 이용할 수 있어야 한다는 뜻이므로 (c)가 정답이다.

Paraphrasing many more generations can continue to enjoy its benefits 더 많은 세대들이 지속적으로 그 유익함을 누리다 → be able to use the product in later years 훗날에도 그 제품을 이용할 수 있다

어휘 require ~을 필요로 하다 treatment 관리, 치료, 처치 be able to V ~할 수 있다(↔ be unable to V)

6. 해당 단락의 문맥에서, deliver가 의미하는 것은 무엇인가?
(a) 주다, 제공하다
(b) 완화하다, 안도하게 하다
(c) 운송하다
(d) 실행하다, 집행하다

해설 해당 문장에서 동사 deliver의 목적어로 부드러운 세척 효과와 기분 좋은 향기를 뜻하는 명사구 the gentle cleansing and pleasant fragrance가 쓰여 있는데, 이는 해당 샴푸 제품이 제공해 주는 장점에 해당된다. 따라서 deliver가 '제공'과 관련된 동사임을 알 수 있으므로 '주다, 제공하다' 등을 뜻하는 (a) give가 정답이다.

7. 해당 단락의 문맥에서, discerning이 의미하는 것은 무엇인가?
(a) 중대한, 결정적인
(b) 현명한, 분별력 있는
(c) 헌신적인, 전념하는
(d) 정확한, 정밀한

해설 해당 문장에서 discerning이 '소비자'를 뜻하는 명사 consumer를 수식하고 있으므로 소비자로서 글쓴이인 크리스티 씨가 어떤 사람인지 나타내는 형용사임을 알 수 있다. 그 뒤에 소비자로서 평가하는 뛰어난 품질 및 효과성이 언급되어 있어 이러한 좋은 제품을 알아볼 줄 아는 소비자, 즉 분별력 있는 소비자라는 의미가 구성되어야 자연스러우므로 '현명한, 분별력 있는'을 뜻하는 (b) wise가 정답이다.

8 (b)   **9** (b)   **10** (c)   **11** (b)
12 (b)   **13** (a)   **14** (b)

해석

제목: 웨스트 내셔널 대학교 미술관에서의 미술품 전시 요청
수신: 마리아 에르난데스, 웨스트 내셔널 대학교 미술관장
발신: 새라 존슨, 지역 미술가

에르난데스 씨께,

8 저는 웨스트 내셔널 대학교 미술관에서 제 미술품을 전시하는 일의 가능성에 대해 문의하기 위해 이메일을 씁니다. 지역 미술가로서, 저는 항상 더 넓은 지역 사회에 제 작품을 선보일 수 있는 기회를 찾고 있습니다. 저는 웨스트 내셔널 대학교 미술관이 제 미술 작품을 위한 **13** 이상적인 장소일 것이라고 생각합니다.
귀하의 검토를 위해 첨부해 드린, 제 포트폴리오는 자연과 영적인 것, 그리고 **9** 여성성이라는 주제를 탐구하는 유화 및 혼합 미디어 작품으로 구성되어 있습니다. 제 미술은 주변 환경에 크게 영향을 받고 있으며, 귀 대학 미술관의 자연광과 개방 공간이 제 미술품의 주제와 색감을 보완해줄 것이라고 생각합니다.
귀 대학 미술관의 일정이 바쁜 것으로 알고 있지만, 다가오는 전시회에서 제 미술품을 전시하게 된다면 대단히 기쁠 것입니다. 제가 선호하는 전시일은 늦여름이나 초가을이면 좋겠습니다. **10** 제 미술품을 가장 잘 부각시킬 전시실 배치를 디자인하도록 귀하의 팀을 기꺼이 도와드리겠습니다.
11 저는 제 미술 작품들이 학생들과 교수진, 그리고 대학 방문객들에게 매력적일 것이라고 확신합니다. 저는 지역 미술 평론가들로부터 인정을 받아왔으며, 지역 내의 여러 미술 전시회에서 소개되기도 했습니다. 귀 대학 미술관에서 제 미술품을 전시하게 된다면 **14** 영광스러울 것입니다.
12 이 문제를 더욱 자세히 논의할 회의 시간을 마련하고자 하신다면 언제든지 555-8512번으로 저에게 연락 주시기 바랍니다. 다만, 제가 다음 주에 컨퍼런스에 참석하느라 자리를 비울 것이기 때문에 가급적이면, 이번 주에 만나 뵐 수 있다면 감사하겠습니다. 또는, 양측에게 편리한 시간대에 화상 전화를 통해 가상 회의 시간을 마련할 수도 있습니다.

귀하의 시간과 고려에 감사드립니다.
안녕히 계십시오.
새라 존슨

어휘 request 요청 local 지역의, 현지의 inquire about ~에 관해 문의하다 display v. ~을 전시하다, ~을 진열하다(= exhibit) n. 전시(품), 진열(품) showcase ~을 선보이다 broad 넓은 community 지역 사회, 지역 공동체 ideal 이상적인 piece (그림, 글, 음악 등의) 작품 portfolio 포트폴리오(작품 등을 설명하는 자료집) attach ~을 첨부하다 review 검토, 평가 consist of ~로 구성되다 mixed media 혼합 매체 explore ~을 탐구하다 spirituality 영적인 것 femininity 여성성, 여성다움 heavily (정도, 수량 등) 크게, 많이, 심하게 influence ~에 영향을 미치다 surroundings 주변 환경 complement ~을 보완하다 be thrilled to V ~해서 대단히 기쁘다, ~해서 짜릿하다 upcoming 다가오는, 곧 있을 exhibition 전시(회) preferred 선호하는 assist with ~을 돕다 layout 배치(도) highlight ~을 강조하다, ~을 집중 조명하다 be confident that ~임을 확신하다 appeal to ~에게 매력적이다 faculty 교수진 receive ~을 받다 recognition 인정, 표창 critic 평론가 feature ~을 특별히 포함하다, ~을 특징으로 삼다 be honored to V ~해서 영광이다 have A p.p. A를 ~되게 하다 feel free to V 언제든지 ~하세요, 마음껏 ~하세요 contact ~에게 연락하다 would like to V ~하고자 하다, ~하고 싶다 arrange ~을 마련하다, ~을 조치하다 in greater detail 더욱 자세히 be aware that ~라는 점에 유의하다, ~임을 알고 있다 away 자리를 비운, 다른 곳에 가 있는 attend ~에 참석하다 I would appreciate it if ~한다면 감사하겠습니다 if possible 가급적이면 alternatively 또는 virtual 가상의 via ~을 통해 convenient 편리한 consideration 고려

8. 새라 존슨 씨는 왜 마리아 에르난데즈 씨에게 이메일을 쓰는가?
(a) 미술관에 전시된 미술품을 비평하기 위해
(b) 미술 전시회 참가를 요청하기 위해
(c) 자신의 초상화 작품을 전시하도록 승인을 받기 위해
(d) 전시 중인 일부 미술품 구입에 관해 문의하기 위해

해설 첫 단락에 웨스트 내셔널 대학교 미술관에서 자신의 미술품을 전시하는 일의 가능성과 관련해 문의하기 위해 이메일을 쓴다고(I am writing to inquire about the possibility of displaying my artwork at the West National University Gallery) 알리고 있으므로 미술 전시회 참가 요청을 뜻하는 (b)가 정답이다.

오답분석 (c) 자신의 작품 전시 승인을 받기 위한 내용은 맞지만, 다루는 작품이 초상화(portrait paintings)가 아닌 자연과 영적인 것들을 주제로 하는 그림이므로 오답이다.

어휘 criticize ~을 비평하다 request ~을 요청하다 participation in ~에 대한 참가 seek ~을 구하다, ~을 찾다

---

approval 승인 portrait 초상화 inquire about ~에 관해 문의하다 on display 전시 중인, 진열 중인

9. 새라 씨는 어떤 종류의 미술품을 만드는가?
(a) 자연광에 대한 견해를 밝히는 그림
(b) 여성성을 묘사하는 그림
(c) 추상적인 모습을 보여주는 그림
(d) 일상적인 사람들을 표현하는 그림

해설 새라 씨가 만드는 미술품의 특징과 관련된 정보가 제시되는 두 번째 단락에, 주제 중의 하나로 여성성이(femininity), 그리고 작품 유형으로 유화가(oil paintings) 언급되어 있으므로 (b)가 정답이다.

Paraphrasing explore themes of ~ femininity 여성성이라는 주제를 탐구하다 → depict femininity 여성성을 묘사하다

어휘 comment on ~에 대한 견해를 밝히다 depict ~을 묘사하다 abstract 추상적인 figure 모습, 인물 represent ~을 표현하다, ~을 나타내다

10. 새라 씨는 어떻게 에르난데즈 씨의 팀과 함께 일할 것 같은가?
(a) 그들이 자신의 미술품을 옮기는 것을 도움으로써
(b) 미술관의 일정에 도움을 줌으로써
(c) 전시회 준비에 대해 협업함으로써
(d) 대체 전시 날짜를 제안함으로써

해설 세 번째 단락에 자신의 미술품을 가장 잘 부각시킬 전시실 배치를 디자인하도록 돕겠다고(I would be happy to assist with your team to design an exhibition layout that best highlights my artwork) 알리고 있다. 이는 전시회 준비 과정에 해당되는 일이므로 (c)가 정답이다.

Paraphrasing assist with your team to design an exhibition layout that best highlights my artwork 미술품을 가장 잘 부각시킬 전시실 배치를 디자인하도록 당신의 팀을 기꺼이 돕다 → collaborating on an exhibition arrangement 전시회 준비에 대해 협업함

어휘 help A + 동사원형 ~하도록 A를 돕다 collaborate on ~에 대해 협업하다, ~에 대해 공동 작업하다 arrangement 준비, 마련, 조치, 배치 alternative 대체의, 대안의

11. 새라 씨에 따르면, 자신의 미술 작품이 어떻게 대학 미술관에 유익할 것인가?
(a) 미술관이 전국적인 관심을 받게 될 것이다.
(b) 더 많은 관람객을 끌어들일 것이다.
(c) 손꼽히는 평론가들의 인정을 받을 것이다.

(d) 대학에 대한 지역 사회의 참여를 촉진할 것이다.

해설 네 번째 단락에 자신의 미술 작품들이 학생들과 교수진, 그리고 대학 방문객들에게 매력적일 것이라고 확신한다는(I am confident that my art pieces would appeal to the students, faculty, and visitors of the University) 말이 있는데, 이는 관람객 유치와 관련된 내용이므로 (b)가 정답이다.

오답분석 (c) 평론가들의 인정을 받은 것은 새라 씨가 과거에 이미 경험한 사실이므로 향후 가져오게 될 이점을 묻는 질문과 관련 없는 오답이다.

어휘 benefit v. ~에 유익하다, ~에 이롭다 attention 관심, 주목, 주의 attract ~을 끌어들이다 audience 관람객, 청중, 시청자들 generate ~을 발생시키다 leading 손꼽히는, 선도적인 promote ~을 촉진하다, ~을 증진하다 engagement with ~에 대한 참여, ~와 관계함

12. 에르난데즈 씨가 새라 씨와 해당 문제를 논의하고자 한다면 무엇을 할 것 같은가?
(a) 회의 자리를 마련하기 위해 이메일을 보내는 일
(b) 계획된 부재 이전에 전화하는 일
(c) 몇몇 샘플을 요청하는 이메일을 보내는 일
(d) 다음 주에 직접 만나는 회의를 요청하기 위해 전화하는 일

해설 다섯 번째 단락에 논의를 위해 전화로 연락해 달라는 말과 함께 일정상 다음 주에 다른 곳에 가야 해서 이번 주에 만나는 것이 좋다는 뜻을 전하고 있다(Please feel free to contact me at 555-8512 if you would like to arrange a meeting to discuss this matter ~ I will be away attending a conference next week, so I would appreciate it if we could meet this week). 따라서 부재 계획에 앞서 전화로 연락할 것임을 알 수 있으므로 이러한 방법을 언급한 (b)가 정답이다.

Paraphrasing I will be away attending a conference next week 다음 주에 컨퍼런스에 참석하느라 자리를 비울 것이다 → planned absence 계획된 부재

어휘 absence 부재, 자리에 없음 in-person 직접 만나는, 직접 가서 하는

13. 해당 단락의 문맥에서, ideal이 의미하는 것은 무엇인가?
(a) 최적의
(b) 원래의, 독창적인
(c) 궁극적인, 최종적인
(d) 기본적인, 요소적인

해설 같은 단락 첫 문장에 웨스트 내셔널 대학교 미술관에서 작품을 전시하고 싶다는 뜻을 밝히는 것으로 볼 때, an ideal location은 웨스트 내셔널 대학교 미술관이 가장 좋은 전시 장소임을 나타내는 말이라는 것을 알 수 있다. 따라서 이러한 의미에 해당되는 형용사로서 '최적의'를 뜻하는 (a) optimal이 정답이다.

14. 해당 단락의 문맥에서, honored가 의미하는 것은 무엇인가?
(a) 만족하는, 이행된
(b) 영광스러운, 특권을 가진
(c) 흥분한, 들뜬
(d) 감사하는, (가치가) 인정된

해설 해당 문장에서 honored는 전시회 참가를 요청하는 사람으로서 자신의 작품을 상대방 대학 미술관에서 전시하는 것이 어떤 특별한 의미를 지니는지를 나타내는 단어이므로 해당 문맥에 가장 적절한 '영광스러운' 등을 뜻하는 단어인 (b) privileged가 정답이다.

Chapter 3

실전 모의고사 1   p.122

1 (b)	2 (c)	3 (c)	4 (c)
5 (a)	6 (c)	7 (d)	8 (c)
9 (d)	10 (c)	11 (b)	12 (d)
13 (b)	14 (a)	15 (c)	16 (c)
17 (c)	18 (b)	19 (b)	20 (c)
21 (d)	22 (b)	23 (a)	24 (b)
25 (d)	26 (d)	27 (b)	28 (c)

Part 1

해석

에이다 러브레이스

에이다 러브레이스는 영국의 수학자이자 작가로서, ❶ 실제로 구축되지는 않았던 기계식 범용 컴퓨터인 찰스 배비지의 '해석 기관'에 대한 연구로 가장 잘 알려져 있다. 러브레이스는 이 기계의 잠재성을 알아봤으며, 단순한 수학적 계산을 뛰어넘는 가능성을 ❻ 예견했다. ❶ 그녀는 이 기계를 위해 설계된 최초의 알고리즘을 작성했으며, 세계 최초의 컴퓨터 프로그래머로 인정받고 있다.

러브레이스는 1815년 12월 10일에 잉글랜드 런던에서 태어났다. 그녀는 유명 시인이었던 바이런 경과 아내 앤 이자벨라 밀뱅크 사이에서 태어난 유일한 적출자(嫡出子)였다. 바이런은 에이다의 출생 후 불과 몇 주 만에 아내와 별거하면서 잉글랜드를 떠났다. ❷ 밀뱅크는 딸이 아버지에게서 물려받았을지도 모른다고 생각한 어떤 창의성이든 억제하기를 바라며, 수학과 논리학에 크게 중점을 두고 에이다를 키웠다.

십대였을 때, 러브레이스는 수학과 논리학에 강한 흥미를 붙였으며, ❸ 남편을 통해 수학자이자 발명가였던 찰스 배비지를 만났다. 배비지는 기계식 계산기였던 '차분 기관'을 고안했으며, 자신의 더욱 진보한 기계인 '해석 기관'에 대한 작업을 하고 있었다. 러브레이스는 그 기계의 잠재성을 알아봤으며, 배비지와 함께 작업하기 시작해, 협력자이자 친구가 되었다.

1843년에 러브레이스는 이탈리아의 한 공학자가 '해석 기관'에 관해 쓴 기사를 번역하고 ❹ 자신만의 주석을 덧붙였는데, 이는 원본 기사보다 세 배나 더 긴 것이었다. 그녀의 주석은 그 기계에 의해 수행될 수 있는 작동 순서, 즉 알고리즘을 포함했으며, 그 기계가 단순히 수학적 계산을 뛰어넘는 것에 대해 이용될 수 있다는 점을 보여주었다. 그녀의 업적은 획기적이고 선견지명이 있는 것이었으며, 그녀의 알고리즘은 최초의 컴퓨터 프로그램으로 인정받고 있다.

러브레이스의 통찰력은 놀라웠는데, 그녀가 단순한 계산 이상의 용도로 '해석 기관'을 이용하는 아이디어를 ❼ 구상할 수 있었기 때문이었다. 그녀는 이 기계가 음악 작곡과 그래픽 제작을 포함해 다양한 작업을 수행하도록 프로그래밍될 수 있다는 점을 알아차렸다. 이는 당시에 대단히 놀라운 통찰력이었는데, ❺ 사람들이 기계를 그저 수학 계산용 도구로만 생각했기 때문이었다.

❺ 안타깝게도, 컴퓨터 과학에 대한 러브레이스의 공헌은 생전에 인정받지 못했으며, 그녀의 업적이 재발견되어 진가를 인정받은 것은 1950년대나 이르러서였다. 러브레이스는 1852년 11월 27일, 36세의 나이에 자궁암으로 사망했으며, 컴퓨터 과학에 대한 그녀의 공헌은 한 세기 이상 동안 대부분 잊혀졌다. 하지만 오늘날에는 컴퓨터 분야의 선구자로서, 그리고 과학 및 기술 분야의 여성들에게 영감을 주는 존재로 찬양 받고 있다.

어휘 mathematician 수학자 be noted for ~로 유명하다 general-purpose 범용의, 다목적의 recognize ~을 알아보다, ~을 인정하다 potential 잠재성 foresee ~을 예견하다 capability 가능성, 능력 calculation 계산 legitimate 합법적인, 적법한 renowned 유명한 separate from ~와 별거하다 raise ~을 키우다 emphasis on ~에 대한 중점, ~에 대한 강조 logic 논리학 suppress ~을 억제하다 creativity 창의성 might have p.p. ~했을지도 모르다 inherit from ~에게서 물려받다 develop an interest in ~에 흥미를 붙이다 inventor 발명가 advanced 진보한, 발전된 collaborator 협력자, 공동 작업자 translate ~을 번역하다 original 원본의, 원래의 sequence 순서 carry out ~을 실시하다 demonstrate ~을 보여주다, ~을 입증하다 groundbreaking 획기적인 visionary 선견지명이 있는 insight 통찰력 remarkable 놀라운, 주목할 만한 be able to V ~할 수 있다 conceive ~을 구상하다 perform ~을 실행하다 a variety of 다양한 task 일, 업무 including ~을 포함해 compose ~을 작곡하다 astounding 대단히 놀라운, 믿기 어려운 tool 도구, 수단 contribution 공헌, 기여 it wasn't until A that B B한 것은 A나 되어서였다 rediscover ~을 재발견하다 appreciate ~의 진가를 인정하다 uterine cancer 자궁암 be celebrated as ~로 찬양받다, ~로 기념되다 pioneer 선구자 inspiration 영감(을 주는 것)

1. 에이다 러브레이스는 무엇으로 가장 유명한가?
(a) 컴퓨터의 다양한 용도를 개발한 것
(b) 프로그램 가능한 기계에 대한 작업을 한 것
(c) '해석 기관'을 만들어낸 것
(d) 수학 분야에 공헌한 것

해설 첫 번째 단락에 기계식 범용 컴퓨터에 대한 업적으로 가장 잘 알려져 있다고(who is most noted for her work ~ a mechanical general-purpose computer that was never built) 알리면서, 그 기계를 위해 고안된 최초의 알고리즘을 작성했으며 세계 최초의 컴퓨터 프로그래머로 인정받고 있다는(She wrote the first algorithm designed for the machine and is recognized as the world's first computer programmer) 말이 쓰여 있다. 따라서 프로그램 가능한 기계를 만드는 일을 한 것으로 가장 유명하다는 것을 알 수 있으므로 (b)가 정답이다.

오답분석 (c) 해석 기관(Analytical Engine)에 대한 연구를 했다는 내용은 있지만 러브레이스가 그것을 만들어낸 것은 아니므로 오답이다.

어휘 develop ~을 개발하다, ~을 발전시키다 create ~을 만들어내다 contribute to ~에 공헌하다, ~에 기여하다 field 분야

2. 러브레이스의 어머니는 왜 그녀를 수학과 논리학에 노출시켰는가?
(a) 과학 분야에서의 경력에 대비시키기 위해
(b) 영향력 있는 사람들을 만나도록 돕기 위해
(c) 창의적인 성향을 단념시키기 위해
(d) 부재한 아버지의 소망을 따르기 위해

해설 러브레이스의 어머니와 관련된 정보가 제시되는 두 번째 단락에, 딸이 아버지에게서 물려받았을지도 모를 어떤 창의성이든 억제하기를 바라면서 수학과 논리학에 크게 중점을 두고 키웠다는(Milbanke raised Ada with a strong emphasis on mathematics and logic, hoping to suppress any creativity ~) 내용이 제시되어 있으므로 (c)가 정답이다.

Paraphrasing suppress any creativity 어떤 창의성이든 억제하다 → discourage her imaginative tendencies 창의적인 성향을 단념시키다

어휘 expose A to B A를 B에 노출시키다 prepare A for B B에 대해 A를 대비시키다 help A + 동사원형 ~하도록 A를 돕다 influential 영향력 있는 discourage ~을 단념시키다, ~을 막다 imaginative 창의적인, 상상력이 풍부한 tendency 성향, 기질 follow ~을 따르다

3. 3번째 단락에 따르면, 러브레이스는 어떻게 찰스 배비지를 만났는가?
(a) 그와 함께 한 발명품에 대한 작업을 했다.
(b) 그와 함께 수학을 공부하기 시작했다.
(c) 가족에 의해 그를 소개받았다.
(d) '차분 기관'과 관련해 그에게 연락했다.

해설 문제에서 언급된 세 번째 단락에, 남편을 통해 찰스 배비지를 만났다고(she met Charles Babbage, a mathematician and inventor, through her husband) 쓰여 있으므로 (c)가 정답이다.

Paraphrasing she met Charles Babbage ~ through her husband 남편을 통해 찰스 배비지를 만났다 → was introduced to him by her family 가족에 의해 그를 소개받았다

어휘 invention 발명(품) introduce A to B A에게 B를 소개하다 contact ~에게 연락하다

4. 러브레이스는 왜 번역된 기사에 추가적인 주석을 기고했을 것 같은가?
(a) 이탈리아어로 쓰여진 글을 영어로 번역하는 것을 힘겨워했다.
(b) 독자들이 '해석 기관'과 관련해 더 많은 정보를 필요로 했다.
(c) 자신의 독창적인 아이디어를 그 기사에 추가하고 싶어 했다.
(d) '해석 기관'이 널리 잘못 알려져 있었다.

해설 네 번째 단락에 기사 번역 및 필기 내용을 추가한 사실이 언급되어 있는데, 러브레이스가 자신의 알고리즘을 포함한 사실과 함께 그것이 획기적이고 선견지명이 있는 것이었다고 설명하고 있다(added her own notes, ~ Her notes included a sequence of operations, or algorithm, ~ Her work was groundbreaking and visionary). 이를 통해 러브레이스가 자신만의 독창적 아이디어를 기사에 추가하고 싶어 했다는 점을 알 수 있으므로 (c)가 정답이다.

Paraphrasing groundbreaking and visionary 획기적이고 선견지명이 있는 → original 독창적인

어휘 contribute ~을 기고하다 additional 추가적인 struggle to V ~하는 것을 힘겨워하다 original 독창적인

5. 기사 내용에 따르면, 러브레이스의 공헌은 왜 생전에 인정받지 못했을 것 같은가?
(a) 러브레이스의 아이디어가 동시대의 이해 수준을 뛰어넘는 것이었다.
(b) 여성들의 과학적 공헌이 널리 인정받지 못했다.
(c) 러브레이스의 공헌이 동료들에 의해 중요하지 않은 것으로 여겨졌다.
(d) 그녀의 아이디어를 발전시키는 데 필요한 자원이 거의 없었다.

해설 네 번째 단락에 당시의 사람들이 기계를 그저 계산용 도구로만 생각했다는 사실이 쓰여 있고(people thought of machines only as tools for mathematical calculation),

마지막 단락에 1950년대나 되어서야 그녀의 업적이 재발견되어 진가를 인정받았다고 알리고 있다(it wasn't until the 1950s that her work was rediscovered and appreciated). 따라서 동시대의 사람들이 갖고 있던 생각보다 훨씬 앞섰기 때문에 생전에 인정받지 못한 것으로 생각할 수 있으므로 이러한 의미로 쓰인 (a)가 정답이다.

오답분석 (b) 러브레이스가 생전에 인정받지 못했다는 내용은 있지만 이것이 곧 여성들의 공헌이 인정받지 못했다는 것을 의미하는 것은 아니므로 오답이다.

어휘 beyond ~을 뛰어넘는 contemporary 동시대의, 현대의 be deemed + 형용사 ~한 것으로 여겨지다 peer 동료, 동등한 입장에 있는 사람 resource 자원

6. 해당 단락의 문맥에서, foresaw가 의미하는 것은 무엇인가?
(a) 의심했다
(b) 전달했다
(c) 예상했다
(d) 관찰했다

해설 foresaw 앞에 위치한 주절에는 러브레이스가 '해석 기관'이라는 기계의 잠재성을 알아봤다는 말이, foresaw 뒤에는 더욱 폭넓은 용도에 대한 가능성을 의미하는 말이 각각 쓰여 있다. 따라서 그러한 잠재성을 바탕으로 예측할 수 있는 가능성을 나타내는 의미가 구성되어야 자연스러우므로 '예상하다'를 뜻하는 동사 anticipate의 과거형 (c) anticipated가 정답이다.

7. 해당 단락의 문맥에서, conceive가 의미하는 것은 무엇인가?
(a) 시각화하다
(b) 이해하다
(c) 유지하다
(d) 개발하다

해설 conceive 뒤에 특정 아이디어를 뜻하는 명사구가 목적어로 쓰여 있어 그러한 아이디어를 갖게 되었다는 의미임을 알 수 있는데, 이는 아이디어를 개발하는 일에 해당되는 것으로 볼 수 있으므로 '개발하다' 등을 뜻하는 (d) develop이 정답이다.

Part 2

해석

> **나폴레옹의 키: 사실과 허구의 구별**
>
> 나폴레옹 보나파르트는 프랑스 혁명 중에 집권해 프랑스 최초의 황제가 된 프랑스인 군사 지도자로서, 불 같은 성미를 지닌 ❽ 왜소한 남성이었던 것으로 널리 알려져 있다. 이러한 생각이 다양한 캐리커처와 연극, 그리고 심지어 교과서를 통해서도 ❽ 오랫동안 지속되어 왔다. 하지만 나폴레옹은 정말 그가 흔히 ⓭ 묘사되고 있는 것처럼 키가 작았을까?
>
> 나폴레옹이 키 작은 남성이었다는 생각은 그의 별명이었던 ❾ "Le Petit Caporal"에서 그 유래를 찾아볼 수 있는데, 이는 "꼬마 하사관"으로 번역된다. 하지만 이 별명은 그의 신체적 키가 아니라, ❾ 오히려 그의 부대에게 사랑받던 평범한 병사로서의 명성을 반영하기 위한 의도였다.
>
> 실제로, 나폴레옹의 키는 오랫동안 많은 논쟁의 주제였다. ❿ 일부 역사 기록은 그를 약 5피트 6인치의 키로 묘사하고 있는데, 이는 당시 프랑스 남성들의 평균치보다 약간 더 높은 수준이었다. 하지만 ❿ 다른 자료에 따르면 그가 5피트 2인치의 키에 더 가까웠던 것으로 나타나 있는데, 이는 동시대 사람들보다 현저히 더 작은 사람이 되었을 키이다.
>
> ⓫ 혼란을 가중시키는 것은 나폴레옹의 키를 묘사하는 데 이용된 측정 단위, 즉 프랑스의 인치가 현재의 인치보다 더 길었다는 사실이다. 이는 프랑스의 체계에서 5피트 2인치의 키가 현재의 체계에서는 대략적으로 5피트 7인치에 상응했을 것이라는 의미이다. 이는 나폴레옹이 그 당시 남성의 평균적인 키와 가까웠다는 것을 의미한다.
>
> 이러한 상반된 기록에도 불구하고, 나폴레옹이 키 작은 남성이었다는 생각은 대중 문화 속에서 ⓮ 지속되어 왔다. 이는 체구보다 큰 그의 비범한 인격이 일부 원인일 수 있으며, 이러한 부분이 흔히 그의 실제 신체적 키를 무색하게 만들었다. 게다가, "키 작은"이라는 용어와의 연관성은 ⓬ 그의 야심차고 자기 주장이 강한 성격에 대한 은유로 이용되었을 수도 있다.
>
> 역사적인 증거가 결정적이지는 않지만, 나폴레옹이 대중 문화 속에서 흔히 묘사되는 것처럼 작지는 않았을 가능성이 많다. 나폴레옹이 키 작은 남성이었다는 생각은 다양한 수단을 통해 오랫동안 지속되어 온 근거 없는 믿음이지만, 그의 실제 키에 대한 정확한 반영은 아니다.

어휘 separate A from B A와 B를 구별하다, A와 B를 분리하다 rise to power 집권하다 emperor 황제 be believed to have p.p. ~했던 것으로 여겨지다 diminutive 왜소한, 아주 작은 fiery 불 같은 temper 성미, 성질 perpetuate

~을 영속화하다 **as A as B** B만큼 A한 **depict** ~을 묘사하다(= describe) **be traced back to** ~에서 유래를 찾다, ~로 거슬러 올라가다 **translate** ~을 번역하다 **be intended to V** ~할 의도이다 **reflect** ~을 반영하다 **physical** 신체적인, 육체적인 **stature** 키, 신장(= height) **reputation** 명성, 평판 **troop** 부대 **subject** 주제, 대상 **debate** 논쟁, 토론 **account** 기록, 이야기 **slightly** 약간, 조금 **source** 자료 **would have p.p.** ~했을 것이다 **noticeably** 현격히, 눈에 띄게 **contemporaries** 동시대 사람들 **add to** ~을 더하다, ~을 늘리다 **confusion** 혼란, 혼동 **the fact that** ~라는 사실 **unit of measurement** 측정 단위 **roughly** 대략적으로 **equivalent to** ~에 상응하는, ~와 같은 **current** 현재의 **conflicting** 상충되는, 모순되는 **persist** 지속되다, 계속되다 **due in part to** ~가 일부 원인인 **larger-than-life** 실물보다 큰, 출중한 **persona** (다른 이들에게 보여지는) 모습 **overshadow** ~을 무색하게 만들다, ~에 그림자를 드리우다 **association with** ~와의 연관성 **term** 용어 **may have p.p.** ~했을 수도 있다 **metaphor** 은유 **ambitious** 야심 찬 **assertive** 자기 주장이 강한, 적극적인 **inconclusive** 결정적이지 못한, 결론에 이르지 못하는 **it is unlikely that** ~할 가능성이 낮다, ~일 것 같지 않다 **notion** 생각, 개념 **myth** 근거 없는 믿음, 신화 **means** 수단, 방법 **accurate** 정확한 **reflection** 반영

8. 기사는 주로 무엇에 관한 것인가?
(a) 실제로는 사실인 근거 없는 통속적인 믿음
(b) 혁명을 일으킨 근거 없는 통속적인 믿음
(c) 근거 없는 통속적인 믿음의 유래
(d) 잘 알려진 인물의 개인적인 삶

해설 첫 단락에 나폴레옹이 왜소한 사람이었던 것으로 널리 여겨지고 있다는(is widely believed to have been a diminutive man) 말과 함께, 그러한 믿음이 오랫동안 지속되어 왔다고 알리면서 정말로 키가 작았을지 질문을 던진 뒤로(This idea has been perpetuated over the years ~ But was Napoleon really as short as he is often depicted?) 그러한 믿음이 어떻게 생겨났는지 이야기하는 흐름이다. 따라서 그러한 통속적인 믿음의 유래가 주제임을 알 수 있으므로 (c)가 정답이다.

오답분석 (a) 나폴레옹의 키에 대한 근거 없는 통념(myth)에 대해 다루고 있는데 본문 전체의 내용은 이것이 실제 사실은 아닐 것이라는 흐름이므로 오답이다.

어휘 **popular** 통속적인, 대중적인 **revolution** 혁명 **well-known** 잘 알려진 **figure** 인물

9. 2번째 단락에 따르면, 나폴레옹이 왜 "Le Petit Caporal"이

라고 알려지게 되었는가?
(a) 짧은 기간에 권력을 잡았기 때문에
(b) 다른 프랑스인 장군들만큼 크지 않았기 때문에
(c) 그의 부대들이 두려워했기 때문에
(d) 그의 군인들과 긴밀한 유대관계를 구축했기 때문

해설 문제에서 언급된 두 번째 단락에, 그러한 별명이 생긴 이유가 그의 부대에게 사랑받았던 흔한 병사로서의 명성을(his reputation as a common soldier who was beloved by his troops) 반영하기 위한 의도였다고 쓰여 있다. 이를 통해 나폴레옹이 부대원들과 긴밀한 유대관계를 쌓았다고 판단할 수 있으므로 (d)가 정답이다.

Paraphrasing was beloved by his troops 그의 부대에게 사랑받았다→ built a close bond with his soldiers 그의 군인들과 긴밀한 유대관계를 구축했다

어휘 **become known as** ~라고 알려지게 되다 **be feared by A** A가 두려워하다

10. 나폴레옹에 관한 역사 기록은 왜 신뢰할 수 없는가?
(a) 그가 사망한 후에 쓰여졌다.
(b) 프랑스 외부에서 유래했다.
(c) 그의 키와 관련해 의견이 달랐다.
(d) 개인적인 기록을 바탕으로 했다.

해설 역사 기록과 관련된 정보가 제시된 세 번째 단락에 일부 역사 기록은 그를 약 5피트 6인치의 키로 묘사한 사실이(Some historical accounts describe him as being around 5 feet and 6 inches tall), 그리고 다른 자료에는 5피트 2인치의 키에 더 가까웠던 것으로 나타나 있다는(Other sources, however, suggest that he was closer to 5 feet and 2 inches tall) 사실이 쓰여 있다. 따라서 그의 키에 관한 의견이 달랐음을 알 수 있으므로 (c)가 정답이다.

오답분석 (d) 역사적인 기록(historical accounts)이라는 설명은 있지만, 개인적인 기록(personal accounts)에 대한 언급은 없으므로 오답이다.

어휘 **unreliable** 신뢰할 수 없는 **originate** 비롯되다, 유래하다 **disagree** 의견이 다르다, 동의하지 않다 **be based on** ~을 바탕으로 하다

11. 프랑스의 인치가 어떻게 나폴레옹의 키에 대한 혼란의 원인이 되는가?
(a) 영국의 인치보다 더 짧았다.
(b) 현재 우리가 사용하는 치수보다 더 길다.
(c) 시간이 흐르면서 길이가 바뀌었다.
(d) 잘못된 미터법을 바탕으로 한다.

해설 네 번째 단락에 나폴레옹의 키와 관련해 혼란을 가중시키는 것이 오늘날의 인치보다 더 길었던 프랑스 인치 단위였다고 (Adding to the confusion is the fact that the unit of measurement used to describe Napoleon's height, the French inch, was longer than the modern-day inch) 설명하고 있으므로 (b)가 정답이다.

Paraphrasing longer than the modern-day inch 현재의 인치보다 더 긴 → longer than our current measurement 우리의 현 치수보다 더 긴

어휘 contribute to ~의 원인이다, ~에 기여하다 current 현재의 measurement 치수, 측정 metric system 미터법

12. 나폴레옹의 성격이 어떻게 그의 별명에 영향을 미치는가?
(a) 변덕스럽고 예측할 수 없었다.
(b) 침착하고 사색적이었다.
(c) 조급하고 성미가 급했다.
(d) 의욕 넘치고 적극적이었다.

해설 나폴레옹의 성격이 언급된 다섯 번째 단락에 야심 차고 자기 주장이 강한 성격이었다고(ambitious and assertive personality) 설명하고 있으므로 이와 유사한 의미를 지닌 (d)가 정답이다.

Paraphrasing ambitious and assertive 야심 차고 자기 주장이 강한 → driven and aggressive 의욕 넘치고 적극적인

어휘 erratic 변덕스러운 unpredictable 예측할 수 없는 calm 침착한, 차분한 reflective 사색적인 impatient 조급한, 참을성 없는 short-tempered 성미가 급한 driven 의욕 넘치는 aggressive 적극적인

13. 해당 단락의 문맥에서, depicted가 의미하는 것은 무엇인가?
(a) 명시된
(b) 묘사된, 그려진
(c) 상상된, 그림으로 나타낸
(d) 상세히 설명된

해설 as 뒤에 비교 대상으로 언급되는 절에 depicted가 포함되어 있고, 바로 앞에 '흔히'를 뜻하는 부사 often이 쓰여 있는 것으로 볼 때, 앞선 문장에서 말한 그림과 연극, 그리고 책에 흔히 등장하는 나폴레옹의 모습과 관련된 단어임을 알 수 있다. 따라서 나폴레옹의 모습에 대한 묘사를 의미하는 동사의 과거분사인 것으로 판단할 수 있으므로 '묘사하다'를 뜻하는 또 다른 동사 portray의 과거분사 (b) portrayed가 정답이다.

14. 해당 단락의 문맥에서, persisted가 의미하는 것은 무엇인가?
(a) 지속되었다
(b) 우세했다, 만연했다
(c) 주장했다, 고집했다
(d) 해결했다

해설 persisted가 포함된 문장을 읽어보면, 앞선 단락에 제시된 서로 상반된 역사 기록에도 불구하고 나폴레옹이 키 작은 남자였다는 생각이 대중 문화 속에 계속 남아 있었다는 의미가 되어야 가장 자연스럽다. 이는 그러한 이미지가 대중 문화 속에 지속되었다는 말과 같으므로 '지속되다'를 뜻하는 동사 persist의 과거분사 (a) persisted가 정답이다.

Part 3

해석

시드니 오페라 하우스

⓯ 시드니 오페라 하우스는 전 세계에서 가장 상징적이면서 쉽게 알아볼 수 있는 건물들 중 하나이다. 호주 시드니에 위치한, 이 건물은 이 도시의 항구 가장자리에 자리 잡고 있으며, 삼면이 바다로 둘러싸여 있다. ⓯ 이 건물은 덴마크의 건축가 요른 웃손에 의해 설계되었는데, 그는 1957년 한 국제 디자인 공모전에서 우승해 이 건축물을 만들게 되었다.

시드니 오페라 하우스 건설 공사는 1959년부터 1973년까지 14년 넘게 걸렸다. 이 건물의 독특한 디자인은 돛 같은 패턴으로 배치되어 있는 ⓴ 일련의 백색 콘크리트 쉘로 구성되어 있다. ⓰ 이 건물의 모양은 항구의 자연적인 곡선뿐만 아니라 근처의 무화과나무 잎에서도 영감을 받았다. 건물의 지붕은 1백만 개가 넘는 유약 처리된 도자기 타일로 구성되어 있는데, 이 타일은 스웨덴에서 제조되어 호주로 운송되었다.

시드니 오페라 하우스는 여러 공연 개최 장소의 집합체로서, 주 콘서트 홀과 오페라 극장, 드라마 극장, 플레이하우스, 그리고 스튜디오가 포함되어 있다. 이 건물은 ⓱ⓐ 매년 1,500회가 넘는 공연을 주최하며, 그 범위가 클래식 음악에서부터 현대 무용, 그리고 코미디 공연에까지 이른다. ⓱ⓑ 전 세계에서 가장 유명한 공연자들 몇몇이 시드니 오페라 하우스의 무대를 빛내 왔는데, 여기에는 루치아노 파바로티, 니나 시몬, 그리고 밥 딜런이 포함되었다.

이 건물은 누수와 균열, 그리고 지붕 타일의 퇴색을 포함해, ⓱ⓓ 수년 동안에 걸쳐 많은 어려움에 직면해 왔다. 2003년에 이 건물을 기존의 찬란함으로 복구하기 위해 대대적인 보수 프로젝트가 시작되었다. 이 프로젝트는 완수하는 데 7년의 시간이 소요되면서 3억 5천만 달러가 넘는 비용이 들었으며, 지붕 타일 교체 작업과 건물의 전기 및 기계 시스템 업그레이드 작업, 그리고 ⓲ 새로운 공연 공간을 만드는 작업을 포함했다.

현재, 시드니 오페라 하우스는 가장 많은 사람들이 방문하는 호주의 관광 명소 중 하나로서, 매년 천만 명 이상의 사람들이 이 건물을 방문한다. 2007년에 ⓳ 이 건물은 유네스코 세계 문화 유산으로 지정되었는데, 이는 건축학적 걸작이자 문화적 상징으로서 그 중요성을 ㉑ 인정하는 것이었다. 시드니 오페라 하우스는 호주 문화와 창의성의 상징이며, 지속적으로 전 세계의 방문객들에게 영감을 주고 있다.

어휘 iconic 상징적인 recognizable 쉽게 알아볼 수 있는 be situated on ~에 자리 잡고 있다 architect 건

축가 competition 공모전, 대회 create ~을 만들어내다 structure 구조(물), 건축물 unique 독특한, 특별한 consist of ~로 구성되다 a series of 일련의 concrete shell 콘크리트 쉘(돔 형식의 지붕 등에 쓰이는 강화 콘크리트) arrange ~을 배치하다, ~을 조치하다 inspire ~에 영감을 주다 curve 곡선, 곡면 as well as ~뿐만 아니라 ~도 fig tree 무화과나무 be made up of ~로 구성되다 glazed 유약 처리한 manufacture ~을 제조하다 venue 개최 장소, 행사장 host ~을 주최하다 range from A to B A에서부터 B의 범위에 이르다 grace v. ~을 빛내다 face v. ~에 직면하다 leak 누수 cracking 균열, 갈라진 금 fading 퇴색, 바램 renovation 보수, 개조 launch ~을 시작하다, ~에 착수하다 restore ~을 복구하다, ~을 복원하다 complete ~을 완수하다 involve ~을 수반하다, ~와 관련되다 replace ~을 교체하다 attraction 명소, 인기 장소 designate A B A를 B로 지정하다 UNESCO World Heritage Site 유네스코 세계 문화 유산 (보호 지역) recognize ~을 인정하다 significance 중요성 architectural 건축학의 masterpiece 걸작, 명작 creativity 창의성 continue to V 지속적으로 ~하다

15. 기사는 주로 무엇에 관한 것인가?
(a) 드라마 극장의 건설
(b) 호주 건축의 문화적 중요성
(c) 상징적인 건축물의 역사
(d) 시드니 항구의 중요성

해설 첫 단락에 시드니 오페라 하우스가 가장 상징적인 건물들 중 하나임을 언급하면서(The Sydney Opera House is one of the most iconic ~) 건물을 설계한 사람을 소개한 뒤로 (The building was designed by Danish architect Jørn Utzon ~) 공사 과정과 세부 용도, 그리고 그간의 보수 작업 등을 이야기하는 흐름이다. 따라서 상징적인 것으로 여겨지는 건물의 역사에 관한 글인 것으로 볼 수 있으므로 (c)가 정답이다.

Paraphrasing one of the most iconic buildings 가장 상징적인 건물 중 하나 → iconic structure 상징적인 건축물

오답분석 (a) 시드니 오페라 하우스는 오페라 극장과 드라마 극장 등 여러 공연 공간들을 갖추고 있는 건물이므로 드라마 극장(a drama theater)이라고 한정하는 것은 적절한 설명이 되지 않으므로 오답이다.

어휘 architecture 건축(학), 건축 양식

16. 기사 내용에 따르면, 무엇이 시드니 오페라 하우스의 형태에 영감을 주었는가?
(a) 무화과 나무의 가지
(b) 지나가는 보트의 돛

82

(c) 항구의 윤곽
(d) 동물의 껍질

[해설] 두 번째 단락에 건물의 모양이 그곳 항구의 자연적인 곡선뿐만 아니라 근처의 무화과나무 잎에서도 영감을 받았다는(The building's shape is inspired by the natural curves of the harbor ~) 말이 쓰여 있다. 따라서 항구의 자연적인 곡선을 다른 말로 표현한 (c)가 정답이다.

[Paraphrasing] natural curves of the harbor 항구의 자연적인 곡선 → outline of the harbor 항구의 윤곽

[어휘] branch 나뭇가지 outline 윤곽, 개요

17. 기사에 따르면, 다음 중 어느 것이 시드니 오페라 하우스와 관련해 사실이 아닌가?
(a) 해마다 1,500회가 넘는 공연을 제공한다.
(b) 수많은 유명 아티스트를 맞이해 왔다.
(c) 댄스 공연용 개최 장소가 아니다.
(d) 시간에 걸쳐 다양한 어려움에 직면했다.

[해설] 세 번째 단락의 hosts over 1,500 performances each year 부분에서 해마다 1,500회가 넘는 공연을 뜻하는 (a)를, Some of the world's most famous performers have graced the stage of the Sydney Opera House 부분에서 수많은 유명 아티스트를 맞이한 사실을 말하는 (b)를, 그리고 네 번째 단락의 The building has faced many challenges over the years 부분에서 (d)를 각각 확인할 수 있다. 하지만 공연 종류에 contemporary dance가 포함되어 있으므로 실제와 다른 사실을 의미하는 (c)가 정답이다.

[Paraphrasing] famous performers 유명한 공연가들 → celebrated artists 유명 아티스트들

[어휘] present ~을 제공하다, ~을 제시하다 annually 해마다, 연례적으로 host ~을 맞이하다 numerous 수많은, 다수의 celebrated 유명한 encounter ~을 직면하다 various 다양한 difficulty 어려움, 문제

18. 2003년의 대대적인 보수 프로젝트가 어떻게 시드니 오페라 하우스를 개선했는가?
(a) 지붕의 타일을 다시 페인트칠했다.
(b) 추가 무대를 만들어냈다.
(c) 외벽의 갈라진 부분을 고쳤다.
(d) 배관 시스템을 업그레이드했다.

[해설] 2003년의 보수 프로젝트와 관련해 설명하는 네 번째 단락에, 그 프로젝트에 포함된 작업으로 새로운 공연 공간을 만드는 작업이(creating new performance spaces) 언급되어 있으므로 (b)가 정답이다.

[Paraphrasing] creating new performance spaces 새로운 공연 공간을 만듦 → created additional stages 추가 무대를 만들어냈다

[오답분석] (d) 전기와 기계 시스템(electrical and mechanical systems)을 업그레이드한 사실은 있지만 배관 시스템(plumbing system)을 업그레이드하지는 않았으므로 오답이다.

[어휘] improve ~을 개선하다, ~을 향상시키다 additional 추가적인 fix ~을 고치다, ~을 바로잡다 crack 갈라진 부분 plumbing 배관

19. 시드니 오페라 하우스가 왜 유네스코 세계 문화 유산으로 지정되었을 것 같은가?
(a) 그 역사적 중요성 때문에
(b) 그 건축학적 아름다움 때문에
(c) 그곳이 끌어들이는 관광객 숫자 때문에
(d) 호주에서 가장 많이 방문하는 장소라는 인기 때문에

[해설] 유네스코 세계 문화 유산으로 지정된 사실이 언급된 마지막 단락에, 그것이 건축학적 걸작이자 문화적 상징으로서의 중요성을 인정하는 일이라고(recognizing its significance as an architectural masterpiece and cultural icon) 쓰여 있다. 이는 시드니 오페라 하우스가 지니고 있는 건축학적 아름다움을 인정했다는 의미로 볼 수 있으므로 (b)가 정답이다.

[Paraphrasing] architectural masterpiece and cultural icon 건축학적 걸작이자 문화적 상징 → architectural beauty 건축학적 아름다움

[어휘] be designated as ~로 지정되다 attract ~을 끌어들이다

20. 해당 단락의 문맥에서, series가 의미하는 것은 무엇인가?
(a) 드라마
(b) 진척, 진전
(c) 연속, 순서, 차례
(d) 다양성, 종류

[해설] a series of 뒤에 건물 구성 요소로서 돛 같은 패턴으로 배치되어 있는 백색 콘크리트 쉘이 쓰여 있으므로 특정 패턴을 이루기 위해 백색 콘크리트 쉘이 순차적으로 놓여 있는 형태인 것으로 생각할 수 있다. 따라서 series가 그러한 순차적 배치 방식과 관련된 명사인 것으로 볼 수 있으므로 '연속, 순서' 등을 뜻하는 (c) sequence가 정답이다.

21. 해당 단락의 문맥에서, _recognizing_이 의미하는 것은 무엇인가?

(a) 이해하는

(b) 인식하는, 인지하는

(c) 마주치는, 맞닥뜨리는

(d) 인정하는

해설 recognizing 앞에는 유네스코 세계 문화 유산으로 지정되었다는 말이, 뒤에는 건축학적 걸작이자 문화적 상징으로서의 중요성을 뜻하는 명사구가 각각 쓰여 있다. 따라서 유네스코 세계 문화 유산으로 지정된 의의로서 그러한 중요성을 인정했다는 의미가 구성되어야 자연스러우므로 '인정하다'를 뜻하는 또 다른 동사 acknowledge의 현재분사형 (d) acknowledging이 정답이다.

Part 4

해석

제목: 대학 기록 보관실에 대한 출입 요청

수신: 기록 보관실 책임자 캐런 왓슨

발신: 서맨서 첸

캐런 왓슨 씨께,

저는 잘 알려지진 않았지만 매력적인 대학 역사의 한 부분을 연구하기 위해 ㉒ 대학 기록 보관실에 대한 출입을 요청하고자 이메일을 씁니다. 저는 이 대학의 박사 학위 과정 학생이며, 제 연구는 우리 기관의 유래, 특히 우리 캠퍼스 건물들의 역사와 시간의 흐름에 따른 변천을 탐구하는 데 ㉗ 초점이 맞춰져 있습니다.

제 연구를 통해, 더 이상 존재하지 않는 원래 캠퍼스 건물 중 하나가 ㉓ 20세기 가장 혁신적인 건축가 중 한 분에 의해 설계되고 지어진 최신식 시설이었다는 사실을 발견했습니다. 이 건물은 그 독특한 특징과 획기적인 디자인 요소로 유명했습니다.

안타깝게도, 그 건물은 1960년대에 있었던 화재로 파괴되면서 그 특별한 역사는 대부분 잊혀졌습니다. 하지만 ㉔ 저는 그 건물의 설계와 시공은 물론 대학 역사 속의 중요성을 조금이나마 밝혀줄 수 있는 문서가 대학 기록 보관실에 있다고 생각합니다.

저는 대학 측과 그 건축가 사이에 오갔던 서신, 설계도, 사진 및 기타 관련 문서를 포함하여 이 건물과 ㉘ 관련된 모든 자료에 대한 접근 권한을 요청 드리고자 합니다. 아마 알고 계시겠지만, 제 연구는 우리 대학 공동체에 대단히 중요한 의미를 지니는데, ㉕ 우리 기관의 역사 및 시간의 흐름에 따른 변천을 이해하는 데 도움이 될 것이기 때문입니다. 추가로, 저는 이 건물에 대한 이야기가 더 넓은 공동체에서도 아주 큰 관심을 갖게 될 것이라고 생각하며, 우리 대학에 대해 역사 전문가들과 건축가들, 그리고 기타 관심 있는 당사자들의 관심을 끌 수 있는 잠재성이 있습니다.

㉖ 저는 기록 보관실이 귀중한 자원이라는 사실, 그리고 그 자료를 보호하기 위해 출입이 제한된다는 사실을 알고 있습니다. 저는 제가 접근할 수 있는 모든 문서나 유물을 취급할 때 큰 주의를 기울일 것을 확약합니다.

제 요청을 고려해 주셔서 감사드립니다. 귀하와 협업해 우리 기관의 매력적인 역사를 탐구할 수 있기를 고대합니다.

안녕히 계십시오.

서맨서 첸

어휘 request n. 요청 v. ~을 요청하다 **access to** ~에 대한 출입 (권한), ~에 대한 이용 (권한) **archive** 기록 보관실 **archivist** 기록 보관실 책임자 **in order to V** ~하기 위해 **fascinating** 매력적인 **PhD** 박사 (학위) **be focused on** ~에 초점이 맞춰지다 **explore** ~을 탐구하다 **origin** 유래, 기원 **institution** 기관, 협회 **particularly** 특히, 특별히 **evolution** 발전, 진화 **discover that** ~임을 발견하다 **original** 애초의, 원래의 **no longer** 더 이상 ~ 않다 **state-of-the-art** 최신의 **facility** 시설(물) **innovative** 혁신적인 **architect** 건축가 **be renowned for** ~로 유명하다 **unique** 독특한, 특별한 **feature** 특징 **groundbreaking** 획기적인 **element** 요소 **destroy** ~을 파괴하다 **shed light on** ~을 조명하다 **as well as** ~뿐만 아니라 …도 **significance** 중요성 **material** 자료, 재료, 물품 **related to** ~와 관련된 **correspondence** 서신 **blueprint** 설계도, 청사진 **relevant** 유의미한, 관련된 **aware** 알고 있는 **of importance to** ~에 중요한 **contribute to** ~에 도움이 되다, ~에 기여하다 **of interest to** ~의 관심을 끄는 **broad** 넓은 **potential** 잠재성 **attract** ~을 끌어들이다 **attention** 관심, 주목, 주의 **party** 당사자, 일행 **valuable** 귀중한 **resource** 자원 **limited** 제한된 **assure A that** A에게 ~라고 장담하다, A에게 ~라고 확신시키다 **take care in -ing** 주의를 기울여 ~하다 **handle** ~을 다루다, ~을 처리하다 **artifact** (인공) 유물 **consider** ~을 고려하다 **look forward to -ing** ~하기를 고대하다

22. 서맨서 첸 씨가 왜 캐런 왓슨 씨에게 이메일을 쓰는가?
(a) 자신의 연구 프로젝트에 필요한 자금을 신청하기 위해
(b) 일부 문서를 볼 수 있도록 허락 받기 위해
(c) 대학 역사를 논의할 수 있도록 회의를 요청하기 위해
(d) 가능성 있는 연구 주제에 관해 문의하기 위해

해설 상단의 제목(Subject: Request for Access to University Archives)을 비롯해, 첫 단락에 대학 기록 보관실에 대한 출입을 요청한다고(I am writing to request access to the university archives) 언급한 것이 이메일을 보내는 목적에 해당된다. 이는 문서를 열람하도록 요청하는 것이므로 (b)가 정답이다.

오답분석 (d) 대학의 역사 연구를 위해(to research ~ university history) 자료를 요청한다고 했으므로 연구 주제(research topics)는 이미 정해져 있음을 알 수 있다. 따라서 연구 주제를 문의하기 위해 이메일을 쓴다는 내용은 오답이다.

어휘 apply for ~을 신청하다, ~에 지원하다 **funding** 자금 (제공) **permission** 허락, 허가 **view** ~을 보다 **inquire about** ~에 관해 문의하다

23. 서맨서 씨는 왜 특정 대학 건물에 관심이 있는 것 같은가?
(a) 독특한 건축 양식을 지니고 있었다.
(b) 의문스럽게 파괴되었다.
(c) 자신에게 개인적인 중요성을 지니고 있다.
(d) 역사적인 사건 현장이었다.

해설 두 번째 단락에 자신이 알아보려는 건물의 특징과 관련해 20세기의 가장 혁신적인 건축가 중 한 명에 의해 설계되고 지어진 최신식 시설이었다는 사실을(was a state-of-the-art facility that was designed and built by one of the most innovative architects of the 20th century) 말하고 있다. 이는 특별한 건축 양식을 지닌 건물임을 말하는 것이므로 이러한 의미로 쓰인 (a)가 정답이다.

Paraphrasing state-of-the-art facility that was designed and built by one of the most innovative architects of the 20th century 20세기의 가장 혁신적인 건축가들 중 한 명에 의해 설계되고 지어진 최신식 시설 → unique architecture 독특한 건축 양식

어휘 mysteriously 의문스럽게, 이상하게 **site** 현장, 장소, 부지

24. 서맨서 씨는 기록 보관실에서 무엇이 이용 가능하다고 생각하는가?
(a) 해당 건축가에 대한 귀중한 정보
(b) 건축 계획에 관한 기록
(c) 대학 예산과 관련된 재무 데이터
(d) 대학 설립에 관한 역사 기록

해설 기록 보관실에서 이용 가능한 자료와 관련해 언급하는 세 번째 단락에, 특정 건물의 설계와 시공은 물론 대학 역사 속의 중요성을 밝혀줄 수 있는 문서가 대학 기록 보관실에 있다고(there are documents in the university archives that may shed some light on the building's design) 알리고 있으므로 건축 계획에 관한 문서를 뜻하는 (b)가 정답이다.

오답분석 (d) 대학의 역사 속에서 건물이 갖는 중요성(its significance in the history of the university)에 대한 언급은 있지만, 이것은 대학의 설립과 관련된 기록과는 전혀 다른 의미이므로 오답이다.

어휘 available 이용 가능한 **architectural** 건축의 **financial** 재무의, 재정의 **budget** 예산 **account** 기록, 이야기 **founding** 설립, 창립

25. 서맨서 씨의 연구가 대학에 중요한 이유는 무엇인가?
(a) 대학의 건축학 프로그램을 향상시킴으로써
(b) 캠퍼스의 향후 건설 프로젝트를 향상시킴으로써
(c) 관심 있는 당사자들로부터 추가 기부를 이끌어냄으로써
(d) 대학의 역사적 배경에 보탬이 됨으로써

[해설] 다섯 번째 단락에 소속 대학의 역사 및 시간의 흐름에 따른 발전에 대한 이해에 도움이 될 것이라는(it will contribute to our understanding of the institution's history and evolution over time) 의견이 제시되어 있다. 이는 대학의 역사적 배경을 파악하는 데 도움이 된다는 말과 같으므로 이러한 의미로 쓰인 (d)가 정답이다.

[Paraphrasing] contribute to our understanding of the institution's history 우리 기관의 역사에 대한 이해해 도움이 되다 → adding to the historical background 역사적 배경에 보탬이 됨

[어휘] benefit ~에 유익하다, ~에 이롭다 improve ~을 향상시키다, ~을 개선하다 additional 추가적인 donation 기부(품) add to ~에 보탬이 되다

26. 이메일 내용에 따르면, 해당 기록 보관실에 대한 출입이 왜 제한되어 있는가?
(a) 법적 문제를 피하기 위해
(b) 일부 정보를 숨기기 위해
(c) 캠퍼스 보안 수준을 높이기 위해
(d) 기록을 안전하게 유지하기 위해

[해설] 출입 제한 사실이 언급되는 여섯 번째 단락에, 기록 보관실이 귀중한 자원이고 그 자료를 보호하기 위해 출입이 제한된다는 사실을 알고 있다는 말이 쓰여 있다(I understand that the archives are a valuable resource and that access is limited to protect the materials). 자료를 보호하는 일은 기록을 안전하게 유지하는 일과 같으므로 (d)가 정답이다.

[Paraphrasing] protect the materials 자료를 보호하다 → keep the records safe 기록을 안전하게 유지하다

[어휘] avoid ~을 피하다 legal 법적인 conceal ~을 숨기다, ~을 감추다 keep A + 형용사 A를 ~하게 유지하다

27. 해당 단락의 문맥에서, focused가 의미하는 것은 무엇인가?
(a) 고정된, 확고한
(b) 중심으로 하는, 중심에 있는
(c) 단호한, 결연한
(d) 점유된, 이용 중인

[해설] is focused 앞에는 '연구'를 뜻하는 주어 my research가, 뒤에 위치한 on 전치사구에는 연구를 통해 탐구하려는 주제가 각각 쓰여 있다. 따라서 연구가 무엇에 초점에 맞춰져 있는지를 나타내기 위해 focused가 쓰인 것으로 볼 수 있으며, 이는 그러한 주제를 중심으로 한다는 말과 같으므로 '중심으로 하는'을 뜻하는 (b) centered가 정답이다.

28. 해당 단락의 문맥에서, related가 의미하는 것은 무엇인가?
(a) 추가된, 더해진
(b) 소속된, 속해 있는
(c) 관련된
(d) 연합된, 통합된

[해설] related 앞에는 '자료'를 뜻하는 명사 materials가, 뒤에 위치한 to 전치사구에는 특정 건물을 지칭하는 명사구 this building이 각각 쓰여 있다. 따라서 해당 부분은 '이 건물과 관련된 자료'와 같은 의미가 구성되어야 가장 자연스러우므로 '관련된'을 뜻하는 (c) pertaining이 정답이다. 참고로, pertaining to도 related to와 같이 '~와 관련된'이라는 의미로 쓰이는 전치사라는 점을 미리 기억해 두면 좋다.

1 (d)	**2** (b)	**3** (a)	**4** (d)
5 (b)	**6** (c)	**7** (d)	**8** (b)
9 (c)	**10** (c)	**11** (c)	**12** (b)
13 (a)	**14** (b)	**15** (a)	**16** (c)
17 (d)	**18** (b)	**19** (b)	**20** (c)
21 (d)	**22** (a)	**23** (c)	**24** (d)
25 (c)	**26** (b)	**27** (a)	**28** (b)

Part 1

해석

칼 마르크스

칼 마르크스는 독일의 철학자이자 경제학자, 그리고 정치 이론가였으며, 사회주의와 공산주의의 역사에서 가장 영향력 있는 인물 중의 한 명으로 여겨지고 있다. **①** 그는 자본주의와 노동 가치설, 그리고 정치 경제학 평론에 대한 업적으로 가장 잘 알려져 있다.

마르크스는 1818년 5월 5일에 독일 트리어의 중산층 유대인 가정에서 태어났다. 그는 본 대학교와 베를린 대학교에서 법학과 철학을 공부하면서, 헤겔과 포이어바흐의 사상에 영향을 받았다. 1843년에 마르크스는 파리로 이주했고, 그곳에서 평생의 친구이자 협력자가 된 **②** 프리드리히 엥겔스를 만났다. 함께, 두 사람은 '공산당 선언'(1848)을 저술했는데, 이는 역사상 가장 영향력 있는 정치 문서 중의 하나가 되었다.

③ 가장 유명한 작품인 '자본론'(1867)에서 마르크스는 자본주의의 경제 체계를 분석해, 그것이 근본적으로 착취적이며 혁명으로 불가피하게 이어질 것이라고 주장했다. 그는 노동 가치설의 개념도 소개했는데, 이는 상품의 가치가 그것을 생산하는 데 투입되는 노동의 양에 의해 결정된다고 주장하는 것이었다. 이러한 사상은 마르크스 경제학의 발전에 깊은 영향을 미쳤다.

마르크스는 중요한 정치 활동가이기도 했으며, 지배 계층의 타도와 **④(b)** 사회주의 사회의 확립을 **⑥** 옹호했다. 그는 **④(a) ④(d)** 노동 계층, 즉 프롤레타리아 계층이 결국 억압자에 대항하여 일어나 생산 수단을 장악하게 될 것이라고 생각했다.

마르크스의 사상은 세계 역사의 흐름에 깊은 영향을 미쳤으며, 많은 국가들이 마르크스 원칙을 다양한 수준으로 **⑦** 채택했다. 소련과 중국, 그리고 쿠바가 모두 마르크스-레닌 원칙을 따르고 있다고 주장했으며, 마르크스주의는 20세기 중반의 탈식민지화 운동에 있어 중요한 역할을 했다. 하지만 **⑤** 마르크스의 사상은 크게 비난을 받기도 했는데, 특히 권위주의와의 연관성 및 개인의 자유에 대한 억압으로 인한 것이었다.

마르크스는 1883년 3월 14일에 오랫동안 생활했던 런던에서 사망했다. 그의 사상을 둘러싼 논란에도 불구하고, 그가 정치 및 경제 분야에 미친 영향은 여전히 부인할 수 없는 상태로 남아 있다. 그의 업적은 지금도 지속적으로 연구 및 논의되고 있으며, 학자들과 활동가들 모두 똑같이 마르크스 이론이 제시하는 어려움과 기회에 대해 지속적으로 고심하고 있다.

어휘 philosopher 철학자 economist 경제학자 political theorist 정치 이론가 be considered ~라고 여겨지는 influential 영향력 있는 figure 인물 socialism 사회주의 communism 공산주의 be best known for ~로 가장 잘 알려져 있다 capitalism 자본주의 theory 이론 critique 평론, 비평 middle-class 중산층의 influence ~에 영향을 미치다 collaborator 협력자, 공동 작업자 text 교본, 교재, 글 analyze ~을 분석하다 inherently 근본적으로, 선천적으로 exploitative 착취적인 inevitably 불가피하게 lead to ~로 이어지다 revolution 혁명 introduce ~을 소개하다, ~을 도입하다 argue that ~라고 주장하다 commodity 상품 determine ~을 결정하다 go into ~에 투입되다 have a profound influence on ~에 깊은 영향을 미치다(= have a profound impact on) activist 활동가 advocate for ~을 옹호하다 overthrow 타도, 전복 ruling class 지배 계층 establishment 확립 proletariat 프롤레타리아 계층 eventually 결국, 마침내 rise up against ~에 대항해 들고 일어서다 oppressor 압제자 take control of ~을 장악하다 means 수단, 방법 adopt ~을 채택하다 principle 원칙, 원리 to varying degrees 다양한 수준으로 play a significant role in ~에 있어 중요한 역할을 하다 decolonization 탈식민지화 criticize ~을 비난하다 particularly 특히 association with ~와의 연관성 authoritarianism 권위주의 suppression 억압 controversy 논란 undeniable 부인할 수 없는 continue to V 지속적으로 ~하다 debate ~을 논의하다, ~을 토론하다 scholar 학자 A and B alike A와 B 모두 똑같이 grapple with ~에 대해 고심하다, ~을 붙들고 씨름하다 present ~을 제시하다, ~을 제공하다

1. 칼 마르크스는 무엇으로 가장 유명한가?
(a) 권위주의 이론을 만들어낸 것
(b) 노동자의 권리를 제한하는 법에 이의를 제기한 것
(c) 전 세계적으로 여러 혁명을 이끈 것
(d) 자본주의와 노동에 관한 이론을 제안한 것

해설 첫 단락에 마르크스가 자본주의와 노동 가치설, 그리고 정치 경제학 평론에 대한 업적으로 가장 잘 알려져 있다는(He is best known for his works on capitalism, the labor theory of value, and his critique of political economy) 말이 쓰여 있으므로 이 중에서 자본주의와 노동에 관한 이론 제안을 언급한 (d)가 정답이다.

Paraphrasing works on capitalism, the labor theory of value 자본주의와 노동 가치설에 대한 업적 → theories about capitalism and labor 자본주의와 노동에 관한 이론

어휘 challenge v. ~에 이의를 제기하다, ~에 도전하다 limit ~을 제한하다 lead ~을 이끌다 propose ~을 제안하다

2. 엥겔스가 어떻게 마르크스의 업적에 영향을 미쳤을 것 같은가?
(a) 헤겔의 업적을 소개함으로써
(b) 함께 정치적인 글을 씀으로써
(c) 철학을 공부하도록 권장함으로써
(d) 몇몇 정치적인 에세이를 공동 작업함으로써

해설 엥겔스를 만난 일과 관련해 설명하는 두 번째 단락에, 프리드리히 엥겔스를 만났다, 함께 '공산당 선언'(1848)을 저술한 사실과 이것이 역사상 가장 영향력 있는 정치 문서 중의 하나가 된 사실을 언급하고 있다(where he met Friedrich Engels, ~ Together, they wrote The Communist Manifesto (1848), which became one of the most influential political texts in history). 따라서 두 사람이 함께 정치적인 글을 쓴 것으로 볼 수 있으므로 (b)가 정답이다.

오답분석 (d) 본문에 언급된 것은 한 가지 정치 문서(The Communist Manifesto)이므로 여러 개의 에세이를 함께 작업했다는 것은 오답이다.

어휘 introduce A to B A에게 B를 소개하다 statement 글, 성명, 서술 encourage A to V A에게 ~하도록 권장하다 collaborate on ~을 공동 작업하다, ~에 대해 협업하다

3. 기사 내용에 따르면, '자본론'의 주제는 무엇이었는가?
(a) 자본주의 체제의 불균형
(b) 평화로운 혁명에 대한 제안
(c) 자본주의의 미덕에 대한 고찰
(d) 계급 위계 질서의 불가피함

해설 '자본론'이 언급되는 세 번째 단락에, 자본주의의 경제 체계를 분석해 그것이 근본적으로 착취적이며 불가피하게 혁명으로 이어질 것이라고 주장했다는 말로 간략히 주제를 설명하고 있다(In his most famous work, Das Kapital (1867), ~ arguing that it was inherently exploitative and would inevitably lead to revolution). 이는 자본주의가 갖고 있는 문제와 관련된 내용이며, 이러한 문제에 해당되는 의미를 지닌

(a)가 정답이다.

오답분석 (b) '자본론'에서 자본주의는 불가피하게 혁명으로 이어질 것이라는 주장을 했을 뿐, 평화로운 혁명을 제안한 것은 아니므로 오답이다.

어휘 imbalance 불균형 proposal 제안 examination 고찰, 조사, 검사 virtue 미덕, 장점 inevitability 불가피함 hierarchy 위계 질서

4. 4번째 단락에 따르면 다음 중 어느 것이 마르크스와 관련해 사실이 아닌가?
(a) 노동자 계층이 들고 일어날 것이라고 생각했다.
(b) 사회주의 사회의 발전을 지지했다.
(c) 노동자 계층이 생산 수단을 소유하기를 원했다.
(d) 지배 계층이 타도로부터 보호받아야 한다고 주장했다.

해설 세 번째 단락의 the working class, or the proletariat, would eventually rise up against their oppressors 부분에서 노동자 계층이 들고 일어나는 일을 말한 (a)를, advocating for ~ the establishment of a socialist society 부분에서 사회주의 사회의 발전 지지를 뜻하는 (b)를, 그리고 take control of the means of production 부분에서 노동자 계층의 생산 수단 소유를 의미하는 (c)를 각각 확인할 수 있다. 하지만 지배 계층의 타도를 옹호한 것으로 볼 때 지배 계층이 보호받아야 한다는 (d)가 정답이다.

Paraphrasing rise up against their oppressors 억압자에 대항하여 일어나다 → revolt 반란을 일으키다

어휘 revolt 들고 일어나다, 반란을 일으키다 possess ~을 소유하다

5. 마르크스의 사상은 왜 비난을 받았는가?
(a) 자본주의 체제를 전복시킬 수 없었다.
(b) 반대하는 목소리를 침묵시키는 데 이용되었다.
(c) 개인주의를 촉진하는 일과 연관되어 있었다.
(d) 현실화될 정도로 충분히 자세하지 않았다.

해설 마르크스의 사상이 비난 받은 일이 언급된 네 번째 단락에, 권위주의와의 연관성 및 개인의 자유에 대한 억압이 그 주된 이유로 언급되어 있다(particularly for their association with authoritarianism and the suppression of individual freedoms). 여기서 권위주의 및 개인의 자유 억압은 사상을 달리하는 사람들에 대한 규제를 뜻하는 것으로 볼 수 있으므로 이러한 의미에 해당되는 (b)가 정답이다.

Paraphrasing authoritarianism and the suppression of individual freedoms 권위주의 및 개인의 자유에 대한 억압 →

silence dissenting voices 반대하는 목소리를 침묵시킴

어휘 be unable to V ~할 수 없다 overthrow ~을 전복시키다, ~을 타도하다 silence v. ~을 침묵시키다 dissenting 반대하는 be associated with ~와 연관되다 promote ~을 촉진하다, ~을 증진하다 detailed 자세한 enough to V ~할 정도로 충분히

6. 해당 단락의 문맥에서, advocating이 의미하는 것은 무엇인가?
(a) 의사 소통하는
(b) 이의를 제기하는, 도전하는
(c) 주장하는, 논증하는
(d) 일하는, 노력하는, 작동하는

해설 다음 문장에 노동자 계층이 들고 일어나는 일과 생산 수단을 장악하는 일이 언급되어 있어 advocating for 바로 뒤에 쓰여 있는 '지배 계층의 타도 및 사회주의 확립'을 지지했다는 의미가 되어야 자연스럽다. 이는 그러한 일이 일어나야 한다고 주장한 것과 같은 의미로 볼 수 있으므로 전치사 for와 함께 쓰여 '주장하다, 옹호하다' 등을 뜻하는 argue의 현재분사형 (c) arguing이 정답이다.

7. 해당 단락의 문맥에서, adopting이 의미하는 것은 무엇인가?
(a) 간호하는, 돌보는
(b) 선택하는, 선정하는
(c) 들어올리는, 제기하는, 키우는
(d) 수용하는, 받아들이는

해설 adopting이 속한 with 전치사구 앞에 세계 역사의 흐름에 깊은 영향을 미쳤다는 말이 쓰여 있는 것으로 볼 때, 많은 국가들이 마르크스 원칙을 받아들였다는 의미로 생각할 수 있다. 따라서 '수용하다, 받아들이다' 등을 뜻하는 동사 accepting의 현재분사형 (d) accepting이 정답이다.

Part 2

해석

무엇이 모나리자를 그렇게 유명하게 만들었나?

모나리자는 전 세계 사람들의 관심을 사로잡아온 유명 미술품이다. 이 작품은 파리의 루브르 박물관에 소장되어 있으며, 이곳에서 방탄 유리의 보호를 받으면서 매일 약 3만 명의 방문객들을 끌어들이고 있다. 그럼에도 불구하고, 널리 알려져 있는 이 그림에 대한 인식이 항상 그랬던 것은 아니었다. 1900년대 초 이전에는 미술계 외의 일반 대중에는 대체로 익숙하지 않았다. 그러므로, **8** 이 그림의 인기는 그 미학적 기능에 의해서라기보다 우연의 일치에 더 가깝다.

피렌체의 미술가 레오나르도 다 빈치는 1503년에 모나리자의 창작을 **13** 시작했으며, 1519년에 사망할 때까지 지속적으로 그에 대한 작업을 했다. 이 기간 동안, 그 초상화는 혁신적인 포즈와 기법으로 다 빈치의 동료들로부터 찬사를 받았다. 다 빈치는 스푸마토라고 알려진 그림법을 활용했는데, **9** 이는 부드럽고 흐릿한 질감을 만들기 위해 오랜 기간에 걸쳐 얇게 여러 겹 바르는 작업을 필요로 한다. 게다가, 모나리자 이전에는 여성의 초상화가 일반적으로 얼굴의 옆모습을 묘사했다. 하지만 다 빈치는 그림을 보는 사람을 바라보도록 대상을 그려, 그림을 보는 사람이 얼굴 전체를 볼 수 있게 했다.

1911년에 모나리자는 파리의 루브르 박물관에서 도난당했다. 이 그림의 실종은 센세이션을 일으켰고, 경찰은 대대적인 수사에 착수했다. **10(a) 10(b)** 절도범은 빈센초 페루자라는 이름의 한 남성이었는데, 루브르에서 잡부로 일하고 있던 이탈리아 이민자였다. **10(d)** 페루자는 야간에 벽장에 숨어 있다가 박물관이 문을 닫았을 때 슬그머니 나오는 방법으로 그림을 훔쳤다. 그는 액자에서 그림을 떼어내 자신의 코트 속에 숨긴 채로 박물관 밖으로 걸어 나갔다.

도난 사건이 알려지자, 전 세계 각지의 기자들이 루브르 박물관에 몰려들어, 정보를 요구했다. **11** 당시에 성장하던 신문 산업으로 인해 해외 뉴스의 광범위한 전파가 용이해졌기 때문에 이 그림과 도난 사건은 하룻밤 사이에 엄청난 화제가 되었다. 하지만 페루자의 계획은 의도한 대로 흘러가지 않았다. 그는 피렌체의 한 미술품 매매업자에게 그 그림을 팔아 넘기려 했을 때 붙잡히게 되었다. **12** 이 매매업자가 그 그림을 알아보고 당국에 연락해, 페루자를 체포했다.

모나리자는 루브르 박물관으로 돌아가 다시 전시되었다. 페루자는 짧은 징역형을 선고받았지만, 그의 행동으로 인해 이탈리아에서 전국적인 영웅으로 여겨졌다. 그가 잘못에 대해 처벌받기는 했지만, 페루자의 **14** 대담한 절도 행각이 없었다면 현재 모나리자가 지닌 명성과 가치는 불가능했을 것이라고 주장할 수 있다.

어휘 make A + 형용사 A를 ~하게 만들다 renowned 유명한 capture ~을 사로잡다 attention 관심, 주목, 주의 reside (사물) 있다, 속하다 (사람) 살다, 거주하다 safeguard ~을 보호하다 bulletproof 방탄의 attract ~을 끌어들이다 approximately 약, 대략 nonetheless 그럼에도 불구하고 widespread 널리 퍼진, 광범위한 recognition 인식 prior to ~ 이전에, ~에 앞서 unfamiliar to ~에게 익숙하지 않은, ~에게 잘 알려지지 않은 popularity 인기 less A and more B A라기보다 B인 function 기능 aesthetics 미학, 심미학 coincidence 우연의 일치 commence ~을 시작하다 creation 창작, 창조 continue -ing 지속적으로 ~하다 portrait 초상화 admire ~에 찬사를 보내다, ~에 감탄하다 peer 동료, (지위 등이) 동등한 입장에 있는 사람 innovative 혁신적인 employ ~을 활용하다 method 방법, 방식 known as ~라고 알려진 require ~을 필요로 하다 application 바르기, 도포, 적용 thin 얇은 layer 겹, 막, 층 over a prolonged period 장기간에 걸쳐 hazy 탁한, 희뿌연 texture 질감 depict ~을 묘사하다 profile 옆모습 subject 대상, 주제 face v. ~을 마주보다 enable A to V A에게 ~할 수 있게 하다 disappearance 실종, 사라짐 cause a sensation 센세이션을 일으키다 launch ~에 착수하다, ~을 시작하다 massive 대대적인, 대규모의 investigation 수사, 조사 immigrant 이민자 handyman 잡부 hide in ~에 숨다 slip out 슬그머니 나오다 remove ~을 제거하다, ~을 없애다 with A p.p. A가 ~된 채로 break (뉴스가) 전해지다, 터지다 descend upon ~에 몰려들다 clamor for ~을 부르짖다 facilitate ~을 용이하게 하다 dissemination 전파, 보급 intend ~을 의도하다 recognize ~을 알아보다, ~을 인식하다 authorities 당국 arrest ~을 체포하다 on display 전시 중인, 진열 중인 be sentenced to ~을 선고 받다 term 기간 be seen as ~로 여겨지다 punish ~을 처벌하다 wrongdoing 잘못, 범법 행위 it can be argued that ~라고 주장할 수 있다 reputation 명성, 평판 value 가치 would have p.p. ~했을 것이다 if it weren't for ~가 없었다면, ~가 아니었다면 daring 대담한

8. 기사는 주로 무엇에 관한 것인가?
(a) 한 유명 그림이 문화에 미친 예술적 영향
(b) 한 유명 그림을 둘러싼 예기치 못한 수준의 명성
(c) 모나리자의 구성과 기법에 대한 분석
(d) 모나리자의 진위 여부에 대한 논란

[해설] 첫 단락에 '모나리자'라는 그림에 대한 인식이 원래 지금과 같은 수준은 아니었다고 말하면서 그 그림의 인기가 그림 자체의 미학적인 면이 아니라 우연에 의한 것임을 언급하고 있

다(the painting's popularity is less a function of its aesthetics and more a matter of coincidence). 이는 '모나리자'라는 그림의 명성이 예기치 못한 것이었음을 말하는 내용이므로 이러한 의미로 쓰인 (b)가 정답이다.

[Paraphrasing] popularity is less a function of its aesthetics and more a matter of coincidence 인기가 미학적인 기능에 의해서가 아니라 우연의 일치 문제에 더 가깝다 → unexpected level of fame 예기치 못한 수준의 명성

어휘 influence of A on B A가 B에 미치는 영향 unexpected 예기치 못한 surrounding ~을 둘러싸 analysis 분석 composition 구성, 작성 controversy 논란 authenticity 진품임, 진짜임

9. 다 빈치가 해당 그림에 대해 활용한 그림 양식과 관련해 무엇이 특별한가?
(a) 물감이 아주 빠르게 발라져야 했다.
(b) 물감이 다른 재료와 혼합되었다.
(c) 물감이 흐릿한 효과를 만들어냈다.
(d) 물감이 특정 층에 두껍게 발라졌다.

[해설] 그림 기법과 관련해 설명하는 두 번째 단락에 부드럽고 흐릿한 질감을 만들어내기 위해 장기간에 걸쳐 얇게 여러 겹 바르는 작업을(the application of multiple thin layers over a prolonged period to create a soft, hazy texture) 필요로 한다고 알리고 있다. 여기서 말하는 부드럽고 흐릿한 질감을 언급한 (c)가 정답이다.

[Paraphrasing] soft, hazy texture 부드럽고 흐릿한 질감 → blurry effect 흐릿한 효과

어휘 unique 특별한, 독특한 apply ~을 바르다, ~을 적용하다 material 재료, 물품 blurry 흐릿한 effect 효과, 영향, 결과 certain 일정한, 특정한

10. 다음 중 어느 것이 빈센초 페루자와 관련해 사실이 아닌가?
(a) 이탈리아 이민자였다.
(b) 루브르 박물관에 잡부로 고용되었다.
(c) 절도 중에 경찰에게 붙잡혔다.
(d) 운영 시간 후에 루브르 박물관에서 그림을 가져갔다.

[해설] 절도범 빈센초 페루자에 관해 설명하는 세 번째 단락에서, Vincenzo Peruggia, an Italian immigrant who had worked as a handyman at the Louvre 부분을 통해 이탈리아 이민자이자 잡부로 고용된 사실을 말하는 (a)와 (b)를, 그리고 by hiding in a closet overnight and then slipping out when the museum was closed 부분을 통해 운영 시

간 후에 그림을 훔치는 방법을 말한 (d)를 각각 확인할 수 있다. 하지만 그는 절도 현장에서 붙잡힌 것이 아니라 나중에 그림을 팔아 넘기려고 했을 때 붙잡혔다고 했으므로 (c)가 정답이다.

어휘 employ ~을 고용하다 after hours 운영 시간 후에, 영업 시간 후에

11. 해당 그림에 대한 절도가 왜 그렇게 많은 관심을 받은 것 같은가?
(a) 절도범이 이탈리아에서 잘 알려진 미술품 매매업자였다.
(b) 그림이 전 세계적으로 유명했다.
(c) 뉴스가 대중 매체를 통해 널리 알려졌다.
(d) 일반인들이 해외 문화와 예술에 관심이 있었다.

해설 네 번째 단락에 당시에 성장하던 신문 산업으로 인해 해외 뉴스의 광범위한 전파가 용이해졌고 그로 인해 그 그림과 절도범이 하룻밤 사이에 엄청난 화제가 되었다는 내용이 제시되어 있다(The growing newspaper industry at the time facilitated the widespread dissemination of international news, making the painting and its theft an overnight sensation). 따라서 이러한 뉴스 매체를 통한 소식 전파를 언급한 (c)가 정답이다.

오답분석 (b) 그림이 전 세계적으로 유명해진 것은 해외 뉴스의 확산을 통한 결과적인 현상이었으므로 관심을 받게 된 '이유'를 묻는 질문에 대한 올바른 답이 아니다.

어휘 receive ~을 받다 well-known 잘 알려진 publicize ~을 알리다, ~을 홍보하다 mass media 대중 매체 the public 일반인들 be interested in ~에 관심이 있다

12. 무엇이 빈센초 페루자의 체포로 이어졌는가?
(a) 한 손님이 그의 집에 있던 그림을 알아봤다.
(b) 한 미술품 매매업자가 경찰에게 알렸다.
(c) 그는 나라에서 도망치려다 붙잡혔다.
(d) 그가 당국에 연락해 자수했다.

해설 네 번째 단락에 한 매매업자가 그 그림을 알아보고 당국에 연락해 페루자를 체포했다는(The dealer recognized the painting and contacted the authorities, who arrested Peruggia) 말이 쓰여 있으므로 (b)가 정답이다.

오답분석 (c) 붙잡힌 시점은 그림을 팔아 넘기려 했을 때이고 나라에서 도망치려 했을 때가 아니므로 오답이다.

어휘 notify ~에게 알리다 capture 붙잡다 flee 도망치다 turn oneself in 자수하다 contact ~에 연락하다

13. 해당 단락의 문맥에서, commenced가 의미하는 것은 무엇인가?
(a) 시작했다
(b) 재개했다
(c) 유래했다, 비롯되었다
(d) 기념했다

해설 뒤에 이어지는 and절에 1519년에 사망할 때까지 모나리자 그림 작업을 지속했다는 말이 쓰여 있는 것으로 볼 때, 1503년에 해당 그림 작업을 시작할 사실을 말하기 위해 commenced가 쓰인 것으로 생각할 수 있으므로 '시작하다'를 뜻하는 또 다른 동사 start의 과거형 (a) started가 정답이다.

14. 해당 단락의 문맥에서, daring이 의미하는 것은 무엇인가?
(a) 이상한, 낯선
(b) 대담한, 용감한
(c) 악명 높은
(d) 부주의한, 경솔한

해설 daring은 바로 뒤에 위치한 명사 theft를 수식해 페루자의 절도가 어떤 일이었는지를 나타낸다. 앞선 단락들을 읽어보면, 벽장에 숨어 있다가 박물관이 문을 닫은 후에 그림을 코트 속에 숨겨 걸어 나간 사실이 쓰여 있어 아주 대담한 절도 행각을 벌인 것으로 생각할 수 있으므로 '대담한' 등을 뜻하는 또 다른 형용사 (b) bold가 정답이다.

Part 3

해석 ─

사라진 도시, 아틀란티스

사라진 도시, 아틀란티스는 그 존재와 위치를 둘러싼 많은 이론들과 함께 수 세기 동안 불가사의한 존재였다. 고대 그리스의 철학자 플라톤에 따르면, ⑮ 아틀란티스는 그의 시대로부터 약 9천년 전에 존재했던 강력한 선진 문명 사회였다. 이 도시는 헤라클레스의 기둥 너머에 위치했던 것으로 일컬어졌으며, 이곳은 현재 지브롤터 해협인 것으로 여겨지고 있다.

플라톤의 이야기는 격조 높은 건축 양식 및 공학적 위업을 이루면서 번성하고 기술적으로 진보한 선진 문명 사회를 말해준다. 아틀란티스 사람들은 광대한 제국을 통제한 것으로 여겨졌으며, 강력한 군사력을 유지할 수 있었다. 하지만 ⑯ 그들의 오만과 탐욕이 몰락으로 이어졌는데, 신들의 노여움을 초래해 단 하루 만에 그 도시를 파괴해 버렸다.

많은 학자들과 탐험가들이 사라진 도시, 아틀란티스를 찾아 나섰지만, 소용없었다. 어떤 이들은 아틀란티스가 ⑰ⓐ 화산 폭발에 의해 파괴되었다고 생각하는 반면, 다른 이들은 ⑰ⓑ 외계의 힘에 의해 파괴되었다고 ⑳ 추측한다. 아틀란티스가 교만의 위험성을 보여주기 위해 ⑰ⓒ 플라톤에 의해 만들어진 허구적인 이야기라고 생각하는 이들도 있다.

많은 이론과 가설에도 불구하고, 아틀란티스가 존재했음을 보여주는 ㉑ 결정적인 증거는 없다. 하지만 이 사라진 도시의 존재와 관련된 추측을 부채질했던 여러 해저 발견들이 있었다. ⑱ 1960년대에 해저 고고학자 자크 쿠스토가 바하마 앞바다에서 고대 유적을 발견했는데, 어떤 이들은 이곳이 아틀란티스의 유적일 수 있다고 생각한다. 현재, 해저에 대한 더욱 정교한 탐사를 가능하게 하는 현대 기술과 함께 아틀란티스의 수색은 지속되고 있다. 일각에서는 이 사라진 도시가 스페인 앞바다에서 위치해 있을 수 있다고 생각하는 반면, 다른 이들은 지중해 또는 심지어 아메리카 대륙에 있을 수 있다고 생각하고 있다.

아틀란티스가 실제 있었던 장소였든, 신화였든 상관없이, 이 사라진 도시에 대한 전설은 지속적으로 전 세계 사람들의 상상력을 사로잡고 있다. 아틀란티스 이야기는 자만심과 야망의 위험성에 관한 경고성 이야기의 역할을 하며, ⑲ 심지어 가장 강력했던 문명 사회도 덧없음을 우리에게 상기시켜준다.

어휘 theory 이론 surrounding ~을 둘러싼 existence 존재 ancient 고대의 philosopher 철학자 advanced 선진의, 진보한 civilization 문명 (사회) exist 존재하다 be said to V ~하는 것으로 일컬어지다 be located 위치해 있

다 be believed to V ~하는 것으로 여겨지다 tell of ~을 말하다 prosperous 번성하는 magnificent 격조 높은, 웅장한 architecture 건축 (양식) feat 위업 have control of ~을 통제하다 vast 어마어마한, 방대한 empire 제국 be capable of ~할 수 있다, ~에 대한 능력이 있다 arrogance 오만, 교만 greed 탐욕 lead to ~로 이어지다 downfall 몰락 incur ~을 초래하다, ~을 발생시키다 wrath 노여움, 분노 destroy ~을 파괴하다 scholar 학자 explorer 탐험가 search for ~을 찾다 to no avail 소용없이, 헛되이 volcanic eruption 화산 분출 speculate that ~라고 추측하다 extraterrestrial 외계의 fictional 허구적인 illustrate ~을 보여주다 hubris 교만, 자만 hypothesis 가설, 추측 conclusive 결정적인 evidence 증거 discovery 발견(물) fuel v. ~을 부채질하다 archaeologist 고고학자 ruins 폐허, 유적 remains 유적, 유해 allow for ~을 가능하게 하다 sophisticated 정교한, 세련된 exploration 탐사, 탐험 ocean floor 해저 Mediterranean 지중해 regardless of ~와 상관없이 myth 근거 없는 믿음, 신화 legend 전설 continue to V 지속적으로 ~하다 captivate ~을 사로잡다 serve as ~의 역할을 하다 cautionary 경고성의 tale 이야기 ambition 야망 remind A of B A에게 B를 상기시키다 fragility 덧없음, 연약함, 취약함

15. 아틀란티스라는 도시는 무엇이었던 것으로 여겨졌는가?

(a) 세련된 문화를 지닌 고대의 장소
(b) 고대 그리스의 이웃 도시
(c) 헤라클레스가 통치한 신화 속 도시
(d) 고대의 여러 문화에 영향을 미친 불가사의한 사회

해설 첫 단락에 아틀란티스가 플라톤이 살던 시대보다 약 9,000년 전에 존재했던 강력한 선진 문명 사회였다는(Atlantis was a powerful and advanced civilization that existed around 9,000 years before his time) 말이 쓰여 있다. 따라서 아주 오래 전에 존재했던 높은 수준의 문화를 지닌 곳으로 여겨졌다는 사실을 알 수 있으므로 이러한 의미로 쓰인 (a)가 정답이다.

오답분석 (d) 불가사의한(mysterious) 사회라는 설명은 맞지만 고대의 여러 문화에 영향을 미쳤다는 내용은 본문에 언급되지 않았으므로 오답이다.

어휘 neighboring 이웃의, 인접한 mythological 신화의 rule ~을 통치하다 influence ~에 영향을 미치다

16. 플라톤의 말에 따르면, 무엇이 아틀란티스 몰락의 원인이었는가?

(a) 야심 찬 군사력 확대

(b) 신들의 경고에 대한 무시

(c) 강한 자만심

(d) 화산과 가까운 위치

해설 플라톤의 이야기가 언급되고 있는 두 번째 단락에 오만과 탐욕이 몰락으로 이어졌다는(their arrogance and greed led to their downfall) 내용이 제시되어 있으므로 (c)가 정답이다.

Paraphrasing arrogance and greed 오만과 탐욕 → strong sense of pride 강한 자만심

어휘 **contribute to** ~의 원인이다, ~에 기여하다 **ambitious** 야심 찬 **expansion** 확대, 확장 **disregard** 무시 **volcano** 화산

17. 다음 중 어느 것이 세 번째 단락에서 아틀란티스와 관련해 언급되지 않는가?

(a) 자연 재해로 인해 파괴되었다.

(b) 외계인의 공격을 받았다.

(c) 꾸며낸 이야기에 불과했다.

(d) 그곳 사람들에 의해 버려졌다.

해설 세 번째 단락의 destroyed by a volcanic eruption 부분에서 자연 재해에 의한 파괴를 뜻하는 (a)를, destroyed by extraterrestrial forces 부분에서 외계인의 공격을 언급한 (b)를, 그리고 fictional story created by Plato 부분에서 꾸며낸 이야기임을 말하는 (c)를 각각 확인할 수 있다. 하지만 그곳 사람들이 버린 일과 관련된 정보는 제시되어 있지 않으므로 (d)가 정답이다.

Paraphrasing a volcanic eruption 화산 폭발 → a natural disaster 자연 재해

어휘 **disaster** 재해, 참사 **attack** ~을 공격하다 **fable** 꾸며낸 이야기, 우화 **abandon** ~을 버리다, ~을 버리고 떠나다

18. 자크 쿠스토는 1960년대에 무엇을 발견했는가?

(a) 아틀란티스의 위치를 보여주는 지도

(b) 물에 잠긴 고고학적 유적

(c) 사라진 문명의 폐허

(d) 아틀란티스 도시의 유물

해설 자크 쿠스토와 관련된 정보가 제시되는 네 번째 단락에 해저 고고학자 자크 쿠스토가 1960년대에 바하마 앞바다에서 고대 폐허를 발견했다는(In the 1960s, underwater archaeologist Jacques Cousteau discovered ancient ruins off the coast of the Bahamas) 말이 쓰여 있으므로 (b)가 정답이다.

오답분석 (c) 고대 유적(ancient ruins)을 발견했다는 내용은 있지만 이것이 사라진 문명(lost civilization)과 관련된 것인지는 확실히 밝혀지지 않은 내용이므로 오답이다.

어휘 **artifact** (인공) 유물

19. 기사 내용에 따르면, 아틀란티스의 전설은 왜 여전히 오늘날에도 인기 있는가?

(a) 발견하게 되면 많은 보물이 나오게 될 것이다.

(b) 어떤 문명 사회든 영광의 순간에서 몰락할 수 있음을 우리에게 알려준다.

(c) 모든 위대한 문명 사회가 일시적이라는 점을 우리에게 상기시켜준다.

(d) 자연 재해의 위험성에 대해 경고하고 있다.

해설 오늘날의 우리에게 전하는 메시지와 관련된 이야기가 언급되는 마지막 단락에, 심지어 가장 강력했던 문명 사회도 덧없음을 우리에게 상기시켜준다는(reminds us of the fragility of even the most powerful civilizations) 내용이 제시되어 있다. 이는 어떠한 문명 사회도 흥망성쇠가 있음을 나타내는 내용이므로 이러한 의미에 해당되는 (b)가 정답이다.

Paraphrasing the fragility of even the most powerful civilizations 가장 강력했던 문명 사회의 덧없음 → any civilization can fall from greatness 어떤 문명 사회든 영광의 순간에서 몰락할 수 있다

어휘 **yield** (결과 등) ~을 내다, ~을 산출하다, ~을 초래하다 **a wealth of** 많은, 풍부한 **treasure** 보물 **inform A that** A에게 ~임을 알리다 **temporary** 일시적인, 임시의

20. 해당 단락의 문맥에서, speculate이 의미하는 것은 무엇인가?

(a) 의심하다, 믿지 않다

(b) 약속하다, ~할 가망이 있다

(c) 추측하다, 짐작하다

(d) 논쟁하다, 숙고하다

해설 해당 문장을 읽어보면, 주절에는 일부 사람들이 생각하는 아틀란티스 파괴의 원인이, 그리고 speculate이 속한 while절에는 그 원인과 관련해 다른 의견을 지닌 사람들의 생각이 각각 쓰여 있다. 따라서 speculate은 그 사람들이 무슨 추측을 했는지를 나타내기 위해 사용된 동사인 것으로 판단할 수 있으므로 '추측하다' 등을 뜻하는 또 다른 동사 (c) guess가 정답이다.

21. 해당 단락의 문맥에서, conclusive가 의미하는 것은 무엇인가?

(a) 완전한, 완성된

(b) 효과적인
(c) 충분한
(d) 확정적인, 결정적인

해설 해당 문장에서 형용사 conclusive는 바로 뒤에 위치한 명사 evidence를 수식해 아틀란티스의 존재 여부와 관련된 증거의 특성을 나타낸다. 따라서 그 증거의 확실성과 관련된 의미를 지니는 형용사인 것으로 볼 수 있으므로 '확정적인, 결정적인' 등을 뜻하는 (d) definitive가 정답이다.

Part 4

해석

제목: 자동차 수리 소식
수신: 새라 존슨
발신: 마이클 리

새라 씨께,

귀하의 차량 수리 상태에 관한 소식을 제공해 드리기 위해 이메일을 씁니다. **22** 저희가 수리 작업을 완료했으며, 귀하의 자동차는 현재 가져갈 준비가 되어 있습니다. 수리 과정 중에, 귀하의 차량에 기어가 미끄러지는 변속기 결함이 있다는 사실을 발견했습니다. 저희는 이 변속기를 교체하고 변속기 오일을 씻어내야 했습니다. **23** 브레이크를 밟을 때 소음과 진동을 유발하는 손상된 브레이크 패드와 로터도 교체해 드렸습니다. 추가로, 점화 플러그도 교체해 드렸으며, 다 닳아서 엔진에 점화되지 않는 문제를 초래하고 있었습니다.

귀하의 자동차를 수리소에 맡기시는 게 번거로우실 수 있다는 사실을 알고 있으며, 저희가 작업하는 동안 귀하의 인내심에 감사드립니다. 저희는 귀하의 자동차가 완전히 정상 작동하고 운전하기 안전한 상태가 되도록 **27** 보장해 드리기 위해 모든 조치를 취했다는 점을 확인해 드리고자 합니다.

22 이 수리 작업이 품질 보증 서비스에 의해 보장되었기 때문에 수리 서비스에 대한 청구 요금이 존재하지는 않을 것입니다. 하지만 **24** 교체 부품에 대한 소액의 요금이 있는데, 이는 첨부해 드린 내역서에 기재되어 있습니다. 이 내역서에 대한 비용이 지불되는 대로, 기꺼이 귀하의 자동차를 돌려 드릴 것입니다.

자동차의 성능을 유지하고 향후의 문제를 예방하는 데 도움을 드리기 위해 귀하의 차량 운전자 매뉴얼에 개괄적으로 설명되어 있는 권장 정비 일정을 따르시기를 권해드립니다. **25** 여기에는 주기적인 오일 교체, 타이어 위치 교환, 그리고 기타 일상적인 유지 관리 작업들이 포함됩니다. 저희는 또한 귀하께서 차량 대시보드의 경고등도 계속 눈여겨보셨다가 어떤 문제든 즉시 **28** 처리하시기를 권해 드립니다.

26 수리 작업과 관련해 궁금한 점이 있으시거나 추가 지원이 필요하실 경우, 주저하지 마시고 저희에게 연락 주시기 바랍니다. 저희는 도움을 드리기 위해 항상 이곳에 있으며, 저희 서비스에 만족하시도록 해드리고자 합니다.

안녕히 계십시오.

마이클 리 자동차 수리 전문가, 리스 정비소

어휘 repair 수리 **provide A with B** A에게 B를 제공하다 **status** 상태, 상황 **vehicle** 차량 **complete** ~을 완료하다 **be ready for** ~에 대한 준비가 되다 **pickup** 가져가기, 가져오기 **process** 과정 **discover that** ~임을 발견하다 **faulty** 결함이 있는 **transmission** 변속기 **cause A to V** A에게 ~하도록 초래하다 **slip** 빠지다, 미끄러지다 **replace** ~을 교체하다 **flush** (약품, 물 등으로) ~을 씻어내다 **fluid** 오일, 유체 **damaged** 손상된, 피해를 입은 **rotor** 로터, 회전자 **vibration** 진동 **apply the brakes** 브레이크를 밟다 **worn out** 다 닳은 **misfire** 점화되지 않음 **hassle** 번거로운 일, 성가신 것 **appreciate** ~에 대해 감사하다 **patience** 인내(심) **assure A that** A에게 ~임을 확인해 주다, A에게 ~임을 장담하다 **take every measure** 모든 조치를 취하다 **ensure that** ~임을 보장하다, 반드시 ~하도록 하다 **functional** 기능하는 **cover** (비용, 서비스 등) ~을 보장하다, ~을 충당하다 **warranty** 품질 보증(서) **charge** 청구 요금 **replacement part** 교체 부품 **attach** ~을 첨부하다 **invoice** (거래) 내역서, 송장 **settle** (비용 등) ~을 지불하다, ~을 정산하다 **help + 동사형** ~하는 데 도움이 되다 **maintain** ~을 유지하다 **performance** 성능, 능력, 성과 **prevent** ~을 예방하다, ~을 막다 **follow** ~을 따르다 **maintenance** 유지 관리, 시설 관리 **outline** ~을 개괄적으로 설명하다 **manual** 설명서 **include** ~을 포함하다 **tire rotations** 타이어 위치 교환 **routine** 일상적인 **task** 작업, 업무 **keep an eye on** ~을 눈여겨보다, ~을 주시하다 **have A p.p.** A를 ~되게 하다 **address** v. (문제 등) ~을 처리하다, ~을 다루다 **promptly** 즉시 **assistance** 도움, 지원 **hesitate to V** ~하기를 주저하다 **contact** ~에게 연락하다 **be satisfied with** ~에 만족하다

22. 마이클 리 씨는 왜 새라 존슨 씨에게 이메일을 보내는가?
(a) 수리 작업이 품질 보증 서비스에 따라 완료되었음을 알리기 위해
(b) 일부 부품이 도착하지 않았다는 사실을 알리기 위해
(c) 그녀의 고객 경험과 관련해 질문하기 위해
(d) 수리하는 데 견적보다 더 많은 비용이 들었음을 알리기 위해

해설 첫 단락에 수리 작업을 완료해 새라 존슨 씨의 자동차가 가져갈 준비가 된 상태라고(We have completed the repair work and your car is now ready for pickup) 알리고 있고, 네 번째 단락에 품질 보증 서비스에 따라(under warranty) 진행된 수리 작업임을 알리고 있으므로 (a)가 정답이다.

오답분석 (d) 네 번째 단락에서 수리에 대한 청구 요금이 없다고 밝히고 있으므로 견적보다 더 많은 비용이 들었다는 것은 본문의 내용과 모순되는 오답이다.

어휘 notify A that A에게 ~라고 알리다 **arrive** 도착하다 **let A know that** A에게 ~라고 알리다 **cost** ~의 비용이 들다 **than estimated** 견적보다, 추정치보다

23. 마이클 씨는 어떻게 소음과 진동을 바로잡았는가?
(a) 엔진에서 오일을 씻어냄으로써
(b) 새 점화 플러그를 장착함으로써
(c) 일부 브레이크 부품을 교체함으로써
(d) 결함이 있는 변속기를 교체함으로써

해설 두 번째 단락에 소음과 진동을 초래하던 브레이크 패드와 로터를 교체했다고(We also replaced the damaged brake pads and rotors, which were causing noise and vibration) 알리고 있으므로 이러한 방법을 언급한 (c)가 정답이다.

Paraphrasing replaced the damaged brake pads and rotors 손상된 브레이크 패드와 로터를 교체했다 → changing some brake components 일부 브레이크 부품을 교체함

어휘 fix ~을 바로잡다, ~을 고치다 **install** ~을 장착하다, ~을 설치하다 **component** 부품

24. 4번째 단락에 따르면, 다음 중 어느 것에 대해 새라 씨가 비용을 청구 받았는가?
(a) 인건비
(b) 수리 서비스
(c) 부품 배송
(d) 일부 새 부품 비용

해설 네 번째 단락에 교체 부품에 대한 소액의 요금이 있다는 (there is a small charge for the replacement parts) 사실이 제시되어 있으므로 (d)가 정답이다.

Paraphrasing small charge for the replacement parts 교체 부품에 대한 소액의 요금 → cost of some new parts 일부 새 부품 비용

어휘 be charged for ~에 대해 비용을 청구 받다 **labor costs** 인건비 **shipment** 배송, 운송

25. 마이클 씨가 새라 씨에게 향후의 문제를 예방하기 위해 무엇을 하도록 제안하는가?
(a) 오일 필터를 주기적으로 교체하는 일
(b) 경고등을 켜 놓는 일
(c) 타이어를 위치 교환하는 일
(d) 추가 수리 일정을 잡아두는 일

해설 향후의 문제를 예방하는 방법을 설명하는 다섯 번째 단락에 주기적인 오일 교체, 타이어 위치 교환, 그리고 기타 일상적

인 유지 관리 작업들을(regular oil changes, tire rotations, and other routine maintenance tasks) 언급하고 있으므로 이 중 하나에 해당되는 (c)가 정답이다.

Paraphrasing tire rotations 타이어 위치 교환 → get her tires rotated 타이어를 위치 교환하는 일

어휘 regularly 주기적으로, 규칙적으로 turn on ~을 켜다 get A p.p. A를 ~되게 하다 rotate ~을 순환시키다, ~을 교대시키다 additional 추가적인

26. 새라 씨가 왜 리스 정비소에 연락할 것 같은가?
(a) 자신의 차량에 대한 보상 판매를 논의하기 위해
(b) 추가적인 도움을 요청하기 위해
(c) 신차 구입과 관련해 문의하기 위해
(d) 자신의 약속을 조정하기 위해

해설 여섯 번째 단락에 수리 작업과 관련해 어떤 질문이든 있거나 추가 도움이 필요하면 주저하지 말고 연락하라고(If you have any questions about the repair work or need further assistance, please do not hesitate to contact us) 권하고 있다. 따라서 추가적인 도움을 요청하는 일을 의미하는 (b)가 정답이다.

오답분석 (d) reschedule은 '기존의 일정을 변경하다'라는 의미인데, 지문 내용 중 새라 씨는 정비소와 기존에 약속을 잡은 사실이 없으므로 오답이다.

어휘 discuss ~을 논의하다, ~을 이야기하다 trade-in 보상 판매 request ~을 요청하다 support 도움, 지원, 지지 inquire about ~에 관해 문의하다 purchase ~을 구입하다

27. 해당 단락의 문맥에서, ensure가 의미하는 것은 무엇인가?
(a) 보장하다, 보증하다
(b) 확보하다, 고정시키다
(c) 약속하다, 맹세하다
(d) 서약하다, 맹세하다

해설 해당 문장에 to ensure 이하 부분은 바로 앞 부분에서 모든 조치를 취했다고 말한 것의 목적에 해당된다. to ensure 뒤에 자동차가 완전히 정상 작동하고 운전하기 안전한 상태가 된다는 말이 쓰여 있는 것으로 볼 때, 그러한 상태를 보장하기 위해 필요한 모든 조치를 취했다는 의미가 구성되어야 자연스러우므로 '보장하다'를 뜻하는 또 다른 동사 (a) guarantee가 정답이다.

28. 해당 단락의 문맥에서, addressed가 의미하는 것은 무엇인가?

(a) 밝혀진, 폭로된, 드러난
(b) 해결된, 해소된
(c) 유도된, 지시된, 안내된
(d) 조정된, 조절된

해설 해당 문장에서 addressed는 'have + 목적어 + p.p.' 구조에서 목적어 뒤에 위치하는 과거분사이며, 목적어가 어떤 상태가 되는지를 나타낸다. addressed 앞에 '문제, 사안' 등을 뜻하는 명사 issues가 쓰여 있어 addressed가 문제의 처리나 해결과 관련된 의미를 지니는 과거분사임을 알 수 있으므로 '해결하다' 등을 뜻하는 동사 resolve의 과거분사형 (b) resolved가 정답이다.

-

단 한 권으로 기초부터 실전까지

정재현
지텔프
독해

기초부터 실전까지 완벽 대비
실제 시험에 나올 만한 적중률 높은 문제만 담았다!

+ 공무원, 회계·세무사, 노무사, 감정평가사 대비 필수 영어 시험

+ 단 한 권으로 지텔프 독해 완벽 대비

+ 지텔프 최신 유형을 완벽 반영한 실전 연습 문제 168문항 + 실전 모의고사 2회분

+ 독해 기본기를 다질 수 있는 유형별 & 파트별 전략 수록

+ 문제집과 해설집이 한 권으로 구성된 합본 구성

+ 문제의 키워드를 단숨에 파악하는 핵심 강의 해설집 수록

+ 함정 패턴 완벽 분석 & 패러프레이징 수록